코칭 리더십 실천 노트

이 시대 탁월한 리더의

코칭 리더십
실천 노트

정재완 지음

코칭 리더가 되는 방법과
부하를 코칭하는 방법을
구체적으로 적용할 수 있는
Practice Note!

매일경제신문사

프롤로그

그동안 기업의 핵심 리더인 CEO와 임원, 팀장들을 코칭하며 이 리더들에게 코칭을 하는 근본적인 이유가 무엇일까? 라는 본질적인 질문을 하면서부터 이 책의 저술은 시작되었습니다.

작금의 경영자 코칭의 상황을 살펴보면, CEO나 임원들이 통상 4~5개월에 걸쳐 10세션 정도의 코칭을 받고 있습니다. 이렇게 코칭을 받고 나면 리더 본인의 성장과 변화에 많은 도움이 됩니다. 그러나 코칭이 끝난 후에 지속적인 지원 시스템이 부족하여 그 성과가 일과성에 그치기 쉽고 더 나아가 "코칭 조직문화"로 정착시키는 데는 턱없이 부족한 실정입니다.

코칭 리더십의 선진국들을 살펴보면 코칭을 받은 리더는 본인 리더십의 성장과 변화를 한 후 이어서 반드시 자기가 맡고 있는 부하들을 코칭합니다. 그리하여 부하의 창의성과 자율성을 살려 생산성을 높일 뿐만 아니라 부하들 또한 코칭 리더가 될 수 있도록 육성을 시킵니다. 이러한 코칭 리더십 활동을 리더들의 중요한 KPIKey Performance Index로 하여 관리합니다. 즉 조직 자체를 "코칭 조직문화"로 바꾸어 가는 겁니다.

따라서 **경영자 코칭을 하는 본질적인 의미는 해당 조직을 자율적이고 창의적인 조직과 인재를 육성하는 "코칭 조직문화"로 바꾸기 위함입니다.** 그래서 경영자 코칭만 일과성으로 하는 작금의 방법은 점차 개선되어야 합니다. 코칭을 받은 리더는 코칭 후에도 지속적으로 "셀프 코칭"을 통해 코칭 리더로서의 역량을 강화해야 하며 자율적이고 창의적인 인재와 조직이 될 수 있도록 부하들을 직접 코칭하는 코칭 리더가 되어야 합니다.

이 책은 먼저, 리더 스스로 "셀프 코칭"과 "코칭 리더십 역량"을 학습하여 코칭 리더가 되는 방법에 관해 기술했습니다. 이와 같이 코칭 리더로서의 역량을 갖춘 후 부하들을 직접 코칭하는 방법들에 대해서도 함께 기술했습니다. 이 모든 것들을 단순히 이론의 나열이 아닌 직접 현장에서 보다 쉽게 적용할 수 있도록 양식(실천 노트)으로 구성했습니다.

이 책의 주요 내용은 다음과 같습니다.

Part 1. 반드시 성공하기 위하여

– 무슨 일을 하기 전에 이미 그 결과를 알 수 있다.
  "생각의 차이", "Success Curve"를 활용하라!,
  "빨간 망토" 탄생의 비밀을 아시나요?
– 진정 성장과 변화를 원하는가?
  인정하라! 수정하라! 그리고 실천하라!

Part 2. 왜 코칭 리더십인가?

– 리더십에 정답은 없다. 그러나 나의 리더십 스타일은? 왜 코칭 리더십인가?
  코칭의 기본적 이해, 코칭과 다른 부문과의 비교, 코칭 리더십 효과와 성공 사례

Part 3. 먼저, 자기 자신을 셀프 코칭 Self Coaching 하기

– 잠시 인생의 쉼표를 주어라!, 먼저 건강한 몸과 마음을 만들어라!,
  "나는 누구일까", 나의 "존재가치" 정하기,
  나의 "사명선언문 Mission Statement" 작성하기, 나의 자존감을 높여라!,
  "장례식 상상하기"와 "유서" 쓰기, 나의 "삶의 관점" 살펴보기,
  어떻게 살 것인가?, "I Have a Dream", 자기에게 편지쓰기

Part 4. 코칭 리더로서 갖추어야 할 역량 강화하기

– "최고의 리더는 듣고 듣고 또 듣는다!", 인정과 지지를 보내주어라!,
  가슴으로 칭찬하라!, 타고난 성향을 배려하라!,
  좋은 질문이 좋은 답변과 행동을 일으킨다!, 피드백은 선물이다!

Part 5. 부하 육성을 위한 코칭 실행하기

− 부하 직원 코칭 사전 준비 단계, 부하 직원 코칭 실시

　1세션(부하 직원과 신뢰감과 친밀함으로 코칭 시작하기)

　2세션(주제별 코칭 목표 설정하기)

　3세션(코칭 리더십 역량 "인정/칭찬", "배려" 학습하기)

　4세션(코칭 리더십 역량 "경청" 학습하기)

　5세션(Life Story 경청 및 쉐도우 코칭 실시하기)

　6세션(코칭 리더십 역량 "코칭 대화" 학습하기)

　7세션("소중한 꿈 만들기")

　8세션(코칭 종합 정리 및 셀프 코칭 주제/목표 설정)

　9세션(팔로우 업 코칭, 지원시스템 구축)

Part 6. 코칭 리더십 실천 노트 양식 모음

1)셀프 코칭 실천 노트

　나의 리더십 스타일 평가 및 리더십 목표 설정,

　"코칭 리더십" 이해와 활용 목표, "행복한 성공을 위한 질문",

　리더로서 달성할 목표/확언 & 핵심 전략, 스트레스 자가진단 테스트,

　건강관리를 위한 셀프 코칭, "나의 존재가치" 정하기, "사명선언문" 작성을 위한

　사전 정보 파악, "사명선언문(Mission Statement)" 작성하기,

　나의 장례식 장면 상상하기 & "유서 써보기, 소중한 꿈" 달성 & "달성옵션" 만들기

2)부하 코칭 실천 노트

− 코칭 Vision & Action plan, 코칭 목표 설정 및 실천 계획, 직원 정보 파악을 위한 질문 참조 양식, 코칭 실시 전 사전 설문, 코칭 보고서(표지), 코칭 세션 사전 준비, 코칭 주제별 목표 합의서, 코칭 주제별 목표 설정을 위한 이슈 도출, 코칭 주제별 목표 달성을 위한 실천 계획, 코칭 일지, DISC 성향 검사 결과 및 리더십 방향 설정, 경청 실습, 코칭 대화 실습, "소중한 꿈" 달성을 위한 "옵션" 만들기, 코칭 전체 리뷰 & 평가, 성공 모습 촬영 & 핵심 실천 계획, 코칭 보고서 작성(최종)

코칭 리더십 실천에 관련된 내용을 총체적으로 제시해보려 욕심을 부려보았고, 충실한 내용을 위해 혼신을 힘을 다하였지만, 아직 연륜이 짧고 경험이 부족해 미흡한 부분이 많습니다. 계속 연구하여 부족한 부분을 보완할 각오이니 너그럽게 양해해 주시길 바라며 보다 완성도 높은 책을 만들기 위해 계속 노력할 것을 약속드립니다.

탁월한 코칭 리더는 절대 하루아침에 나타나는 것이 아닙니다. 많은 시행착오와 "알아차림"의 과정을 통해 보다 많은 실전 경험과 피드백을 쌓아가면서 탁월한 코칭 리더가 되어가는 것입니다. 이를 인식하여 끈기와 인내를 가지고 매진함으로써 한국에서도 더 많은, 세계적인 코칭 리더들이 배출되기를 기원합니다.

아무쪼록 본서가 탁월한 코칭 리더가 되고자 하는 모든 분들에게 작은 도움이라도 되기를 간절히 바라며, 아울러 선배 및 학위 제위 분들의 조언과 질책을 기대합니다.

본서가 출간되기까지 많은 분이 도움을 주었습니다. 매경출판 임직원, SNS미디어 실무자 분들께 감사드립니다. 그리고 나이가 들수록 더욱더 소중한 가족들, 특히 집필 기간 중 기도로 격려해주신 부모님과 사랑하는 아내 영조와 유진·광준에게도 사랑한다는 말을 전합니다.

2015년 3월
정 재 완

목차　　탁월한 리더의 "코칭 리더십 실천 노트"

Contents

목차 　탁월한 리더의 "코칭 리더십 실천 노트"

Contents

목차   탁월한 리더의 "코칭 리더십 실천 노트"

Contents

이 시대 탁월한 리더의
코칭 리더십 실천 노트

반드시 성공하기 위하여	어떤 일을 시작하기 전에 결과를 미리 알 수 있다, "성공 커브"를 활용하라!, "빨강망토 탄생의 비밀"을 아시나요?, 인정하라! 수정 하라! 행동하라!
왜 코칭 리더십인가?	리더십에 정답은 없다 그러나!, 나의 리더십 스타일은?, 왜 코칭 리더십인가?
셀프 코칭	리더는 먼저 자신을 스스로 코칭 하라! 인생의 쉼표, 건강관리, 존재가치, 사명선언, 관점, 어떻게 살 것인가? I have a Dream, 나에게 편지 쓰기
코칭 리더가 갖추어야 할 역량	인정과 지지를 보내 주어라!, 가슴으로 칭찬하라! 최고의 리더는 듣고 듣고 또 듣는다 타고난 성향을 배려하라 좋은 질문이 좋은 답변과 행동을 일으킨다 피드백은 선물이다!
부하 직원을 코칭하라! 코치로 육성하라! 코칭 세션별 코칭 방법! 사후 관리/피드백	사전 준비 단계(코칭 Master Plan 작성 · 사전 진단과 인터뷰 실시) 코칭 세션별 테마 & 프로세스 설계 코칭 이해, 친밀감/신뢰도 향상 주제별 코칭 목표 설정 코칭 세션별 테마 & 프로세스 설계 (일대일 / 그룹코칭) (경청, 인정, 칭찬, 성향배려, 코칭 대화, 피드백 역량 강화) 코칭 역량 종합 실습, 주제별 목표 점검, 셀프 코칭 주제 설정, 팔로우업 코칭
코칭 리더십 실천노트	셀프 코칭 실천노트 부하 코칭 실천노트

"부하를 코칭하지 않으면 리더가 될 자격이 없다!"

이 시대 탁월한 리더의
코칭 리더십 실천 노트

이 시대 탁월한 리더가 되기 위한 코칭 리더십 실천 노트 책을 읽기 전
다음 질문에 스스로 답을 해 보세요

현재 나의 리더십은 어떠한가? 장점/보완할 점은?

앞으로 나는 어떤 리더가 되고 싶은가? 그것은 나에게 어떤 의미가 있는가?

내가 원하는 리더가 되기 위해서 지금부터 무엇을 어떻게 해야 하는가?

축하합니다!
당신은 "탁월한 코칭 리더"가
되실 것으로 확신하며 지지를 보냅니다.

I

반드시
성공하기 위하여!

무슨 일을 하기 前에
이미 그 결과를 알 수 있다?!

"생각의 차이" 가 결과를 결정한다!

생각의 차이

우리는 대부분 어떤 일을 구상하여 기획하고 시작할 때는 대단한 결심을 하고 각오를 새롭게 하여 꼭 이룰 것처럼 부산을 떤다. 그러나 계획된 일을 해 보기도 전에 그 결과를 미리 알 수 있다면 어떠할까?

미국의 한 심리조사기관에서는 어떤 일이든 반드시 이루어 내는 그룹과 이루어내지 못하는 그룹으로 나누어 수년 동안 관찰 조사를 한 결과 **"어떤 일을 하기 전에 그 결과를 미리 알 수 있다."**고 발표하였다. 그것은 어떤 일을 하기 전에 그 사람의 생각 곧 **"생각의 차이"**에 있다는 것을 발견하였다.

즉, 어떤 일을 시작할 때의 어떤 생각을 하고 출발하느냐의 "생각의 차이"에 따라 그 결과를 미리 알 수 있다는 거다. 어떤 일을 하든지 이루지 못하는 사람들은 대부분 어떤 일을 시작할 때 "내가 할 수 있을까?", "과연 가능할까?", "안 되면 어떡하지?" 일에 대한 **부정적인 생각과 달성에 대한 확신과 믿음이 없이** 시작하더라는 것이다. 그래서 일을 진행하는 과정에서 조그마한 장애물만 나타나도 바로 "거봐 안 된다고 했잖아.", "역시 나는 안 돼."라고 장애물을 극복하고자 하는 노력보다는 바로 포기해 버린다는 것이다.

즉, "의심하는 순간 이루어지지 않는다.", 일 뿐만 아니라 자녀도, 부하도 "부모와 리더의 믿음만큼 된다."라고 하는 말이 실감이 난다.

그러면 어떤 일을 하더라도 반드시 이루어 내는 사람들의 시작할 때의 생각은 어떠했을까? 그 생각은 '어떠한 어려움이 닥치더라도 반드시 극복하여 이루어 내리라.", **"반드시 되게 만들겠다.",** "잘 될 거야.", "나(우리)는 할 수 있어.", "예전에도 성공하게 해 봤잖아."라고 성공에 대한 **긍정적인 생각은 물론 믿음과 확신을 하고 시작하더라는 것이다.** 따라서 어떤 일을 시작할 때 본인(팀)의 생각이 확신과 믿음이 부족하거나 부정적인 생각이 들면 시간이 걸리더라도 조금 더 조사하던지 준비를 더 하여 **반드시 성공에 대해 믿음과 확신을 하고 시작해야 성공을 보장받을 수 있다.**

**코칭 리더로 거듭나기 위해 새로이 시작하기前
지금 현재 자신의 생각을 점검해 보세요**

Memo

"성공 커브"를 활용하라!

우리는 주변에서 "성공해본 사람들이 계속 성공을 한다."라는 이야기를 듣는다. 즉 "성공의 맛", "성공의 공식"을 아는 사람들이 계속 성공할 수밖에 없다는 극히 자연스러운 이야기이다. 그러면 "성공의 공식"은 무엇일까?

우측에 "성공 커브"에서 보듯이 누구나 어떤 계획을 세우고 새롭게 시작할 때는 아주 열정적으로 각오나 행동을 하고 출발을 하게 된다. 그래서 **"열정 구간"**에는 자신을 평소와 다르게 컨트롤Control 하면서 매우 열심히 한다.

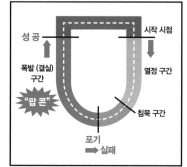

Success Curve

그러나 **"침묵 구간"**에 들어서면 열심히 해도 좀처럼 성과가 눈에 띄게 잘 나타나지 않는 것처럼 느껴지는 때가 있다. 우리가 흔히 어학 공부나 다이어트를 할 때 느껴본 경험이 있으리라 본다. 이때 대부분의 실패자들은 이 구간을 **인내忍耐하지 못하고 포기**를 함으로써 성공의 맛을 경험하지 못한다는 것이다.

그렇지만 성공자들은 이 구간이 의미하는 것을 알고 있다. 즉 "팝콘"이 본격적으로 터지기 전, 팝콘이 부풀어 오르기 위해 시간이 필요하다는 것을 알고 있는 것이다. 이 구간이 지나면 본격적으로 팝콘이 터진다는 것을 알기 때문에 이 구간에서는 묵묵히 참고 기다려야 한다는 것을 잘 알고 있는 것이다.

따라서 이 구간을 지날 때에는 엄청난 인내가 필요하다. 그래서 강철왕 카네기Andrew Carnegie (1835~1919)는 "승부를 가리는데 가장 중요한 것은 인내이다. 인내하고 있으면 언젠가 반드시 기회는 돌아온다.", "밀물은 반드시 다시 온다."라고 인내를 강조하였다. 이와 같이 "탁월한 코칭 리더"로 거듭나기 위해서도 많은 시행착오와 **"알아차림**(자신의 생각과 행동을 스스로 자각하는 상태)"의 과정을 겪어야 가능한 것이다.

우리는 성장과 변화를 위해 새로운 시도를 할 때 과거의 패턴과 습관으로 돌아가려고 하는 "관성"에서 벗어나야 가능하다. 이 방법에는 왕도가 따로 없다. **오로지 참고 인내하면서 묵묵히 지루한 반복을 해야 하는 것이다.**

"목표 달성을 위해 해야 할 일들을
매일 매일 묵묵히 실천하다 보면
언젠가는 간절하게 원하던 하고 싶은 일을 할 기회가
살며시 내 곁에 와있다."

 코칭 리더십

- 김성근 감독 -

긴 인생을 살면서 어떻게 피하려고 해도
어쩔 수 없이 지나가야 하는 길이 있다.
그럴 때는 아무 말 없이 그냥 걸어가라.
잔소리나 나약한 말을 뱉으면 안 된다.
묵묵히 그냥 가라
눈물을 보이면 안 된다.
그 길을 묵묵히 걸어갈 때
인간으로서 생명의 뿌리가 깊어진다.

> ## "虎視牛步"
> 호랑이같이 날카로운 눈으로 세상을 살고
> 소같이 묵묵하게 행하라!

 코칭 리더십

> ## "꿈을 달성하는 데 지름길은 없다!"
>
> **모든 젊은이는 큰 꿈과 희망을 품고 있어야 한다.**
> **그런데 모든 위대한 일은 한 걸음 한 걸음 서두르지 않는**
> **착실한 노력에서 비롯된다.**
> 꾸준한 노력이 함께하지 않는 꿈은 몽상에 불과하다.
> 꿈에는 지름길이 없다.
> 처음부터 끝까지 발을 움직여 스스로 나아가는 수밖에 없다.
>
> **- 이나모리 가즈오 교세라 회장 -**

"빨간 망토" 탄생의 비밀을 아시나요?

투우사들이 소와 싸울 때 가진 무기를 보면 창과 칼 그리고 빨간 망토이다. 그러나 투우경기의 초창기에는 빨간 망토가 없었다. 빨간 망토가 없이 하는 투우 경기를 상상해 보아라. 투우사들이 소를 유인하고 공격을 하기 위해서는 엄청난 기동력이 필요했으리라 본다.

지금은 스페인의 전설적인 투우사가 된 후안 벨몬테Juan Belmonte (1892~1962)는 10살 때부터 간절한 꿈이 있었다. 그것은 스페인의 최고의 투우사가 되는 것이었다. 하지만 벨몬테는 선천적으로 체격이 너무 왜소했고 설상가상으로 다리도 기형적인 장애인이었다. 그러나 소년은 꿈을 포기하지 않는다. 간절한 꿈을 달성하는 데만 모든 것을 집중하고 진력을 다 한다. 바로 이때 탄생한 것이 "빨간 망토"인 것이다. 이 "빨간 망토"의 역할은 소를 흥분시켜 유도하는 도구로서 투우사의 경쟁력이 예전의 기동력에서 담대함과 유연성이 더욱 경쟁력으로 두드러진 것이다. 즉 이 "빨간 망토"는 벨몬테의 선천적인 약점을 최대한 보완하면서도 간절한 꿈을 이룰 수 있는 최대의 도구였다.

우리는 주어진 환경을 탓하고 있는 것에서 **이와 같이 꿈을 이루기 위해 새로운 것을 창조할 수도 있다는 가능성을 굳게 믿는다면 무엇을 못 이룰 수 있겠는가?**

 꿈을 이루기 위해 지금까지 생각해 보지 않았던 새로운 방법이나 시도는 무엇이 있을까요?

Memo

진정 성장과 변화를 원하는가?

" 진정 가슴 속 깊은 곳에서부터 성장과 변화를 원하는가?
그러면 인정하라! 수정하라! 그리고 실천하라! "

인정하라! 자신의 인생에 백 퍼센트 책임져라!

인생에서 성취하는 것이 거의 없는 사람들의 유일한 공통점을 아는
가? 그것은 바로 자신의 인생에 대해 반드시 남을 탓한다는 것이다. 그들
은 어떤 일에 성공하지 못하면 외부환경 탓은 물론 나라 탓, 조상 탓 등 각
종 탓을 남발한다. 그중 가장 최악의 탓은 리더가 부하 탓을 하는 것과 영
업사원이 고객 탓을 하는 것이다.

즉, 그들은 자신이 만들어낸 지금의 자신의 인생에 대한 결과에 완전
히 100%의 책임을 지지 않는다. 그들은 왜 일을 못 했는지 변명하기를 좋
아하고 자신의 실패에 자기 책임이 없다고 정당화하는 일에 능하다.

그러면 성취를 반복하는 사람들은 어떨까? 바로 자신의 삶의 결과에 백 퍼센트 책임을 진다는 것이다. 즉 현재의 성공 수준, 지금 맺고 있는 인간관계의 질, 건강과 체력, 현재의 수입 또는 빚, 현재 느끼고 있는 감정, **즉 본인이 만들어 낸 모든 결과에 100% 책임을 지는 것부터 출발한다는 것이다.**

자신이 꿈꾸는 삶을 실현하고 싶다면 자신의 삶에 100% 책임을 지는 것으로부터 시작해야 한다. 즉 이제까지 했던 모든 변명, 피해 스토리, 또는 외부환경 탓을 하는 일을 멈추어야 한다. 사람들이 성공하지 못하게 막는 것은 바로 그들 자신이다.

따라서 성장과 변화를 위해서는 반드시 자신의 인생을 책임지는 것에서부터 출발하여야 한다. 송나라 시인 임포林逋(967~1028)는 "**군자는 자신에게 책임을 돌리고 소인은 남만 탓한다.**"고 하였다. 자신의 책임을 솔직하게 인정하는 것만으로도 리더에 대한 신뢰가 높아질 수 있다. 훌륭한 리더가 되고 싶다면 반드시 익혀야 할 말이 바로 '내 책임이다' 라는 말이다. 이와 같이 '내 책임이다' 라는 말은 바로 **탁월한 리더만이 할 수 있는 '리더의 언어'** 이다.

코칭 리더십

> 모든 실패의 99%는 변명과 실패를 정당화하는 습관을 가진 사람들에게서 나온다.
>
> - 조지 워싱턴 카바 -

수정하라!

자신의 인생에 대해 100% 책임을 진다고 결심하였는가? 이는 앞으로 펼쳐질 자신의 인생도 결국 자신의 책임과 주도하에 100%를 만들어 갈 수 있다는 것을 의미한다. 그러면 이제부터는 **자신의 인생을 수정**하여야 한다. 그동안 해 왔던 생각과 패턴 그리고 습관을 그대로 반복하면서 성장과 변화를 기대한다는 것은 심지도 않은 나무에서 열매를 바라는 것과 같다고 할 수 있다. 즉 어불성설語不成說(도대체 말이 이치에 맞지 않음)인 것이다.

따라서 진정으로 성장과 변화를 원한다면 먼저 자신 평소의 **생각**을 바꾸어야 한다. 현대 경영학의 아버지라고 일컫는 "피터 드러커Peter Ferdinand Drucker(경영학자/작가)는 앞으로의 환경은 우리가 겪어본 적이 없는 급격하고 다양한 불연속 상의 변화 즉 "불확실성의 시대"로 정의하면서 **"지금 하고 있는 모든 일 처리 방식을 모두 폐기할 준비를 해라!"**라고 강변하였다. 또한, 이러한 불확실성의 시대에서 성공할 방법으로

① 내부적으로는 먼저 **"생각"**을 바꾸어야 한다

② 그리고 외부적으로는 **"마케팅**밖에는 없다."라고 하였다.

자신의 인생을 수정하기 위해서는 먼저 다음과 같이 생각을 수정하여야 한다. 환경, 계절을 변하게 할 수는 없지만, **자신은 변화할 수 있기 때문이다.**

① 생각하는 부정적인 생각들을 항상 **긍정적인 생각으로 통제**하여야

한다. 실제로 실험에 의하면 사람들은 일어나지도 않는 90%의 일에 대한 부정적인 생각 때문에 불안함으로 많은 시간을 허비하고 있다고 한다.

② 머릿속에 떠올리는 각종 이미지, 즉 **공상하는 내용을 긍정적**으로 바꾸어야 한다.

**현재 당신의 위치가 어디건
그것은 당신의 지배적인 생각의 결과이다.**

- 나폴레온 힐 -

He can do. She can do. Why not me?
"I can do"

생각을 수정하였으면 이제부터는 나의 행동과 태도를 수정하여야 한다. 즉 평소의 행동(습관), 읽는 책, 만나는 친구들, 자신이 말하는 방식을 바꾸어야 한다. 우리의 뇌는 본인이 하는 말의 98%의 지배를 받는다고 한다. 주변을 둘러보아라. "힘들다"는 말을 달고 다니는 사람들을 보라. 반드시 힘들게 살고 있을 것이다. 특히, 리더가 평소에 하는 말들은 리더 본

인뿐만 아니리 조직 전체에 영향을 끼치고 있음을 자각하여 평소 하는 말들을 긍정적으로 바꾸는 수정이 필요하다.

나의 수정修正 리스트
수정하여야 할 생각, 말, 행동, 습관과 태도 등

Memo
....
....
....
....
....
....
....
....
....

실천하라, 그리고 행동하라!

이제 내 인생은 내 책임으로 내가 주도한다는 것을 **인정**하였고, 내 생각과 태도를 **수정**할 것을 찾아냈으면 이제부터는 과감하고 끈기 있게 **실천**을 하여야 한다. 성공하는 사람들의 공통점 중의 하나는 항상 목표를 생각하면서 "어떻게 하면 이룰 수 있지?"라는 질문을 자신에게 끊임없이 한다는 것이다. 이때 떠오른 실천 아이디어를 **다양한 시도와 함께 매우 과감하게 실천한다.** 즉 실천하겠다고 결심한 후 **72시간(3일) 이내에 반드시 행동**에 옮긴다는 것이다.

"Obsoledge"라는 단어를 아는가? 이는 "Obsolete(쓰레기) + Knowledge(지식)의 합성어로 서 **"쓰레기 지식"**이라 하며 실천하지 않은 지식은 곧 쓰레기와 다를 바가 없다는 것을 의미한다. "나는 지식인知識人인가? 지성인知性人인가?" 이 또한 습득한 지식을 실천하느냐 안 하느냐에 따라 나눌 수 있다. 즉, 목표 달성을 위해 반드시 "해야 할 일"들을 매일 매일 실천하다 보면 언젠가는 본인이 간절히 원하던 "하고 싶은 일"을 하는 기회가 온다는 것이다.

"성공은 필연적으로 자만을 불러옵니다.
매일 매일 지루한 반복이 탁월한 업적을 만듭니다.
정상에 오른 사람들의 삶은 공통적이게도
조금은 규칙적이고 지루한 하루의 반복이었습니다."

3주와 3개월?

사람이 그동안 해 왔던 습관에서 벗어나 새로운 습관을 정착하고자 할 때는 일단 3주간을 실천하면서 버텨야 한다. 왜냐하면, 우리의 **뇌**가 새로운 습관으로 받아들이는 기간이 최소 3주라는 것이다. 그러나 이때에도 과거의 습관으로 되돌아가려고 하는 관성이 작동하며 여차하면 과거의 잘못된 습관으로 되돌아가 버리는 위험성이 있다.

왜냐하면, 우리 몸의 각각의 **세포 세포가** 새로운 습관을 자연스럽게 받아들이는 데 걸리는 기간이 3개월이라는 것이다. 따라서 성장과 변화를 위해 수정된 새로운 습관(생각과 태도 및 행동 등)을 정착하기 위해서는 개인과 조직은 무조건 최소 3개월을 **묵묵히 버텨야 한다.**

"지금 내게
소중한 꿈을 이루기 위하여
매일매일 실천하는
'매일 실천 리스트Daily Practice List'가 있는가?"

Daily Practice List

목표 (달성 모습/의미)	달성전략 (핵심 실천사항)	매일 실천사항 (반복적/구체적 실천사항)

II

왜
코칭 리더십인가?

리더십에 정답은 없다. 그러나

나의 "리더십 철학"은?

　　그동안 역사 속에 영향력을 끼친 많은 리더가 존재하였다. 몸소 낮은 자세로 섬기는 예수님의 "서번트 리더십Servant Leadership", 강인한 추진력으로 중국을 현대화로 이끈 덩샤오핑의 "카리스마 리더십Charisma Leadership", 정주영 회장과 나폴레옹 황제처럼 불굴의 도전 정신으로 무장된 "도전적 리더십Challenge Leadership", 간디, 링컨 대통령의 "관용의 리더십Tolerance Leadership", 빌 게이츠와 이건희 회장, 스티브 잡스의 "혁신 리더십Innovation Leadership", 워런 버핏의 "자율경영 리더십Self-Orgautigation Leadership", 이외에도 석가모니, 유비, 조조, 징기즈칸, 이순신 장군, 유일한 박사, 김구, 잭 웰치 등 실로 영향력을 끼친 수많은 리더가 나왔고 또한 앞으로도 수많은 리더가 나타날 것이다. 또한 리더십을 연구하는 학문도 계속 발달해왔고 앞으로도 계속 진화하여 발달해 갈 것이다.

그러나 앞에서 열거했던 수많은 리더는 과연 완벽했을까? 지금까지 개발되어 온 리더십 이론도 과연 완벽할까? 답은 '아니다'이다. 한국시리즈 10회 우승에 빛나는 천하의 김응룡 감독도 한화에서는 2년 연속 꼴찌를 하지 않았던가? 즉, "리더십에 정답은 없다"에 많은 사람이 동의할 것이다. 그러나 영향력을 끼친 리더들에게는 **리더십에 관한 자기만의 생각, 신념, 가치관 즉 리더십에 대한 확고한 "철학"이 있었고 이를 일관되게 조직과 사람들에게 적용했다고 하는 것이다.**

일본에서 "경영의 神"이라고 불리던 "마쓰시타 고노스케(1894~1989, 일본의 대표적 기업인)"는 "인간의 능력이란 누군가에게 차별받을 만큼 그렇게 얄팍하지 않다."는 인간에 관한 가능성과 잠재력에 대한 믿음의 철학을 가지고 있었다.

야신野神 즉, 야구의 신이라고 불리 우는 김성근 감독도 "이 세상에 쓸모없는 사람은 없다. 다만 이를 알아보지 못하는 리더만 있을 뿐"이라는 인간에 관한 무한한 신뢰를 리더십의 철학으로 삼고 있다. 우리나라 1위의 기업으로 이끈 이병철 회장과 이건희 회장도 "인재人才 중시"라고 하는 리더십의 기본 철학을 가지고 있었다.

『정상에서 만납시다』의 저자이며 세계적인 세일즈맨인 지그 지글러 Ziz Zigla (1926~2012. 미국 작가/세일즈맨)도 "인간은 성취하도록 만들어져 있고 성공하도록 설계되었으며 위대함의 씨앗을 품고 태어난 존재이다"라는 철학을 가지고 있었다.

나는 리더로서
어떤 "리더십 철학"을 가질 것인가?
⟨리더십에 대한 신념 · 가치관 · 실행지침 등⟩

Memo

....

....

....

....

....

....

....

....

....

....

....

....

....

....

....

....

....

나의
리더십 스타일은?

"변혁적 리더십의 중심에 코칭Coaching이 있다."

조직의 승패는 조직 리더의 리더십에 달려있다. 기업도 마찬가지이다. 유능한 리더를 만난 기업은 눈에 띄게 발전하지만 그렇지 못한 기업은 쇠퇴하기 마련이다. 스마트 폰 시대를 연 애플과 변화에 적응하지 못해 핸드폰 시장에서 낙오된 노키아, 최고의 전자회사로 거듭난 삼성과 그 자리를 삼성에 내준 소니의 사례는 유능한 기업 리더의 중요성을 말해준다. 이들 기업의 성공과 실패는 기업 리더가 효과적인 리더십을 발휘했느냐, 아니냐에 달려있었다.

그렇다면, 이토록 중요한 리더십에는 어떤 유형이 있을까? 그동안 리더십의 유형을 분류하는 방법은 많은 학자를 통해 다음 페이지와 같이 다양하게 발전해왔다.

특성이론
(Trait Theories)

토마스 칼라힐Thomas Carlyle(1841~1907)의 이론부터 발전되어왔다. 그는 "리더들은 독특한 유형을 소지하는 사람들로서 그들이 보유하고 있는 성향은 타인을 리드할 수 있는 능력뿐만 아니라 Follower들과는 차별화된 특정된 능력을 소지하고 있다."고 하였다. 이 관점에서 리더는 Grate Man과 같은 "지시형" 리더십을 행하였고 부하들은 절대적 복종을 당연시하는 것을 전제로 했다.

행동이론
(Behavioral Theories)

산업화가 된 1950년도 이후부터 행동이론이 활성화되었다.

리더의 행동을 직무 중심적 행동에서 관계 중심적 행동의 연속체에 해당하는 5가지 유형으로 구분하였다(Bass, 1990). 직무 중심적 행동은 성과를 높이는 데는 성공적이었으나, 구성원들의 신뢰, 열의, 충성심 등을 하락시켰다. 반면 관계 중심적 행동은 조직의 관계 형성과 모럴Moral을 높이는 데 효과적이었으나 성과는 부정적이었다. 따라서 **바람직한 리더는 이 두 가지 행동을 적절하게 실행하는 것이라고 추천하였다**(Bass, 1990; Vroom, 1976).

상황 이론
(Situational Theories)

행동 리더십의 이론을 토대로 상황 리더십의 이론은 리더가 실행해야
하는 다양한 행동들은 적합한 시기와 상황에 수행해야 한다는 것이다. 이
는 주어진 상황에 따라서 한 리더가 지시적인 행동을 해야 할 때도 있고,
대인관계를 위주로 한 관계 중심의 행동을 해야 할 때가 있다는 이론이다.

◆ 다음 페이지 상황적응 리더십 이론 참조

최근 이론
(Recent Theories)

최근 이론들은 주로 Team Leadership, Transactional Leadership,
Transformational Leadership, Empowerment, Self leadership,
Coaching leadership 등으로 발전되어 오고 있다. **"코칭 리더십"은 부서
원을 또 다른 리더로 육성하는 것**으로, 이는 극대화되는 경영 환경의 변화
와 핵심 인력의 부재, 차세대 리더 양성이라는 다양한 문제를 해결할 수 있
는 리더십으로 부서원들의 성장을 도와줌으로써 여러 명의 리더를 육성
하는 모델이다.

(리더십 연구 발달사 출처 : 시요우민 · 류원뤼 · 무원우 『조직과 의사결정』_ 시그마북스)

앞에서 리더십 이론에 대한 발달사를 간략하게 살펴보았다. 이처럼
분류하는 방법은 많은 학자를 통해 다양하게 발전해 왔지만, 이 책에서는
최근 분류 방법의 대표적인 3가지의 유형을 소개하고자 한다. 분류한 각
리더십 유형은 각각 장점과 단점이 함께 있을 뿐만 아니라 적정선을 지켜

야 의미가 있다는 것을 알 수 있다. 따라서 이 책에서 소개된 리더십 유형을 참조하여 나의 리더십 유형을 파악해보고 나서 장점은 계속 활용하고 부족하거나 보완하여야 할 리더십 유형을 파악하여 실천하는 것에 진정한 의미가 있다고 할 것이다.

먼저 리더가 실행해야 하는 다양한 행동들은 적합한 시기와 상황에 맞게 수행해야 한다는 "상황적응 이론"으로, 상황적응 리더십은 다음 네 가지가 있다.

상황적응 리더십

리더십 유형	내용
지도적 리더십 (Directive Leadership)	리더는 부하에게 완성해야 할 과업에 관해 설명을 한다. 여기에는 리더의 요구 사항, 임무 완성 방법, 시간 등이 포함된다. 지도적 리더십에서는 부하를 위해 명확한 직무 기준을 제시하며 부하에게 업무규칙을 정확히 설명해 준다. 상세한 규칙과 지도가 동반되는 리더십이다.
지지적 리더십 (Supportive Leadership)	리더는 부하에게 우호적이고 친근하게 대하며 부하의 복지와 요구 사항에 귀를 기울인다. 부하를 평등한 존재로 대하고 존중한다. 그렇기 때문에 부하에게 충분한 관심과 이해를 표현할 수 있으며 부하가 필요할 때 진심으로 도와줄 수 있다.
참여적 리더십 (Participative Leadership)	리더가 부하를 의사 결정에 참여시키는 리더십이다. 이 유형의 리더는 부하와 함께 일하면서 이들의 생각과 의견을 구한다. 또한 부하들의 의견을 그룹과 조직에서 향후 시행할 의사 결정 내용에 포함시킨다.

성취 지향형 리더십 (Achievement-oriented Leadership)	부하를 독려하여 일의 효율을 최고치로 끌어올리는 리더십이다. 이 유형의 리더는 목표치를 상당히 높게 제시함으로써 부하가 지속적으로 일을 개선해 나가도록 한다. 이것 외에도 성취 지향형 리더는 자신의 부하가 도전적인 목표도 능히 정하고 완수해 나갈 것으로 굳게 믿는다.

(상황적응리더십 출처 : 시요우민 · 류원뤼 · 무원우, 『조직과 의사결정』_ 시그마북스)

6가지 리더십 유형 (헤이 컨설팅)

글로벌 경영 컨설팅 그룹 "헤이 컨설팅"에서는 리더십 유형을 아래와 같이 6가지 리더십 유형으로 분류하였다.

유형	특징	장점	단점
지시 명령형 리더십	◆ 부하에게 일방적으로 명령을 내리고 복종을 요구한다. ◆ 명확하고 강력하게 지시는 하지만 목적이나 구체적인 방법은 충분히 설명하지 않는다.	◆ 빠르게 일 처리를 해야 할 때 유용하다. ◆ 긴급한 상황에 신속한 지시와 실행이 필요할 때 유용하다. ◆ 긴장 분위기를 조성한다. ◆ 고객 불만에 신속히 대응해야 하는 경우에 유용하다.	◆ 부하 직원에게 자주성을 부여하지 못한다. ◆ 이 리더십을 반복하다 보면 상사의 명령만 기다릴 뿐 스스로는 아무것도 하지 못하게 된다.

유형	특징	장점	단점
비전형 리더십	◆ 비전형 리더십은 부하가 따라가고 싶게끔 느끼게 하는 리더십이다. ◆ 비전형 리더십을 가진 리더는 스스로 생각을 먼저 말하고 부하에게 동기를 부여하면서 인솔해간다.	◆ 미래의 비전을 제시하여 조직 구성원들에게 열정적으로 일할 동기를 부여한다. ◆ 설정된 하나의 목표만을 향해 조직이 움직이기 때문에 조직 구성원은 효율적으로 일할 수 있다.	◆ 리더에 대한 부하의 존경과 신뢰가 반드시 있어야만 효과를 볼 수 있다. ◆ 리더보다도 경험이 풍부하고 지식이나 전문 능력이 높은 부하 직원이 있는 경우 비전형 리더십은 효과적이지 못하다.
관계 중시형 리더십	◆ 인간관계나 조직의 화합을 최우선으로 여기는 리더십이다. ◆ 부하와 우호적인 관계를 맺고 그 결속감을 활용해 조직 성과를 창출하려고 한다. ◆ 관계 중시형 리더는 부하 직원 위에 군림하거나 비전을 제시해서 인솔하기보다 친화적이고 따뜻한 인간관계를 통해 부하 직원을 움직이려고 한다.	◆ 새로운 직원을 조직에 동화시키고 업무에 적응시키는 데 효과적이다. ◆ 비전형 리더십과 관계 중시형 리더십을 함께 발휘하면 더욱 효과적이다. ◆ 비전형 리더십으로 비전을 제시하고 관계 중시형 리더십으로 팀의 화합을 도모한다면 팀의 효율은 배가될 것이다.	◆ 관계 중시형 조직은 "사이좋은" 클럽으로 빠져버릴 위험성이 크다. ◆ 멤버 간에 모두 친밀하기 때문에 조직은 평화롭지만, 긴장감이 전혀 없을 수가 있다. ◆ 이 때문에 조직성과가 높아지지 않을 가능성이 높다.

유형	특징	장점	단점
집단 운영형 리더십	◆ 업무 방식이나 사내 규칙을 정하는 의사결정 과정에 부하를 참여시키고 그들의 동의를 얻는다. ◆ 집단 운영형 리더에게 부하 한 사람 한 사람은 회사의 주역이고, 집단 운영형 리더는 이들 사이에서 이들의 의견을 정리하는 역할을 한다.	◆ 가장 민주적인 리더십으로 모든 부하 구성원의 의사에 귀를 기울일 수 있다.	◆ 조직을 리드하면서 최종 결정을 내리는 능력이 부족하다. ◆ 이 때문에 아무리 부하들과 회의를 거듭해도 의견 일치를 이끌어내지 못할 가능성이 있다. ◆ 의사결정과 업무 수행 속도가 떨어지는 단점이 있고, 긴급한 업무를 수행할 수 없을 때도 많다.
규범형 리더십	◆ 자신에게도 타인에게도 엄격하다. ◆ 부하에게 철저한 자기관리와 높은 업적수준을 요구하며, 자신이 그 규범을 보이기 위해서 노력한다. ◆ 스스로 성공적인 모델이 되어 솔선수범하며 팀을 이끌어 간다. ◆ 어떤 일도 더욱 빠르게 잘 처리하기 위해 노력하며, 주위 사람에게도 자신과 같은 정도의 업무능력을 요구한다. ◆ 부하의 업적이 오르지 않으면 이를 바로 지적하고 개선을 요구한다.	◆ 조직 규모가 작아서 조직 구성원이 조직 전략과 이에 필요한 기술을 잘 알 수 있을 때 효과를 발휘하는 리더십이다. ◆ 조직 구성원이 우수하고 상사의 특별한 상사관리가 필요하지 않을 때, 부하가 의욕적이어서 상사의 동기 부여가 필요하지 않을 경우에도 효과적이다.	◆ 조직이 크고 복잡해서 상사 혼자서 업무를 처리하기 힘든 경우나, 부하에게 많은 것을 지시하고 가르쳐야 할 때는 큰 효과를 올릴 수 없다. ◆ 부하가 자신의 기대에 부응하지 못할 경우에 부하를 지도하는 것을 금방 포기하기도 한다.

유형	특징	장점	단점
육성형 리더십	◆ 육성형 리더는 유능한 카운슬러나 교육자와 같은 행동을 한다. ◆ 부하가 자신의 장점이나 단점을 내보이도록 도와주고, 부하에게 필요한 것을 조언해준다. ◆ 부하를 육성하는 데 필요한 지도와 피드백을 게을리하지 않는다. ◆ 육성형 리더는 현재 당장의 업적보다는 미래의 성장을 중시한다. 부하 직원과 대화하는 것을 즐기며 자신이 부하와 동등한 위치에 서는 것을 거부하지 않는다.	◆ 육성형 리더십은 부하가 스스로 발전하고자 하는 의지가 있을 때 매우 효과적이다.	◆ 리더의 지도 기술이 부족하여 자신이 지도할 부하와 가르쳐야 하는 내용에 대해 제대로 파악하지 못할 경우에는 효과를 볼 수 없다. ◆ 단기적인 성과를 요구하는 일을 할 때도 육성형 리더십은 효과적이지 않다.

FRLD 리더십 유형(다면평가)

　다면평가는 1980년 중반에 미국 TEAMS 회사에 근무하는 M. R. Edwards & A. J. Ewen이 처음으로 360도 피드백 과정Feedback Process이라는 말을 쓰면서 시작되었다. 직속상사뿐만 아니라 동료, 부하, 고객 등 평가 대상의 직무 행동을 잘 아는 사람들이 정보를 제공하는 유형으로 여러 사람이 여러 각도에서 평가 대상에 대한 가치나 장점 등의 전체적인 모습을 판단하기 위한 일종의 인사평가제도이다. 리더십 다면평가는 리더 본인의 설문지 작성을 통한 자기 평가와 랜덤Random으로 뽑은 3~4명의 부하 직원의 다면평가 결과를 가지고 평가하여 부족한 리더십의 유형에 대한 인식을 통해 앞으로의 리더십을 보완하고자 하는 데 그 목적이 있다.

가. 리더십 유형

　1. 수동적 리더십 (Passive leadership)

　2. 예외에 의한 관리 (Management-by-exception Active & Passive)

　3. 거래적 리더십 (Transactional leadership/contingent reward)

　4. 변혁적 리더십 (4I's)

　　① 영향의 이상화 (Idealized Influence)

　　② 영감적 동기 부여 (Inspirational Motivation)

　　③ 지적 자극 (Intellectual Stimulation)

　　④ 개인적 배려 (Individualized Consideration)

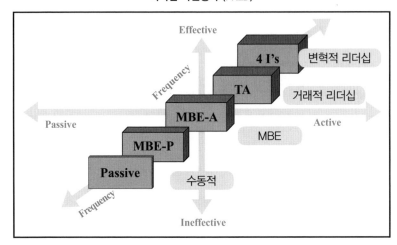

리더십 다면평가 (FRLD)

나. FRLD 리더십 유형

유형	특징	적정
수동적인 리더십 (Passive Leadership)	◆ 리더로서 책임을 포기하거나 결정을 회피하는(Abandon responsibilities & avoid making decision) 리더십 ① 중요한 사안이 발생했을 때, 그것에 관여되는 것을 회피한다. ② 내 부하가 도움이 필요하여 찾을 때 자리에 없다. ③ 결정을 내리는 것을 회피한다. ④ 시급한 문제가 있어도 이에 대한 대응을 미루는 편이다.	2.0 이하

유형	특징	적정
예외에 의한 관리 리더십 (MBEP)	◆ 조건에 충족되기 전까지는 관여를 안 하는(Intervene only if standards are met) 리더십 ① 문제들이 심각해질 때까지는 관여하지 않는다. ② 일들이 나쁘게 꼬여갈 때까지는 행동을 취하지 않는다. ③ 문제가 없으면 현 상황을 계속 유지해 나가야 한다고 굳게 믿고 있다. ④ 문제가 만성적으로 되어야 비로소 행동을 취한다.	2.5 이하
예외에 의한 관리 리더십 (MBEA)	◆ 부하들에 관해 기준과 표준에 이탈하거나 실수에 초점을 두고 지적하는(Watch and search for deviations from rules and standards, take correct action) 리더십 ① 변칙, 실수, 예외 그리고 기준에서의 이탈에 주로 초점을 둔다. ② 내 부하의 실수나 불만, 실패에 관한 사항을 처리하는 데 모든 주의를 기울인다. ③ 내 부하의 실수의 원인, 과정, 현 상태 등을 파악하는 데 초점을 두고 있다. ④ 업무 기준에 못 미치는 것에 관해서만 관심을 집중한다.	2.5 ~ 3.5
거래적 리더십 (TA)	◆ 거래적 리더는 부하가 노력한 만큼 지원해 주고, 목표를 달성했을 때 받을 수 있는 보상에 대해 구체적으로 제시하며, 리더의 기대를 충족시켜줄 때 만족감을 표현하는(Contract exchange of rewards for effort promise rewards for good performance, recognize accomplishments)리더십 ① 내 부하가 노력하는 만큼, 그(그녀)를 지원해 준다. ② 담당자와 업무 목표 달성에 대하여 구체적으로 의논한다. ③ 목표 달성 시에 그 보상이 무엇인지 명확히 해준다.	4.0 ~ 4.5

◆변혁적 리더십

기대 이상의 성과를 도출해 내는 과정을 말하며, 부하들에게 장래의 비전 공유를 통해 몰입도를 높여 부하가 원래 생각했던 성과 이상을 달성할 수 있도록 동기 부여시키는 리더십을 말하는 것으로 다음 4가지로 구성되어 있다.

① 영향의 이상화 (Idealized Influence)

② 영감적 동기 부여 (Inspirational Motivation)

③ 지적 자극 (Intellectual Stimulation)

④ 개인적 배려 (Individualized Consideration)

유형		특징	적정
변혁적 리더십	영향의 이상화 리더십	◆리더는 추종자에게 비전과 사명감, 그리고 자부심을 심어줌으로써 추종자로부터 존경과 신뢰를 받는(Provide vision and sense of mission, instill pride, gain respect and trust) 리더십 ① 내 부하가 같이 일할 때, 그(그녀)에게 자긍심을 심어 준다. ② 조직의 이익을 위해 내 이익을 희생한다. ③ 내 부하가 존경하게끔 행동한다. ④ 하는 일의 미래에 대한 비전을 명확하게 알려준다. ⑤ 나의 가장 중요한 가치관과 신념에 대하여 이야기한다. ⑥ 강한 목적의식을 가지는 것의 중요성에 대해 이야기한다. ⑦ 어떤 결정을 따르는 도덕적, 윤리적 결과를 고려한다. ⑧ 임무에 대해 공동체적 사명감을 느끼는 것이 중요하다고 강조한다.	4.2 ~ 4.3 이상

유형		특징	적정
변혁적 리더십	영감적 동기부여 리더십	◆ 리더는 추종자들에게 높은 수준의 기대감을 심어주고, 추종자의 노력을 집중시키기 위해 상징기법을 사용하며 중요한 목적을 단순한 방법으로 표현(Communicate high expectations, use symbols to focus efforts, express important purposes in the simple ways) 리더십 ① 미래에 대하여 낙관적으로 이야기한다. ② 무엇을 달성해야할 것인지에 대해서 열성적으로 이야기한다. ③ 힘과 자신감을 피력한다. ④ 목표 달성에 자신감을 피력한다.	4.2 ~ 4.3 이상

유형		특징	적정
변혁적 리더십	지적자극 리더십	◆ 리더가 추종자들의지성, 합리성 그리고 신중하게 문제를 해결하도록촉진하는(promote intelligence, rationality, and careful problem solving)리더십 ① 업무에 관한 기본적이며 중요한 가정들이 과연 적절한가 다시 검토한다. ② 문제를 해결할 때, 다른 관점들에서도 보려고 한다. ③ 문제를 다양한관점에서 보게끔 한다. ④ 나의 부하가 어떻게 임무를 완성하는지에 대해 새로운 길을 제시해준다.	4.2 ~ 4.3 이상
	개인적 배려 리더십	◆ 리더가 추종자 개인에게 관심을 가지고 주목하며, 개별 추종자를 개인적으로 상대하면서 조언과 지도를 아끼지 않는(give personal attention, treat, employee, individually, coach, advise)리더십으로 구체적인 질문 내용은 다음과 같다. ① 가르치고 코치하는 데에 시간을 할애한다. ② 단지 그룹의 일원보다는 하나의 개인(인격체)으로서 나를 대해 준다. ③ 내 부하가 남들과 다른 요구 및 능력과 야망이 있음을 고려한다. ④ 나의 부하가 장점을 계발하도록 도와준다.	

◆변혁적 리더십의 특징과 "코칭(Coaching)"

변혁적 리더십이란 리더가 조직구성원의 사기를 고양시키기 위해 미래의 비전과 공동체적 사명감을 강조하고 이를 통해 조직의 장기적 목표를 달성하는 것을 핵심으로 하는 리더십으로 다음과 같은 특징이 있다.

첫째, 구성원을 리더로 개발한다.
둘째, 낮은 수준의 신체적 필요에 대한 구성원들의 관심을 높은 수준의 정신적인 필요로 끌어 올린다.
셋째, 구성원들이 기대했던 것보다 더 넘어설 수 있도록 고무시킨다.
넷째, 미래 수준의 비전을 가치 있게 만드는 변화의 의지를 만드는 방법으로 소통한다.

따라서 **"변혁적 리더십"은 급변하는 환경에서 조직에 변화를 주도하고 관리하는데 적합한 리더십 유형으로 부각되고 있으며 그 중심에 "코칭"이 자리하고 있다.**

앞에서 다양한 리더십 스타일에 대해 살펴보았다. 다시 한 번 강조하지만 모든 리더십 유형에는 각각 장·단점이 있고 적정선이 있으며 상황에 맞게 사용하는 것이 핵심이라 할 수 있겠다. 따라서 나의 리더십 스타일을 평가해보고 장점은 계속 강화하면서 부족한 부분을 보완함으로써 "탁월한 리더"로 거듭나고자 노력하는 것이 진정한 의미가 있다고 할 수 있다.

나의 리더십 스타일 평가 및 리더십 목표 설정

현재, 나의 리더십 중 계속 강화해야 할 장점은?
앞으로 "탁월한 리더"가 되기 위해 개선하거나 보완해야 할 리더십 스타일은?
나의 리더십 철학은?

리더십 목표 & 실천 방안

왜
코칭 리더십인가?

"지금은 부드러움과 포용이 사람을 움직이는 시대이다."

"오 차장, 키팅 선생 위에 유느님?!"

위 제목은 머니투데이 기사 제목으로, 취업 뉴스 사이트 잡드림 (www.jobdream.co.kr)이 취업 준비생, 직장인 905명을 대상으로 실시한 "직장에서 가장 만나고 싶은 상사 유형" 설문 조사 결과를 나타내는 것이다.

이 조사에서 응답자의 절반 50.28%(455명) 이상이 압도적으로 유재석을 선택했다. 이어 웹툰 "미생"의 오상식 차장이 24.31%(220명)로 2위에, "죽은 시인의 사회" 키팅 선생이 14.59%(132명)로 3위에 올랐다. 프란치스코 교황 6.41%(58명)과 스티브 잡스 4.42%(40명)가 각각 4위와 5위를 차지하였다.

"유재석"을 1위로 뽑은 응답자들은 그의 부드러운 리더십에 표를 던졌다. 한 응답자는 "너무 혼내고 막말하는 상사한테 상처받은 경험이 있어 유재석을 뽑았다."고 말했다. 이밖에 "무한 상사의 유재석 같은 인자하고 포용력 있는 상사라면 직장 생활이 할 만할 것.", "아랫사람 챙기고 윗사람을 위할 줄 아는 유재석이야말로 이 시대의 트랜드인 부드러운 리더."라는 의견 등을 보였다.

강함은 남성적인 지도력의 기본이요, 부드러움은 여성적인 지도력의 기본이다. 독일의 문호 괴테가 이르기를 "여성적인 것, 그것이 인류를 구원한다."고 하였다. 옳은 말이다. 권위와 강함을 내용으로 하는 남성적 지도력은 지난 세기의 지도력이다. 그런 지도력이 한계에 이른 지는 이미 오래다. "땅콩 회항" 사건으로 온 국민이 분노하고 있는 것이 그 방증이다. **지금은 부드러움과 포용이 사람들을 움직이는 시대이다.** "부드러움과 낮아짐"으로 지도력을 발휘한 대표적인 사례가 마하트마 간디와 이순신의 경우이다. 간디와 이순신은 온유와 겸손의 위대함을 보여준 사례이다. 최근 로마 교황의 한국 방문에서 우리는 깊은 감명을 받았다. 교황의 "온유와 겸손"의 모습이 수많은 사람의 마음을 움직인 강한 리더십의 원천이었던 것이다.

앞에서 살펴보았듯이 리더십에 정답은 없다. 그러나 시대가 요구하는 리더십의 정답은 있는 것이다. 이 시대가 요구하는 리더십은 무엇일까? 이미 세계적인 500대 기업의 CEO와 핵심 리더들의 약 70%(포춘지)가 상시 코칭 리더십을 적용하고 있으며, 우리나라에서도 리더들이 본격적으로 "코칭 리더십"을 적극적으로 활용해야 할 시대가 온 것을 위의 조사 결과가 방증해 주고 있다.

코칭 리더십의 필요성 배경

그동안 우리는 산업화 시대를 지나면서 성과 창출과 고속 성장을 위해서 획일 된 사고의 강요, 인간성의 존중이나 개인적인 삶, 그리고 가족보다는 회사를 우선시하는 등의 많은 희생을 하였고 그 희생도 어느 정도 사회적으로 용인되는 시대를 살아왔다.

특히, 조직 관리에서도 상사의 이론을 바탕으로 상사가 직접 해답을 제시하고, 지시하고 명령하는 일방적인 커뮤니케이션, 부하를 지배하는 수직적인 종속 관계가 주종을 이루었다.

그러나 작금의 시대에는 인권의 강화, 각 개인의 욕구 다양화에 따라 예전과 같은 일방적인 지시와 질책은 한계에 봉착하게 되었다. 즉 개인 자존감의 저하와 조직 분위기의 경직으로 성과 창출도 안 되고 재미도 없는 건조한 조직으로 전락하고 마는 것이다.

따라서 관리와 통제 중심의 리더십에 한계를 느끼게 되었고 상생과 소통의 새로운 리더십의 필요성이 대두되었다. 이 상생과 소통의 리더십이 바로 "코칭 리더십" 인 것이다. "코칭 리더십"은 부하 직원 스스로 해답을 창출하게 하고, 현장 솔루션을 스스로 개발하게 하며, 상사는 부하에게 무한한 신뢰와 후원을 보내주며 상호 책임을 지어 준다.

또한 수평적 조직 체계로 창조적·자율적 인재를 육성하고, 질문형 의사소통으로 양방향 커뮤니케이션 소통을 함으로써 성과 창출은 물론 "신바람 일터"의 기틀을 만든다.

코칭 리더십 대두

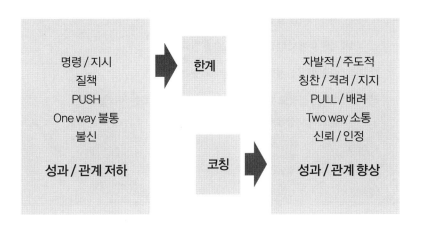

명령 / 지시	
질책	**한계**
PUSH	
One way 불통	
불신	
	코칭
성과 / 관계 저하	

자발적 / 주도적
칭찬 / 격려 / 지지
PULL / 배려
Two way 소통
신뢰 / 인정

성과 / 관계 향상

성과 창출은 물론
"신바람 일터"로서 조직 관리의 역량으로 대두

코칭에 대한 기본적 이해

코칭을 "인간을 가장 인간답게 다루는 기술"이라고 한다. 인간은 어떠할 때 가장 인간다울까? 다음 아래의 대화는 똑같이 부하가 실적을 내지 못하고 실수를 한 상황에서 리더가 부하와 나눈 대화의 유형이다.

대화 1

리 더 1 : 박 대리. 실적이 이게 뭔가?

박 대리 : 시장 예측을 잘 못한 것 같습니다.

리 더 1 : 자넨 어째서 매번 똑같은 실수를 반복하나.

박 대리 : 죄송합니다. 저도 열심히 한다고 했는데…

리 더 1 : 이렇게 실적도 부족하고 매번 똑같은 실수만 하는 자네를
　　　　　 믿고 더 이상 일을 맡길 수 있겠는가?

박 대리 : …

대화 2

리 더 2 : 김 대리 이번 분기 실적이 목표보다 20% 정도 부진하던데,
　　　　　 시장 상황이 예상보다 안 좋았던 모양이지?

김 대리 : 네. 시장 예측을 잘 못 했던 것 같습니다.

리 더 2 : 그렇군, 시장을 좀 더 정확하게 분석하여 영업 전략을 수정해
　　　　　 보면 어떻겠나?

김 대리 : 예. 저도 그렇게 생각합니다.

리 더 2 : 목표 달성을 위해 그밖에 더 점검해야 할 것들은 뭐가 있을까?

김 대리 : 이번 기회에 영업사원, 대리점 사장님 그리고 현장에서 직접 소비자를
　　　　　 대상으로 신제품 반응을 조사해 보고 전략을 재정립했으면 합니다.

리 더 2 : 아주 좋은 생각이네. 현장에 해답이 있다고 생각하네.
　　　　　 우리 박 대리는 분석력과 실천력이 탁월하니 잘 해내리라 믿네.
　　　　　 자세한 내용이 준비되는 대로 보고 해주게나.

김 대리 : 예. 이번 주까지 보고하겠습니다. 감사합니다.

박 대리의 경우 자신의 실수에 대한 비난을 듣고 감정적으로 불쾌감에서 벗어나기 어려울 것이다. "내가 왜 그랬을까", "정말 나는 실력이 이것밖에 안 되는 것일까?"하는 생각에 사로잡히게 된다. 부진한 실적을 만회하기 위한 방법에 대해서 생각해 보기도 전에 자존감과 용기를 잃어버리게 된다.

그러나 김 대리의 경우 상사와의 대화를 통해 본인이 잘못한 점에 대해 **스스로 파악**을 함은 물론 목표 달성을 위해 필요한 건설적인 방법에 대해서도 **스스로 발견**함으로써 실천하고자 하는 의지가 나타났음을 알 수 있다. 또한 일정에 대해서도 구체적으로 결정하게 되었다. 아울러, **상사에게서 인정과 믿음을 받음으로써 자존감과 자신감이 상승하는 감정을 느낄 수 있었다.**

즉, 상사로부터 인정과 믿음을 받음은 물론, 본인이 스스로 주도권을 가지고 문제 파악과 대안을 도출함으로써 구체적인 행동을 할 수 있게 된 것이다.

따라서, 인간은 남에게서 인정을 받을 때, 스스로 주도권을 가지고 결정을 할 때, 비로소 인간다움을 느낄 수 있다.

코칭은 "인간 그 자체를 존중하고 주도권을 철저하게 고객에게 주고 스스로 장점과 탁월성을 발견할 수 있도록 지원하여 인정함으로써 고객의 자긍심을 높여 최상의 변화와 성장을 이끌어내는 강력한 협력관계"라고 할 수 있다.

"코칭은 개인과 조직의 잠재력을 극대화하여 최상의 가치를 실현할 수 있도록 돕는 수평적 관계다" - 한국코치협회 -

"코칭은 생각하게 하는 창의적인 프로세스 속에서 고객과 함께하는 협력관계이며, 고객이 개인적인 삶과 일에서의 잠재력을 극대화할 수 있도록 고무하는 프로세스이다" - 국제코치연맹 -

"코칭은 코치와 발전하려고 하는 의지를 가진 개인이 잠재능력을 최대한 계발하고, 발견 프로세스를 통해 목표 설정, 전략적인 행동 그리고 매우 뛰어난 결과의 성취를 가능하게 해주는 강력하면서도 협력적인 관계이다"

- 세계 최대의 글로벌 코치 양성기관(CCU : Corporate Coach University) -

따라서 코칭이란 고객이 주도권을 가지고 스스로 답을 찾게 함으로써 성장과 변화를 하게 하는 것이다. 그리고 이처럼 성장과 변화를 하기 위해서는 누군가의 도움이 필요하다. 바로 그 도움을 주는 지지자가 "코치"인 것이다.

코칭은 상대가 스스로 답을 찾게 한다

1. 변화나 성장이 일어나기 위해서는 그 사람의 내면의 잠재력과 열정을 일깨워야 한다.

2. 새로운 생각을 하고 새로운 행동을 하여야만 새로운 변화가 이루어진다.

3. 코치란 스스로 문제의 답을 찾도록 자극하고 자신의 꿈과 목표를 향해 지속적으로 실행할 수 있도록 에너지를 공급해주는 사람이다.

성장과 변화를 위해서는 지지자(코치)가 필요하다

1. 사람들이 변화하기 위해서는 누군가의 도움이 필요하다.

2. 변화를 위해 후원Support해주고 격려Encourage해주고 점검Accountability해 줌으로써 지속할 수 있는 에너지를 주는 누군가가 필요한 것이다.

3. 코치가 하는 중요한 일 중 하나가 사람들이 변할 때까지 시간과 에너지를 투자하여 후원해 주고 격려해주고 점검해주는 일이다.

코칭이란?	코칭 철학
인간을 가장 인간답게 다루는 기술	인간은 스스로(Wholistic) 답을(Resourceful) 창조(Creative)할 수 있다

훌륭한 코치란?

모든 사람은 가치 있는 존재이며
위대함에 대한 특별한 재능과 잠재력이 있다고 믿으며
스스로 답을 찾도록 자극하고 자신의 꿈과 목표를 향해
지속적으로 실행할 수 있도록 에너지를 공급해주는 코치

"코치는 내가 가지고 있음에도 지금껏 한 번도 사용하지 않았던 나의 "능력 버튼"을 보도록 해줍니다.

물론 그는 나의 버튼이 무엇인지 모릅니다.

단지 코칭 질문들을 천천히, 효율적으로 던질 뿐입니다.

나는 그 질문을 따라가며 내 능력의 어두운 부분도 발견하게 됩니다. 여러분께 확실히 말씀드릴 수 있는 것은, 제가 코칭을 경험하면서 감정이 완전히 달라지는 것을 체험했다는 점입니다. 그동안 내게 문제가 되는 것 중 한쪽만 빛을 비추었다면, 코치는 내가 다른 편에 서서 새로운 빛으로 볼 수 있도록 해주었습니다.

덕분에 나는 그 문제가 해결됨을 경험했습니다.

코치는 답이나 충고를 주는 사람이 아닙니다.

그들은 "무엇을 해야한다"고 지시하지 않습니다.

하지만 내가 습관적으로 해왔던 방법에서 나를 빼내 줍니다.

코치는 나의 능력을 끄집어내 줄 뿐만 아니라, 나의 능력을 스스로 발견할 수 있게 해줍니다.

즉, 코치는 "나만의 탁월성"을 발견하도록 해줍니다.

일이나 인생에서 원하는 바를 달성할 수 있도록
헌신적으로 지지하는 누군가가 있다고 생각해 보라.
누군가가 당신 인생의 우선순위와 비전을 이해하고
거기에 몰입하도록 돕는다면 어떨지 생각해 보라.
산 정상에서 깃발을 흔들며 어서 올라오라고
격려하는 누군가를 생각해 보라.
바로 그 "누구"가
관심과 **진정성**으로 당신의 마음을 움직이는
여러분의 "코치"이다.

코치

코칭과 다른 부문과의 비교

코칭을 이해하는 데 있어 유사한 타 부문과 비교를 하는 것은 도움이 된다. 컨설팅은 기업의 진단과 분석을 통해 대안Solution을 제시하는 것이고, 멘토링은 본인의 경험과 노하우를 지도하는 것이며, 티칭은 지식이나 정보를 전달하는 활동이다. 이 세 가지 부문의 공통점은 **일방적으로 주는 것**이라는 것이다. 이에 비해 코칭은 고객이 주도권을 가지고 스스로 해답을 찾고 실천할 수 있도록 **이끌어내는 것**이다.

또한 카운셀링은 **과거의 상처를 치유**하는 데 중점을 두지만 코칭은 과거보다는 **현재의 문제 해결과 미래의 비전 달성에 초점**을 맞추고 있으며, 코칭은 치유하는 것이 아니고 스스로 할 수 있도록 코치가 **조력**하는 것이다.

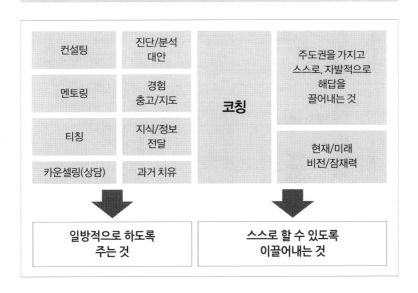

코칭과 다른 부문의 비교

컨설팅	진단/분석 대안	코칭	주도권을 가지고 스스로, 자발적으로 해답을 끌어내는 것
멘토링	경험 충고/지도		
티칭	지식/정보 전달		현재/미래 비전/잠재력
카운셀링(상담)	과거 치유		

| 일방적으로 하도록 주는 것 | 스스로 할 수 있도록 이끌어내는 것 |

코칭 리더십의 효과

코칭 리더십의 효과로는 리더의 영향력을 강화하고 조직 내 성과 발휘를 가속화하며, 전반적인 직업만족도를 제고하고 이직률을 감소시킨다. 연구조사(Andrew W. Talkington, Business magazine Chemistry Section)에 따르면 교육만으로도 생산성을 22% 향상시킬 수 있지만 교육과 코칭을 함께 활용할 때 생산성이 88%나 제고되었다.

또한 ICF 코칭 리서치 심포지움에서 샤먼Dr. Sherman Severin박사가 포춘 100개 기업의 경영자 코칭 적용 조사 결과로 비즈니스 코칭의 투자 회수율ROI:Return on Investment이 1,825%가 되었다고 발표를 하였다.

코칭의 효과 (생산성 & ROI)

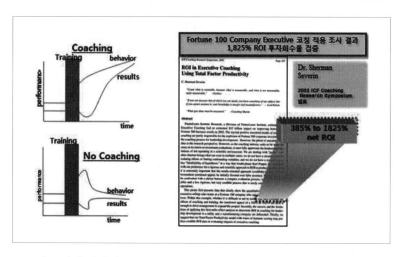

미국에서 경영자 코칭을 제공하는 멘체스터 코칭 펌은 조직에 코칭이 도입되면서 나타나는 성과를 다음 페이지와 같이 요약하였다.

이 시대 탁월한 리더의 **코칭 리더십 실천 노트**

회사가 말하는 코칭의 혜택

① 생산성(53%)	② 품질 향상(48%)	③ 조직의 강점 강화 (39%)
④ 고객서비스(39%)	⑤ 고객 불평 감소(34%)	⑥ 인재 보유/유지(32%)
⑦ 비용 절감(23%)	⑧ 수익성 증가(33%)	

코칭받은 직원이 말하는 코칭의 혜택

① 직속상관과의 관계 개선(77%)	② 직속 감독자와의 관계 개선(48%)
③ 팀워크 증진(67%)	④ 동료와의 관계 개선(63%)
⑤ 직무 만족(61%)	⑥ 갈등 해소(52%)
⑦ 조직의 실행 능력 향상(44%)	⑧ 고객과의 관계 개선(37%)

코칭과 강의훈련 비교

특정한 장소에 일시에 모아 놓고 일방적으로 정보나 지식을 전달하는 기존의 강의 훈련 방식은 "회사가 얼마나 기회를 주는가?" 와 "자기 계발에 있어서의 실질적인 도움이 되었는가?"의 조사에서 다음 페이지 표와 같이 매우 낮게 나온다.

그러나 코칭의 경우에는 특히 1:1의 경우, 회사가 나에게 특별히 기회를 준다고 생각하는 것이 60% 정도 되었고 무엇보다 더 자기 계발에 있어 실질적으로 도움이 되었다고 하는 것이 85%로 높은 결과가 나왔다.

따라서 기업의 핵심 인력의 대상으로는 일시에 한 장소에 모아 놓고 일방적으로 전달하는 훈련 방식을 지양하고 실질적인 도움이 되는 코칭의 비중을 높이는 것이 효과적이라고 할 수 있다.

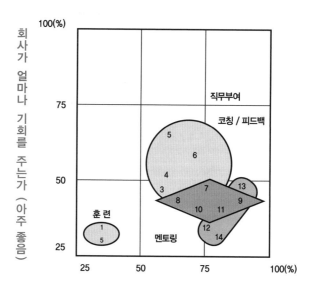

자기개발에 있어서의 실질적 도움(결정적, 아주 중요)
Michael, E, Hanfield - Jones. H, and Axelrod, B

코칭 리더십 성공 사례

"나는 CEO가 아니라 코치이다!"

-닛산 CEO 카를로스 곤-

	위기	· 6,800억엔 적자 · 관료주의 만연, 쇄락적 조직 분위기
	혁신	· 닛산 리바이벌 플랜(NRP)가동 · 중견 간부 600명 선발, 3개월간 1:1 코칭 실시 · 사내 코치 양성 잠재력 발휘
코칭 리더란? "직원들의 창의성과 열정을 살려 생산성을 높이는 사람"	도약	· 1년 만에 3조 흑자 · 관료주의 타파, 코칭 리더십 발휘 · 조직 내 신뢰와 소통문화 정착

American Express Financial Services Group

코칭 도입	· 지원자들 대상으로 비즈니스 코칭 프로그램을 1년간 실시 · 격주 1:1 코칭＋그룹 코칭 실시
주요 이슈	· 고객의 특별한 강점을 발견하고 더욱 강화시켜 업무 성과 향상에 기여 · 각각의 전문성과 행동영역을 발견 · 조직원들의 스트레스 관리 등 삶의 질 향상을 위한 코칭적 지원

결과	· 25% 매출 상승 효과 · 생산성 효과 400% 향상 · 스트레스 관리로 삶의 질 향상

"부하를 코칭하지 않으면 임원이 될 자격이 없다!"

"리더의 미래는 코칭 능력과 다른 리더를 성장시키는 능력에 달려있습니다".

- GE 회장 잭 웰치-

코칭 전개 Frame

코칭 철학

조직/개인 Issue & Agenda 발굴

코칭 스킬

인간은
Wholistic
(스스로)
Resourceful
(답을)
Creative
(창조)
할 수 있다

1. 모든 사람에게는 무
한한 가능성이 있다

2. 필요한 해답은 모두
그 사람의 내부에
있다

3. 해답을 찾기 위해서
는 파트너가 필요하다

Case Study
- Agenda 별
자/타사
- 성공/실패
사례 발굴

스스로 진단

해결안 도출

실천

성공 모델링

확산

계층별 단계적
진행
1. CEO/임원
2. 핵심 리더
내부 Change
Agent 활동
- CIP/C&C 활동

경청/관찰
탁월성 도출
잠재력 발견

소통
코칭 대화법
상사=부하
본사+현장

배려/칭찬/지지
이해/어울림

상호 책임/피드백
실천/성과

先 개인(리더)의 변화와 성장

後 조직의 성장과 발전에 기여

코칭 리더십 문화 정착을 통한
조직육성 시스템&기업경쟁력 강화

진정한 리더십이란 구성원의 협력을 자발적으로 이끌어내고 능력을 충분히 발휘할 수 있도록 북돋아 주는 리더십이다. 노자老子는 "리더는 부하를 다스릴 때 스스로 할 수 있는 무위無爲의 리더십을 펼쳐야 한다. 자꾸 직접 간섭하고 강요하면 그들은 반박할 것이다. 스스로 할 수 있는 분위기를 만들어 주는 것이 리더의 역할이다."라고 무위無爲의 리더십에 대해 강조하였다無爲而無不治.

　　이와 같이 "코칭 리더십"이란 부하 직원의 잠재력을 믿고 격려와 열정을 불어넣어 스스로 해답을 창출하게 하고, 현장 솔루션을 스스로 개발하게 하며, 리더는 부하에게 무한한 신뢰와 후원을 보내주어 상호 책임을 지어 준다. 또한 수평적 조직 체계로 창조적 자율적 인재를 육성하고, 질문형 의사소통으로 양방향 커뮤니케이션 소통을 함으로써 "성과 창출"은 물론 "신바람 일터"의 기틀을 만든다.

Memo
_____
_____
_____
_____

코칭 리더십에 대한 이해와 활용 목표

"코칭 리더십"은 어떤 리더십이라 생각하나요?

"코칭 리더십"이 부각되는 배경이 무얼까요?

앞으로 리더로서 "코칭 리더십"을 어떻게 활용하겠습니까?

III

먼저, 자기 자신을
셀프 코칭 Self Coaching 하기

잠시 "인생의 쉼표"를 주어라!

"죽기 전에 가장 후회하는 1순위?"

탁월한 리더가 되기 위해서는 먼저 자신을 코칭하라!

조직이 나아갈 바를 제시하며 인재를 육성하고 그들의 뜻을 하나로 묶는 공유가치를 형성하여 목표를 달성하는 중심적인 위치인 리더가 된다고 하는 것은 한 번의 삶을 사는 동안 대단한 의미와 가치를 지닌다고 할 수 있다. 본인이 원했든 원하지 않았든 현재 리더의 위치가 되었을 때는 기왕이면 조직과 본인에게 보람과 자긍심을 갖는 결과를 갖게 하는 것이 필요하다. 즉 "탁월한 리더"가 되는 것이다. 특별히 **"탁월한 코칭 리더"가 되기 위해서는 무엇보다 먼저 자기 자신을 성찰하는 "셀프 코칭"이 필요하다.**

많은 사람에게 "평생 살아가면서 보살펴야 할 대상 3명은 누구입니까?"라는 질문을 해 보면 배우자, 자녀, 부모님 또는 직원이 순위가 다를 뿐 대부분이 범주안에서 답이 나온다.

이와 같이 대부분 평생 보살펴야 할 대상에 정작 자기 자신은 빠져있는 경우가 많다. 그러나 미국의 소방관들이 화재 현장에 투입되었을 때 현장에서 반드시 지켜야 할 첫 번째 법칙은 **"너(자신) 먼저 살아남아라"**이다. 소방관 스스로 먼저 살아남아야 화재를 진압하고 소중한 생명을 구원할 수 있다는 것이다. 위와 같이 자신이 힘들고 불행하면 평생 보살펴야할 대상을 제대로 보살필 수 없지 않은가?

그러므로 이제부터는 무엇보다 자기 자신이 먼저 행복해야 하고 풍요로운 삶을 살아야 한다. 그러기 위해서 먼저 자신을 스스로 성찰하는 "셀프 코칭"을 시작하여야 한다.

잠시 인생의 쉼표를 제공하라!

 코칭 리더십

내려갈 때 보았네
올라갈 때 보지 못 한
그 꽃

　　　- 시인 고은 -

현대 조직의 시스템은 리더가 되기 위해서, 또한 그 자리를 유지하기 위한 성과 창출을 위해 치열하게 앞만 보고 달려가도록 촉진시켜왔다. 그러다 보니 조직에서 성공하면 할수록 본인의 특별한 노력에 의한 자기 성찰이 없다 보면 삶에 대해 진지하게 돌아보고 주변을 살피고 미래를 꿈꾸는 것에 소홀할 수밖에 없다.

이렇게 앞만 보고 열심히 달리다 보면 우리의 삶에서 진짜 중요한 것들을 놓치고 있지는 않을까? 우리는 가끔 영원히 살 것처럼 행동하지만 우리는 언젠가 세상과 이별해야 하는 유한적有限的인 삶이라는 것을 진솔하게 인정하는 순간부터 현재의 삶과 미래의 삶을 좀 더 풍요롭게 살 수 있는 평온함을 얻을 수 있다.

즉, 본인 스스로 자아 성찰을 통해 삶을 재조명함으로써 행복하고 풍요로운 삶을 설계하도록 유도한다. 이렇게 앞만 보고 열심히 달려온 리더들에게 "셀프 코칭"을 통해 잠시 인생의 쉼표를 제공하면서 옆도 돌아보고 뒤도 돌아보면서 "삶"에 대해서, "행복"에 대해서 특히, 자기 자신의 내면과의 대화를 통해 "자기 성찰"을 하는 것으로 올라갈 때 보지 못한 삶에서 중요한 그 꽃들을 스스로 "셀프 코칭"을 통해 보는 것이다.

탤런트 이미연이 주인공으로 나왔던 드라마 "명성황후"의 O.S.T. Original Sound Track 2절은 "내가 이 세상을 왔다 간 그 이유를 눈감을 때에야 알겠지"라는 가사로 시작한다. 우리가 이 세상을 왔다 가는 이유가 무엇일까? 이렇게 치열하게 앞만 보고 살아가는 것은 과연 무엇을 얻고자 하는 것일까?

실제로 사람들이 죽기 전에 가장 후회하는 것의 1순위가 사랑하는 사람에게 "사랑한다", "고맙다"는 말을 전하지 못한 것이라고 한다. 우리는 주변의 소중한 사람들에게 과연 "사랑한다", "고맙다"는 말을 고백하면서 살고 있는 것일까?

두 번째로 후회하는 것은 진짜 하고 싶은 일을 못 해 보았다는 것이다. 우리는 살아가면서 진짜 간절하게 하고 싶었던 것들을 하면서 살고 있을까?

그동안 우리는 살면서 자신이 누구인지, 어떻게 사는 것이 잘사는 건지, 이와 같은 내용에 대하여 자신 내면과의 대화나 성찰을 해 본 적이 거의 없다. 그러한 것을 학교에서 가르쳐 주지도 않았을 뿐더러, 무조건 세상이 인정해 주는 성공만을 향하여 앞만 보고 달려가기에 급급하지는 않았을까? 그런데 과연 무엇이 "성공"이고 무엇이 "행복"일까?

많은 사람은 성공과 행복에 관해 자기만의 명확한 정의 없이 세상의 잣대로만 추구하기 때문에 진정으로 만족하지 못하고 항상 남과 비교하여 좌절하고 불행하다고 생각하면서 살아간다.

따라서 가장 먼저 자기 스스로 "성공"과 "행복"에 대한 명확한 정의를 내리는 것이 진정 "행복한 성공"을 하기 위해 반드시 선행해야 할 "셀프 코칭" 중의 하나이다.

나에게 "행복한 성공"이란

나에게 "성공" 이란?

나에게 "행복" 이란?

나에게 "행복한 성공" 이란?

성공이란?

- 랄프 왈도 에머슨 -

자주 그리고 많이 웃는 것
현명한 이에게 존경을 받고
아이들에게서 사랑을 받는 것

정직한 비평가의 찬사를 듣고
친구의 배반을 참아 내는 것
아름다움을 식별할 줄 알며
다른 사람에게서 최선의 것을 발견하는 것

건강한 아이를 낳든
한 평의 정원을 가꾸든
사회 환경을 개선하든
자기가 태어나기 전보다
세상을 조금이라도 살기 좋은 곳으로
만들어 놓고 떠나는 것

자신이 한때 이곳에 살았음으로해서
단 한 사람의 인생이라도 행복해지는 것
이것이 진정한 성공이다.

🧑‍💼 코칭 리더십

어리석은 자는 멀리서 행복을 찾고 현명한 자는 자신의 발치에서 행복을 키워 간다.

- 제임스 오펜하임 -

좋은 밤만을 찾다가 좋은 낮을 잃어버리는 사람들이 이 세상에는 너무 많다.

- 네덜란드 속담 -

최근 당신의 입가에 미소를 짓게 한
소소한 행복/기쁨이 무엇인지 적어보세요

Memo

먼저, 건강한
몸과 마음을 만들어라!

"지금 나의 몸과 마음의 상태는?"

건강한 몸과 마음은 "탁월한 리더"가 되기 위한 첫걸음이다

최근에 우리나라의 최고 기업을 이끌었던 회장이 장기간 병상에 있다. 지금 이 순간 그 회장에게 돈과 명예는 얼마나 의미가 있고 중요할까? 정말로 그 사람에게 지금 이 순간 간절히 필요한 것은 무엇일까? 그것은 두말하지 않더라도 "건강"일 것이다. 그래서 옛말에 돈을 잃으면 조금 잃는 것이요, 명예를 잃으면 조금 더 잃는 것이고 건강을 잃으면 다 잃어버린 것이라고 한 것이다. 어떤 성공한 기업 CEO는 어떤 문제가 터졌을 때 돈으로 해결할 수 있는 문제라고 하면 일단 안심부터 한다고 한다. 모 그룹에서는 가장 멍청한 죽음이 과로사過勞死라고 정하고 임원들에게 반드시 리

플레시Refresh 휴가를 의무적으로 갖게 하고 있는 것도 건강의 중요성을 강조하고 있는 것이다. 그만큼 리더로서 뜻을 펼치고자 한다면 건강을 지킨다고 하는 것은 어떠한 것을 강조하여도 지나침이 없다고 할 것이다.

또한 우리는 혼자 왔다가 혼자 가는 것에 대한 진실을 진솔하게 인정해야 한다. 즉 나의 건강과 고통을 그 누구도 대신해 줄 수가 없다는 것이다. 따라서 지금 이순간 나의 몸과 마음의 건강함을 체크해 보고 실천하는 "셀프 코칭"을 해 본다.

건강은 몸뿐만 아니라 마음도 함께 건강할 때 진정 균형 있는 건강이 된다. 특히 리더들은 책임감과 격무로 인해 몸과 마음의 균형이 깨져 건강을 악화시키는 경우가 다반사이다. 현대사회일수록 스트레스가 만병의 근원이 되고 있고 해를 거듭할수록 우울증 환자가 대폭적으로 늘어나고 있는 것도 이를 증명하고 있다.

그러나 우리가 살아가는 동안 스트레스를 전혀 안 받을 수는 없다. 즉, 스트레스와 함께 살아갈 수밖에 없다. 스트레스는 사람의 질병과 죽음에 불가분의 관계를 맺고 있다. 따라서 스트레스의 적절한 조절과 극복은 사는 동안 "양질의 삶"을 사느냐의 중요한 가늠자가 되고 있으니 "탁월한 리더"일수록 스트레스 관리에 최선을 다해야 한다.

지금 나의 몸과 마음의 상태는 어떠한가?

몸 상태(현상)	마음 상태(스트레스 정도)

나의 건강관리에 저해가 되는 잘못된 습관은? (원인)

1. 스트레스 자가 진단

스트레스 자가 진단 테스트 (국가건강정보포털)

전혀그렇지않다0점 · 가끔그렇다1점 · 자주그렇다2점
꽤자주그렇다3점 · 항상그렇다4점

문항	점수
1. 충분히 잠을 자는데도 피곤하다.	
2. 조금만 불편해도 기분이 가라앉고 짜증이 나며 참을 수가 없다.	
3. 내가 하는 업무가 하찮고 쓸데없는 것 같아서 우울하다.	
4. 나는 필요한 만큼 유능하지 못한 것 같다.	
5. 나는 신체적 · 정신적으로 모두 지쳐 있다.	
6. 나는 성생활에 관심이 적어졌다.	
7. 다른 사람들의 문제나 욕구에 대해서 무감각해졌다.	
8. 잘 잊어버린다.	
9. 쉽게 지루해진다.	
10. 왜 일하냐고 자문하면 "월급을 받기 위해서"라는 답이 나온다.	
11. 내가 하는 일에 거의 열정을 느낄 수 없다.	
12. 맡은 책임을 모두 수행하는 데 분노가 느껴진다.	
13. 내 시간과 에너지를 계속 쏟아야 하는 것을 피하고 싶다.	
14. 내 의사 결정 능력이 평상시 보다 저하된 것 같다.	
15. 내가 하는 업무의 질이 필요한 만큼에 이르지 못한다.	
16. 나는 지금 질병에 걸리기 쉬운 상태이다.	
17. 친구나 가족들과 의사소통할 때 뒤틀어져 있다.	
18. 집중하는 데 어려움이 있다.	
19. 식사량이 달라졌고 커피, 찬음료나 술을 더 마시고 담배를 더 피운다.	
20. 나는 매사에 불만족하고 무엇인가 잘못된 것처럼 느껴진다.	

스트레스 자가진단 점수 결과
0 ~ 25점 : 적응을 잘하고 있으며 특별한 조치가 필요 없음. 26~40점 : 스트레스가 잠재해 있으며 예방적 행위가 필요함. 41~55점 : 스트레스 위험이 있으며 적극적인 노력 필요함. 56~80점 : 포괄적인 스트레스 관리와 전문적인 조치가 필요함.

2. 스트레스를 해소하는 방법 (The Huffington Post)

1. 호흡법
- 숨을 들이쉬고 잠시 멈추고 다시 내 쉬기를 반복한다.
- "하나"에 숨을 쉬고 "편안하다"고 하면서 충분히 숨을 내 쉰다.

2. 심상心想법(프랑스 에밀 쿠에)
- 확실히 기억나는 행복하고 평안했던 경험을 머릿속에 떠올려서 그때의 기분을 실감 나게 재경험 하는 방법으로 마음이 편안해지고 신체도 이완되는 효과를 보게 된다.

3. 명상하기
- 마음을 비우고 편안하게 명상을 하면 신체가 이완되면서 스트레스에 효과적인 알파파가 증가한다.

4. 잠시 휴식 그리고 기분 전환하기
- 일단 하던 일을 멈추고 잠시 휴식을 취한다. 그리고 창문을 활짝 열고 신선한 공기를 마시며, 잠시 아무 생각을 안 하고 먼 산을 응시해 본다. 이때 눈동자를 멀리서 가까이, 가까이서 멀리, 좌우로, 360도로 회전하면 뇌를 자극하여 기분전환에 효과적이다.

5. 스트레칭과 유산소 운동(걷기)
- 일단 하던 일을 멈추고 일단 자리에서 일어나 온몸을 차례대로 스트레칭하여 긴장되어 있던 몸을 최대한 이완시켜준다. 그리고 실내든 실외로 나가 걷는다. 걸을 때 행복 호르몬인 엔도르핀과 세로토닌이 분비가 되어 스트레스 해소에 매우 효과적이다.

6. 견과류 섭취하기
- 스트레스는 우리 몸의 비타민B를 감소시킨다. 따라서 비타민B가 풍부한 아몬드와 호두 등의 견과류를 섭취하면 스트레스를 조절하여 기분을 좋게 하는 데 효과가 있다.

7. 밝은 음악 듣기나 부르기
- 자신이 평소 좋아하는 음악을 듣거나 따라 부르면 기분전환이 되어 스트레스가 해소된다.

8. 충분한 수면 취하기
- 하루 6~8시간 정도 충분한 수면을 취하면 신체적, 정신적으로 피로를 해소하고 에너지를 충전하는 데 효과적이다. 점심시간에 20분 정도 눈을 감고 있는 것도 좋은 방법이다.

9. 족욕하고 따뜻한 차 한잔 하기, 향기 맡기
- 족욕이나 반신욕은 혈액을 순환시켜주고 심신을 진정을 시켜준다. 이때 따뜻한 차와 진정에 도움되는 아로마 향기와 함께 하면 더욱 효과적이다.

10. 적극적인 자세로 전환하기
- 평소 가지고 있는 것들을 모두 기록하여 마음에 감사와 평화로 채운 뒤 문제의 핵심과 해결 방안에 집중하여 적극적인 해결 모드로 바꾼다.

3. 건강 관리 방법

건강은 유전 30%, 식습관 30%, 운동 30% 그리고 기타 사고 등 10%로 구성되어 있다고 한다. 그러나 40대가 지나면서부터는 유전 인자는 별로 영향을 주지 않는다고 한다. 따라서 무엇을 어떻게 먹느냐와 어떻게 운동 하느냐가 건강을 지키는 핵심이 된다고 할 수 있다.

가. 무엇을 어떻게 먹을 것인가?

가) 물

건강관리를 위해 무엇을 할까? 운동이나 금연, 다이어트를 꼽는 사람이 많을 것이다. 그러나 "충분한 물 섭취"가 1위로 나온 여론조사가 있다. 美 해리슨 여론조사기관이 미국 성인 2,021명 대상으로 "새해 건강관리를 위해 무엇을 할 것인가? 라고 물은 결과, 72%(1위)가 물을 충분히 섭취할 것이라고 응답했다. 2위는 몸에 좋은 음식 먹기(66%), 3위는 운동(62%)이 었다. 그만큼 건강을 위해서 물 마시기가 가장 중요하다는 것이다. 우리 몸의 80% 정도가 물로 구성되어 있다. 성인기준으로 하루에 2리터 이상을 먹는 것이 좋고 목이 마르다고 느낄 때 자연스럽게 마시는 것도 좋다.

물을 마시면 좋은 점
－몸의 신진대사를 원활하게 한다.
－노폐물 배출을 돕는다.

- 체중을 줄이는 데 도움을 준다. (공복감을 줄여 폭식이나 과식을 예방)
- 변비 예방에 도움을 준다.
- 혈액순환을 좋게 만든다.
- 산소공급을 원활하게 하여 몸의 피로를 풀어준다.
- 피부를 촉촉하게 해 준다.

어떻게, 얼마나 마실 것인가?
- 아침에 일어나자마자 2잔 이상을 마신다.
- "공복에 마시는 물은 최고의 보약이다" 밤사이 탈수된 각종 장기에 수분을 공급함으로써 변비는 물론 비만, 피부염, 무기력, 고혈압 등 각종 만성 질병이 치료되고 육체적 활력은 물론 두뇌도 활발하게 움직이기 시작한다.
- 식사 30분 전에 마시는 물 한잔은 포만감을 주어 다이어트에 도움을 줄 수 있다.
- 식사 전이나 식사 직후에는 소화가 안 될 우려가 있으니 물을 마시지 않고 식사후 30분부터 물을 마신다.
- 운동 전/후 수시로 마신다.
- 목욕하기 전 물 한잔은 혈압을 낮춰준다.
- 자기 전 물 한잔은 심장병, 뇌졸중을 예방해 준다.

나) 소식
100세 한의사로 유명한 선생이 TV에 나온 적이 있다. 100세인데도 불구하고 정정한 모습으로 환자를 진료하는 모습은 매우 인상적이었다. 100세 한의사의 장수 비결은 소식小食과 산책 그리고 마음의 평안이었다.

이와 같이 전 세계 장수하는 사람들의 유일한 공통점은 소식을 한다는 것이다. 그만큼 우리의 건강에 과식過食은 좋지 않다. 과식이 좋지 않은 걸 알면서도 사실 우리 주변에는 안 먹으려고 해도 안 먹을 수 없는 유혹이 너무 많다. 퇴근 후 회식은 위장을 쉬지 못하게 하고 하루의 스트레스를 풀어야 한다고 먹는 한 잔의 술이 열 잔, 스무 잔이 된다. 야근한다고 먹는 밤참은 간식이 아닌 진수성찬과 같다. 이처럼 우리 주위에는 과식을 하게 만드는 숨은 적들이 곳곳에 도사리고 있다.

사실 우리의 위는 많이 먹으면 점점 팽창하여 그만큼의 식사량이 안 되면 상당한 공복감을 느낀다. 반면, 조금씩 조금씩 먹는 양을 조절하다 보면 천천히 위의 크기도 작아지고 어느새 적은 양의 식사로도 충분히 포만감을 느낄 수 있게 된다.

처음에는 조금 힘들고 적응하기 쉽지 않으나, 아주 쉬운 것부터 실천하다 보면 어느덧 습관으로 자리잡게 된다. 소식을 위한 가장 좋은 실천 방법으로는 식사 전에 과일이나 물을 마셔 미리 포만감을 느끼는 것과 음식을 입에 한번 넣고 30번을 씹는 것이다. 30번을 씹으면 포만감이 느껴져 적게 먹을 뿐만 아니라 소화도 잘되어 몸이 매우 가벼워진다.

다) 균형 있는 식사

우리 몸에 꼭 필요한 5대 필수 영양소에는 탄수화물, 단백질,

지방, 비타민, 무기질이 있으며 이 영양소를 균형 있게 섭취해야 건강한 것이다.

- 탄수화물

우리 몸의 주된 열량공급원으로서 우리 몸에서 소비되는 열량의 50~90%가 탄수화물이므로 하루 열량의 60~80%를 섭취하는 것이 좋다. 백미보다는 현미와 잡곡을 섞어 먹는 것이 좋으며 밀가루는 과하지 않도록 한다.

- 단백질

건강한 신체와 생명을 유지하기 위해 필요한 호르몬과 효소 등의 항체 형성에 중요한 영양소이며, 신체의 골격과 근육 유지를 위해서도 꼭 필요하다.

- 지방

우리 인체의 주요 에너지원이며, 체온 유지나 외부 충격으로부터 내장을 보호하는 세포막을 구성하는 것을 담당하는 영양소이다.
그러나 포화지방산을 너무 많이 섭취하면 심장병, 동맥경화증, 뇌졸중 등을 유발하기 때문에 적당히 섭취하는 것이 좋다.

- 비타민

우리 인체에서 대사 작용을 포함하여 생리작용을 하는 데 꼭 필요한 중요한 영양소이며, 신체의 골격과 근육 유지를 위해서도 꼭 필요하다.

– 무기질
칼슘과 철분이 포함된 영양소인 무기질은 신체의 뼈와 치아 등에 중요한 역할을 하며, 체내 수분 함량 조절과 호르몬 구성의 성분 등으로 쓰이는 중요한 영양소이다.

다음 장의 **"하버드 대학의 음식 피라미드"** 처럼 5대 필수 영양소를 균형 있게 섭취하는 것이 건강을 위해서 무엇보다 중요하다.

"건강은 내 삶의 결과다.
건강을 해치는 잘못된 생활습관을 바꾸지 않는 한
결코 무병장수할 수 없다.
호흡, 식사, 운동, 마음 등 건강의 필수 요소가
균형을 이루도록 실천할 때
비로소 병 없이 오래 살 수 있다."

The Healthy Eating Pyramid
(하버드 대학의 음식 피라미드)

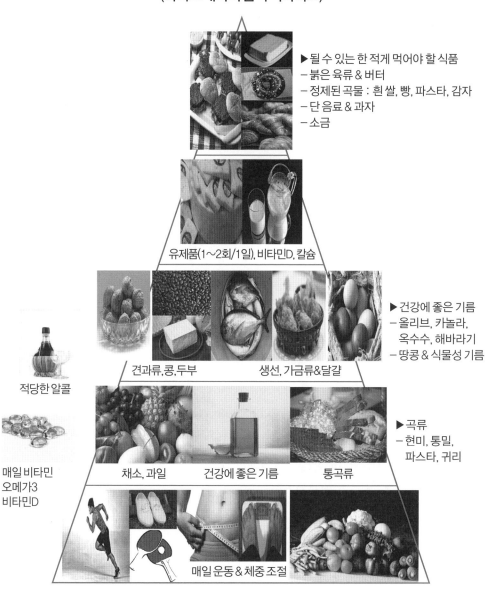

▶될 수 있는 한 적게 먹어야 할 식품
- 붉은 육류 & 버터
- 정제된 곡물 : 흰 쌀, 빵, 파스타, 감자
- 단 음료 & 과자
- 소금

유제품(1~2회/1일), 비타민D, 칼슘

▶건강에 좋은 기름
- 올리브, 카놀라, 옥수수, 해바라기
- 땅콩 & 식물성 기름

적당한 알콜

견과류, 콩, 두부   생선, 가금류&달걀

▶곡류
- 현미, 통밀, 파스타, 귀리

매일 비타민
오메가3
비타민D

채소, 과일   건강에 좋은 기름   통곡류

매일 운동 & 체중 조절

나. 운동

사람은 몸을 많이 움직여야 건강을 유지할 수 있도록 진화해 왔다. 하지만 현대인들은 앉아서 생활하는 시간을 선호하고 그로 인해 각종 질병에 시달리게 되었다. 문명의 발달로 많은 움직임이 필요치 않게 됐고, 활동량이 줄어들면서 게으름이 습관화돼 버렸다. 따라서 유산소운동을 반드시 해야 하지만 만약 달리기가 벅차고 부담스럽다면 우선 많이 걷는 생활을 하는 것이 좋다.

가) 걷기
규칙적 걷기의 효과
- 우리 몸의 200개 뼈와 600개 근육과 장기를 모두 한꺼번에 자극을 주어 효과가 크다.
- 일주일에 5일 이상 30분씩 걸으면 1년 이상 수명이 연장된다.
- 행복감과 자신감이 커지고 생기 있는 일상을 유지할 수 있다.
  (세인트루이스대학교 보건대학)
- 심장마비의 위험이 37% 감소한다. (런던국립심장포럼)
- 우울증, 고혈압 치료에 효과적이다. (타임지)
- 유방암 확률이 20% 감소한다. (하버드대)
- 소식(小食)과 함께 노화 예방 2대 비결이다. (美국립노화연구소)
- 대장암 걸릴 확률이 50% 감소한다. (美외과의사협회)

걷기의 종류
- 일상적인 걸음 : 산책하듯이 걷기

– 빠르게 걷기 : 일반 걷기와 달리기의 단점을 보완해 만든 운동으로, 파워 워킹Power Walking이라고 한다. 일반 워킹이 체지방 소모율이 높은 반면 운동 강도가 약해 체력이나 근력 강화에 부족 하다면, 시속 6~8km로 걷는 파워 워킹은 심폐지구력을 유지시키고 달리기처럼 많은 양의 칼로리를 소모시키는 데 목적이 있다. 따라서 파워 워킹을 체력 걷기Fitness Walking, 건강 걷기Health Walking라고도 부른다.

출처 : 최대혁, 『파워워킹』편, 유산소운동 바로 알기
http://health.naver.com

자동차는 영구차다
두 다리가 의사다

– 언덕/계단 오르기 : 걷기 효과를 한 단계 높인 방법으로, 평지를 걸을 때와는 다른 근육과 관절을 사용하게 되어 신체를 단련하는 데 큰 도움이 된다.
– 트레드밀 걷기 : 날씨에 구애받지 않고 집이나 체육관에서 언제든지 편하게 할 수 있다는 장점과 일정 속도를 유지할 수 있다는 장점이 있다.

올바른 보행 방법
– 발은 15도 정도 벌린다.
– 골반도 상하좌우로 조금씩 움직인다.
– 가슴은 펴고 시선은 20~30m 앞을 바라본다.

- 4박자 보행한다. (뒤꿈치 닿고 발바닥 닿고 뒤꿈치 떨어지고 앞꿈치 떨어짐)
- 단, 같은 속도로 계속 걸어서는 안 되고 정기적으로 속도를 높여주어야 한다. 우리 몸은 동일한 강도의 운동을 6~8주 정도 하면 이에 적응이 돼 운동 효과가 떨어지게 된다. 걷기의 속도를 점진적으로 늘리거나 걷기와 달리기를 섞어 하면서 운동 강도를 조절하면 된다.

나) 스트레칭

신체부위의 근육이나 건, 인대 등을 늘여주는 운동으로 관절의 가동 범위 증가, 유연성 유지 및 향상, 상해 예방 등에 도움이 된다.

스트레칭의 종류

- 정적 스트레칭: 한 자세로 서서히 부드럽게 30~60초 동안 정지하여 시행한다. 가장 안전하고 근육에 주어지는 긴장도가 가장 적다.
- 발리스틱 스트레칭: 근육을 끝까지 스트레칭한 후 반동을 주어 더 스트레칭하는 방법으로 효과가 크나 근육 긴장도를 증가시켜 근육이 손상될 가능성이 있다.
- 고유수용성 신경근측통 스트레칭: 운동하는 근육(작용근)과 운동에 반대되는 근육에(길항근) 대한 근육 수축과 이완을 교대로 하는 방법이다.

출처: 서울대학교 병원, 『스트레칭』편, '서울대학교 병원 의학 정보'
http://www.snuh.org

다) 근력 운동

유산소 운동과 함께 근력 운동을 병행할 때 균형 있는 건강관리가 완성될 수 있다.

근력이란 근육이 힘을 발휘하는 능력을 말한다. 근력 운동은 근육의 크기를 키우고, 여러 개의 근섬유가 동시에 운동에 동원될 수 있도록 운동 단위를 증가시키는 것을 목적으로 한다.

근력 운동의 효과

- 기초 대사량이 증가해 체중 관리에 도움이 된다.
- 근육의 크기를 키워 탄력 있는 몸을 만들어 준다.
- 근력과 지구력이 증가하여 신체적 피로감을 줄일 수 있다.
- 복부와 허리 근육 강화는 요통을 예방할 수 있다.
- 관절을 보호하고 강화한다.
  연령이 증가하면서 발생할 수 있는 관절염을 예방할 수 있다.
- 골밀도를 증가시켜 골다공증 예방에 도움이 된다.
- 노화로 인한 근 위축 현상(근육량 감소)을 지연시킬 수 있다.

출처 : 아시아월드짐, 『근력 운동의 원리와 효과』편, 운동가이드
http://health.naver.com

건강을 위한 생활 습관 8가지 (英 Daily Mail)

1. 체중의 5%만 줄여라! 그리고 유지하라!

2. 계단 이용을 늘려라!

- 열량을 태우며 다리 근육과 폐, 심장을 튼튼하게 하는 효과가 있다.

3. 차를 놔두고 걸어라!

- 걷기를 꾸준히 하면 치매와 우울증, 심장질환을 예방할 수 있다.

4. TV 보는 시간을 줄여라!

- TV를 1시간 더 시청할 때마다 수명이 22분 줄어든다. (美 국립암연구소)

5. 명상하는 시간을 가져라!

- 명상(Mindfulness)은 머릿속을 깨끗하게 만들어 스트레스와 우울증을 방지한다.

6. 요구르트를 주 5회 이상 먹어라!

- 영국 케임브리지 대학교 연구팀에 의하면 1주일에 5회 저지방 프로바이오틱(생균제) 요구르트를 먹는 사람들은 당뇨병 발생 위험이 28% 줄어드는 것으로 나타났다.

7. 매일 잎채소와 견과류를 먹어라!

- 시금치와 케일, 브로콜리 같은 잎채소를 매일 조금씩이라도 먹으면 당뇨병 위험이 14% 줄어든다는 연구가 있다. 섭취량을 늘리면 당뇨병 위험을 30%까지 줄일 수 있다. 채소에는 혈당을 조절하는 데 도움이 되는 마그네슘이 풍부하다. 마그네슘은 견과류와 콩류에도 풍부하게 들어있다.

8. 적당량의 커피를 마셔라!

- 커피에 들어있는 피토케미컬과 항산화 성분은 당뇨병과 파킨츠 알츠하이머병을 예방하는 데 도움을 준다.

수명 연장하기

자신에게 주어진 수명 역시 어떤 생활 습관을 지녔느냐의 여부에 따라 수명이 깎일 수도 있고 늘어날 수도 있다는 것이다. 나이를 먹는다고 걱정하는 대신 수명 연장을 위한 계획을 세워보는 것은 어떨까.

◆1~3년 연장하기= 독일과 오스트레일리아 공동 연구팀의 연구에 따르면 중간강도 이상의 심장 강화운동을 주 5회 30분씩 하는 사람들은 최소 1년에서 최대 3년까지 수명이 늘어난다. 달리기처럼 심장을 단련하는 운동이 심장 관련 질환을 예방하기 때문이다. 만약 개인의 건강상태를 고려했을 때 달리기가 적합하지 않다고 판단된다면 매일 30분씩 산책을 하는 것도 좋은 방법이다. 꾸준한 산책만으로도 심장마비 위험률이 절반으로 줄어든다.

◆2년 이상 연장하기= 몸을 쓰는 운동뿐 아니라 뇌세포를 활성화하는 머리 운동 역시 수명을 연장하는 데 도움이 된다. 일생 동안 공부한다는 마음가짐으로 머리를 꾸준히 사용하면 2년 이상의 수명이 추가 연장된다. 전문가들에 따르면 독서, 퍼즐, 스도쿠(數獨, Sudoku)처럼 두뇌를 지속적으로 자극하는 활동을 하는 것이 좋다.

◆4년 이상 연장하기= 영국의학저널(British Medical Journal)에 실린 논문에 따르면 건강한 식단도 수명을 늘리는 비결이다. 매일 아몬드와 다크 초콜릿 한 줌, 채소, 과일, 마늘, 생선, 와인 한 잔을 먹으면 여성은 평균 4.8년, 남성은 평균 6.6년의 수명이 늘어난다는 것이 연구팀의 설명이다.

이러한 음식들은 강력한 항산화제와 항염증제로 작용하는 오메가-3 지방산과 식이섬유를 비롯한 다양한 영양성분이 풍부하게 들어있어 심장질환의 위험률을 76%나 떨어뜨린다. 또 몸에 해로운 콜레스테롤과 지방의 섭취량이 줄어들고 전체적인 섭취 칼로리 역시 낮아져 암의 위험률도 떨어뜨린다.

◆2~8년 연장하기= 흡연을 하던 사람이 금연을 하면 수명이 2~8년 정도 상승한다는 연구결과가 있다. 미국공공보건저널(American Journal of Public Health)에 실린 이 연구에 따르면 나이가 젊을수록 금연 효과도 더 확실하게 나타난다. 가령 35세의 여성 흡연자가 금연을 실천하면 평균 6.1~7.7년 수명이 연장되는 효과를 기대할 수 있다.

5분 이내로 스트레스를 해소하는 방법 (美 Health Dotcom)

쳇바퀴 굴러듯 바쁜 일상을 보내다 보면 몸과 마음이 지치곤 합니다. 이럴 때 리더는 에너지를 재충전하고 마음가짐을 새롭게 리셋할 필요가 있습니다.

1. 신선한 공기
야외로 나가거나 창문을 활짝 열고 공기를 환기시킵니다.
그리고 차분하게 깊은 호흡을 하면 한결 상쾌해질 것입니다.

2. 스트레칭
잠시 누워 팔과 다리를 쭉 뻗어보세요. 앉아있는 경우에는 잠시 의자를 빼고 다리를 움직여보세요. 그리고 깍지를 끼고 머리 위로 쭉 뻗어보세요. 지친 몸을 깨워줄 것입니다.

3. 거꾸로 자세
거꾸로 자세를 취하면 혈액순환이 원활해지고 각 기관을 자극해 원기를 회복할 수 있습니다. 물구나무서기도 좋지만 누운 상태로 벽이나 의자 위에 다리를 올려놓는 것도 좋은 방법입니다.

4. 크게 한숨 쉬기
스트레스를 해소하고 다시 일상으로 돌아갈 수 있는 가장 빠른 방법입니다. 하나 하면서 크게 숨을 들이쉬고 "편안하다"고 하면서 충분히 내뱉으세요.

5. 향기
스프레이나 오일, 향초 등을 이용하여 향을 맡아 보세요. 라벤더, 민트 향은 기분을 상쾌하게 전환시켜줄 것입니다.

6. 촛불
감상에 빠져들 수 있는 좋은 방법입니다. 어두운 방에서 촛불을 켜보세요. 힘든 생각은 떨쳐내고 다시 긍정적으로 만들어 줄 수 있습니다.

7. 짧은 낮잠
잠시 누워 10분간 눈을 감고 휴식을 취하는 것으로도 정신과 육체를 회복시킬 수 있습니다.

8. 음악 듣기
기분 전환에 도움되는 음악을 스마트 폰에 저장시켜 놓고 들으면 기분을 전환시키는 데 도움이 될 것입니다.

9. 멈추기
하던 일을 잠시 접어두고 현재의 순간에 집중해보세요. 다시금 중심을 되찾고 시작할 수 있습니다.

10. 햇볕 쬐기
잠시 밖으로 나가 온몸으로 햇볕을 쬐면 기분이 좋아집니다.

건강관리를 위한 셀프 코칭

구분		실천 사항		점검 방법(How) 상/벌 계획
		무엇을(What)	어떻게(How)	
몸 건강	식습관 관리			
	운동하기			
마음 건강	스트레스 관리			

- 건강 관련 내용을 참조하여 스스로 건강 관리를 위한 실천(What/How) 계획 작성
- 식습관 관리 : 물 마시기, 소식(小食, 30번 씹기), 균형 있는 식사 하기 등
- 운동하기와 스트레스 관리를 자기에게 맞게 실천(What/How) 계획 작성
- 점검 방법 : 스스로 점검할 수 있는 방법 선택, 실천 결과에 따른 자신에게 상/벌 계획 작성

나는
누구일까?

"자신의 존재에 대해 성찰하기"

당신은 누구십니까?

"나는 누구일까?", "나는 어디서 왔다가 어디로 가는 걸까?" 자, 이 제부터는 눈을 감고 코치와 고객의 역할이 되어 다음과 같이 스스로 질문과 답변을 해 본다. 코치는 "당신은 누구십니까?"라는 질문을 하고 고객은 이에 답변을 한다.

답을 들은 코치는 "네, 감사합니다." 라고 하면서 다시 "당신은 누구십니까?"라는 질문을 한다. 이와 같은 질문을 약 10~20회 정도 한다.

고객은 몇 회까지는 현재 자신의 사회적 위치나 가정의 위치 등을 설명하다가 계속되는 "당신은 누구십니까?" 라는 질문에 점차 내면의 세계로 들어가게 된다. 즉 자신은 어떤 존재이고 어떤 가치관을 따르고 있으며 앞으로 어떻게 살아가고 싶은 존재라는 것 등에 관해 답을 하면서 점차 자신의 존재에 대해 성찰한다.

잠시 고객이 침묵하는 순간이 있는데, 이때 코치는 그냥 기다려 준다. 또한 질문을 마치고 눈을 뜨면서 바로 어떤 이야기를 하는 것보다 서로 잠시 침묵의 시간을 갖는 것도 좋다. 코치는 나지막한 소리로 "수고하셨습니다.", "감사합니다."라고 격려해 준다. 스스로 한 답변 중 의미 있는 내용에 대해서는 노트에 기록하여 향후 "셀프 코칭"을 하면서 삶을 설계할 때 참조하도록 한다.

코치 : "당신은 누구십니까?"
고객 : 나는 _ _ _ _ _ _ 입니다.
코치 : 네. 감사합니다.
　　　 "당신은 누구십니까?"
고객 : 나는 _ _ _ _ _ _ 입니다.
코치 : 네. 감사합니다.
　　　 "당신은 누구십니까?"
고객 : 나는 _ _ _ _ _ _ 입니다.
코치 : 네. 감사합니다.
　　　 "당신은 누구십니까?"
고객 : 나는 _ _ _ _ _ _ 입니다.

나에게 질문하라

코칭 질문은 타인에게 만 하는 것이 아니고 자기 자신에게도 스스로 질문을 할 수 있다. 스스로 하는 좋은 코칭 질문은 스스로 미래의 목표와 계획을 세울 수 있고 그것을 성취할 수 있는 지혜를 얻을 수 있다. 게다가 자기 자신을 점검할 수 있는 기회를 주어 더욱 더 풍성한 삶을 살 수 있도록 이끌어 준다. 잘못 된 질문은 삶을 후회와 절망으로 바꿀 수 있고 좋은 질문은 당신을 위대한 길로 인도할 수 있다.

- 나는 누구인가?
- 내가 가장 하고 싶은 것은 무엇인가?
- 나는 무엇을 하려고 이 세상에 왔는가?
- 지금 내가 하는 일의 미래 전망은 어떠한가?
- 나에게 가장 중요한 것은 무엇인가?
- 나는 무엇을 잘하고 무엇을 못 하는가?
- 내가 본받고 멘토로 삼을 만한 인물은 누구인가?
- 어떠한 여건에서든 내가 결코 양보할 수 없는 가치관은 무엇인가?
- 나는 지금 최선을 다하고 있는가?
- 내가 타고난 재능은 무엇인가?
- 내 성격에서 강점은 무엇인가?
- 나는 내가 속한 조직과 사회에 무엇을 공헌하고 있는가?
- 나는 다른 사람들에게 어떤 인물로 기억되기를 원하는가?

나의 존재가치 정하기

아래의 양식을 활용하여 "자기의 존재가치"를 정해보고 스스로 깊게 성찰함으로써 자신의 존재가치에 대한 "셀프 코칭"을 해본다.

나의 존재가치 정하기

● 난 어떤 존재가 되기 위해 전념해 왔는가?

● 나의 인생의 목적을 한 문장으로 적어 본다.
 – 난 무엇을 위해 노력하고 있는가?
 – 내 인생의 목표는 무엇인가?
 – 내가 인생에서 원하는 것들의 결과는 무엇인가?

인생의 좌우명은? 그 이유는?

나의 묘비명에는 _____ 라고 쓰여 있기를 원합니까? 그 이유는?

● 난 _____ 한 사람이 될 것이다.

나의 "사명선언문 (Mission Statement)" 작성하기

"삶의 방향과 존재 이유 설정"

나의 "사명선언문"과 "나의 역할" 정해보기

　자신이 이 세상을 살아가는 가장 중요한 이유를 규정한다고 할 수 있는 "사명선언문"使命宣言文·Mission Statement은 자신이 살아가야 하는 방향의 추와 근본적인 존재 이유를 제공한다는 의미에서 리더는 반드시 작성해야 한다. 다음은 작성 양식(강규형, 『성공을 바인딩 하라』_지식의 날개)을 활용하여 저자의 사례를 작성해 본 것이다. 이를 참조하여 스스로 "자기 사명 선언문"을 작성하고 사명을 달성하기 위한 대상별 "나의 역할"을 성찰해보는 "셀프 코칭"을 해본다.

"사명선언문" 작성을 위한 사전 정보 파악

1 Step	당신의 인생에서 꼭 이루고 싶은 것은?

선한 영향력으로 세상에 기여하고 하나님의 영광을 나타내는 삶

2 Step	당신이 평소 닮고 싶은 인물, 즉 역할 모델(위인, 유명인, 주변인 등)을 적어보고 그 이유를 써보세요

인물	닮고 싶은 인물의 존경 이유 및 특징
카네기, 유일한 안중근, 피터 드러커	개인의 성공을 세상과 후세에 영향/기여한 삶 대의를 위한 고귀한 희생 / 통섭과 통찰력을 쌓아 90세에 전성기

3 Step	당신이 인생에서 중요하다고 생각하는 대상, 단어, 문구, 문자, 좌우명이나 인생의 모토로 삼고 있는 글귀는?

선한 영향력, 기여, 하나님의 영광, 지금 행복을 느껴라,
끊임없는 깨달음을 통한 통찰력, 신앙의 가문, 범사에 감사

4 Step	**Whom/Where?** 당신이 기여/제공하기를 원하는 대상/영역은?

동시대를 살아가는 사람과 후학들, 사랑하는 가족과 이웃

What? 당신이 기여/제공하기를 원하는 것은?

달란트 : 새로운 시각으로 정리한 콘텐츠

How? 어떻게 기여하고자 하는가?

강의와 책, 인품, 코칭, 성공스토리, 간증

위의 3가지를 골격으로 하여 1 · 2 · 3 Step의 중요 단어를 선택하여
30자 내외로 "자기 사명선언문"을 작성해 보세요

깨달음을 통해 새로이 정리한 콘텐츠를 책과 강의 및 코칭을 통해
많은 리더와 후학에게 선한 영향력을 끼쳐 하나님의 영광을 나타내는 삶

사명선언문 (Mission Statement)

나의 미션(사명)	~해서(~로서) 기여(제공)하겠습니다

나는 깨달음을 통해 새로운 시각에서 통섭한 콘텐츠를 책, 강의와 코칭 그리고 인품(人品)과 성공 스토리를 통해 많은 리더와 후학이 행복하고 풍요로움 삶을 사는데 선한 영향력을 끼쳐 하나님의 영광을 나타내는 삶을 **살겠습니다.**

위 사명을 수행하기 위한 나의 역할 정하기
(부부/부모/자녀/가족구성원 · 직장동료 · 친구 · 이웃 · 사회인 · 신앙인 · 동호회 · 단체/기타)

1. 부부	신뢰를 바탕으로 서로를 인정하고 배려하면서 아끼고 사랑한다.
2. 부모님	부모님의 헌신과 사랑을 잊지 않고 살아계시는 동안 걱정을 끼쳐드리지 않고 안부를 묻고, 함께하는 시간을 가진다.
3. 자녀	하나님께서 잠시 맡겨주신 청지기 역할로서 자신의 사명과 꿈을 갖고 정직하고 성실하게 삶을 살 수 있도록 조력한다.
4. 가족구성원	서로 연락을 하면서 애/경사를 함께 나누며 서로에게 힘과 위로가 되어주는 사람이 되도록 노력한다.
5. 직장인	전문가로서 끊임없이 새로운 정보와 지식을 탐구하며, 새로운 시각에서 콘텐츠를 재창조하는 노력을 하여, 통섭의 결과를 많은 리더와 후학에게 제공한다.
6. 이웃 · 친구 · 사회	이웃과 친구들에게 다정하고 편안한 관계가 될 수 있도록 노력하며, 재능 기부를 통해 사회에도 기여할 수 있도록 한다.
7. 신앙인	하나님의 사랑받는 자녀로서 하여야할 신앙 활동에 최선을 다하여 많은 영혼에 하나님을 전하는 메신저 역할을 한다.
8. 동호회 · 단체	각 동호회의 일원으로서 보이지 않는 곳에서 궂은일을 통해 봉사하고 친목 도모를 위해 솔선수범한다.
9. 기타	

"사명선언문" 작성을 위한 사전 정보 파악

1 Step	당신의 인생에서 꼭 이루고 싶은 것은?

2 Step	당신이 평소 닮고 싶은 인물, 즉 역할 모델(위인, 유명인, 주변인 등)을 적어보고 그 이유를 써보세요

인물	닮고 싶은 인물의 존경 이유 및 특징

3 Step	당신이 인생에서 중요하다고 생각하는 대상, 단어, 문구, 문자, 좌우명이나 인생의 모토로 삼고 있는 글귀는?

4 Step

Whom/Where? 당신이 기여/제공하기를 원하는 대상/영역은?

_____

What?   당신이 기여/제공하기를 원하는 것은?

_____

How?   어떻게 기여하고자 하는가?

_____

위의 3가지를 골격으로 하여 1 · 2 · 3 Step의 중요 단어를 선택하여
30자 내외로 "자기 사명선언문"을 작성해 보세요

사명선언문 (Mission Statement)

나의 미션(사명)　　～해서(～로서)　　기여(제공)하겠습니다
위 사명을 수행하기 위한 나의 역할 정하기 (부부/부모/자녀/가족구성원 · 직장동료 · 친구 · 이웃 · 사회인 · 신앙인 · 동호회 · 단체/기타)

1. 부부	
2. 부모님	
3. 자녀	
4. 가족구성원	
5. 직장인	
6. 이웃 · 친구 · 사회	
7. 신앙인	
8. 동호회 · 단체	
9. 기타	

나의
"자존감(自尊感)"을 높여라!

"자기 존중감은 성공을 낳는 열쇠이다"

나의 "자존감" 自尊感 · Self-Regard을 높여라!

우리가 살아가면서 자기를 스스로 존중한다고 하는 것은 매우 중요하다. 자기 자신을 진정으로 좋아하고 존중하지 않으면 결국 자기 자신에 대한 불평과 불만으로 인해 일을 그르치기 쉽고 타인을 존중하지 못함으로 인해 관계 면에서도 좋은 결과를 얻지 못하게 된다. MIT 조사에 따르면, 직장인으로서 또한 리더로서 성공하는 데 필요한 전문성과 관계의 비율이 20%와 80%로 전문성보다는 관계를 잘 맺는 것이 중요하다는 결과가 나왔다. 이는 리더로서 성공하기 위한 뿌리에 자신에 대한 존중감, 즉 자존감이 자리하고 있음을 의미한다. 따라서 자기 존중감을 확인하고 한층 더 높이려는 노력을 게을리하지 않아야 한다. 자기 자신에 대해 잘 알고 있다면, 그 어떤 고난 속에서도 되살아나 다시 싸울 수 있다. 또한 진정한 자기 존중감이 갖추어지면, 비로소 책임감 있게 일할 수 있으며, 자신이 하는 일에 행복함을 느끼고, 넓은 마음으로 다른 사람을 사랑할 수 있어 진정 탁월한 리더가 될 수 있는 것이다.

　아래 양식의 질문에 응답함으로써 스스로 자존감을 높이는 "셀프 코칭"을 해 본다.

타임머신을 활용한 자존감 높이기

지금까지 경험한 것 중 가장 중요한 성취 3가지는 무엇이었나요? 성공의 원동력은?
스스로 가장 자랑스러웠던 때는 언제였나요?
성취감에 불타서 열정적으로 했던 것은 무엇이었나요? 그 결과는?

지금까지 성취한 성공의 원동력을 리더로서 앞으로의 삶에 어떻게 적용시키고 싶은가요?
"자기 존중감은 성공을 낳는 열쇠이다."

"장례식 상상하기"와 "유서" 쓰기

"행복하게 잘 죽기 (Well Dying)"

"장례식 장면" 상상해보기 & "유서" 작성해보기

우리는 반드시 죽는다는 것을 인정해야 한다. 그래야만 남은 생을 더욱더 의미 있고 풍요롭게 보낼 수가 있어 궁극적으로 행복하게 잘 죽을 수 Well Dying(웰다잉)있는 준비를 할 수 있다. 아래의 질문에 답해보면서 행복한 죽음을 준비해보는 "셀프 코칭"을 해본다.

"나의 장례식 장면" 상상하기 & "유서" 작성해보기

자신의 "장례식 장면" 상상해 보기	
당신은 어떤 아버지, 아들, 남편(어머니, 딸, 부인)이었다고 평해주기를 바라는가?	
당신은 어떤 친구, 직장 동료였다고 평해주기를 바라는가?	
당신은 자신이 지금까지 해온 공헌이나 업적 중에서 무엇을 기억해 주기를 바라는가?	
당신은 그들의 삶에 어떤 영향과 도움을 주고 싶었는가?	

"유서" 작성해보기

"유서"을 써 보고 느낀 점 또는 앞으로의 삶에 대한 각오는?

이 시대 탁월한 리더의 **코칭 리더십 실천 노트**

나의 "삶의 관점"
살펴보기

"삶을 살아가는 프레임Frame"

나의 삶의 관점觀点 · Point of View 살펴보기

관점은 사물이나 현상을 관찰할 때, 그 사람이 보고 생각하는 태도나 방향을 의미한다. 즉 삶을 어떻게 살아가는가의 프레임Frame이 되는 것이다. 리더 스스로 다음과 같은 질문에 아래 사례를 참조하여 자기의 관점을 가지고 답변을 해본다.

인생을 살아가는 데 중요하게 생각하는 5가지는 무엇입니까?
5가지에 대하여 각각 본인만의 정의(관점)를 내려 보겠어요?

1. 인생을 살아가는 데 중요하게 생각하는 5가지는 무엇입니까?

정직, 성실, 열정, 사랑, 도전.

2. 5가지에 대해 각각 본인만의 정의(관점)를 내려 보겠어요?

1) 정직(진실) : 있는 그대로를 보여주는 것,

자기 자신을 속이지 않는 것. (가장 어리석은 짓)

2) 성실 : 나와 남에게 약속을 지키는 것.

3) 열정 : 삶에 대한 희망(많은 사람의 선한 변화를 위하여)을 위해

끊임없이 착각과 시도를 반복하는 것.

4) 사랑 : 인간의 존엄성에 대한 사랑.

5) 도전 : 다양한 세상에서의 모든 것에 대한 시도로서 다양한 경험을 하는 것.

자기에게
편지 쓰기

"1년 후에 꺼내어 읽어보기"

본인에게 편지 쓰기

잠시 시간을 할애하여 "본인에게 편지"를 쓰고 1년 후 꺼내 본다. 지금 이 순간을 기록하라! 지금 당신이 어떤 사람이며 어떤 사람이 되기를 바라는가를 정리하여 본인에게 편지를 작성하라. 편지의 시작을 다음 문장의 전부 또는 일부를 활용하여 작성한다.

본인에게 편지 쓰기(1년 후 개봉)

● 지금 이 순간 기억하고 싶은 가장 중요한 것은?

● 현재까지 경험한 가장 의미 있는 노력은?

● 지금까지 경험한 가장 중요한 성취는?

● 난 (　　　　　)한 사람이 될 것이다.

● 내 자신에게 가장 주고 싶은 선물은?

편지를 다 작성하면, 봉투에 날짜를 적고 자신만의 타임캡슐에 집어넣는다.

그리고 1년 후에 꺼내어 다시 읽도록 한다.

지금 힘이 드는가?
그럼 이렇게 질문해 보아라!

"평정심으로 위기 극복하기"

지금 힘이 드는가? 그럼 이렇게 질문해 보아라!

故 김대중 대통령은 풀어야 할 문제가 많아 너무 힘이 들 때면 커다란 갱지를 꺼내어 현재 자기가 갖고 있고, 누리고 있는 것들을 하나하나 빠짐없이 적었다고 한다. 이렇게 하나하나 적다 보면 감사와 행복한 마음이 들어 조금씩 평온하게 "평정심平靜心"으로 돌아온다고 했다. 이때부터 풀어야 할 문제들을 하나하나 직시하면 문제의 본질적인 원인이 보이게 되고 당연히 해결책도 명확하게 도출이 되었다고 한다.

현재, 자기가 갖고 있고, 누리고 있는 것 (유/무형)을 모두 적으세요.

당신이 진정으로 감사하다고 생각하는 것은 무엇인가요?

지금 이 순간 당신이 진정으로 행복해하는 것은 무엇인가요?

현재, 나를 힘들게 하는 것은 무엇인가요? 원인은? 해결 방안은?

이 시대 탁월한 리더의 **코칭 리더십 실천 노트**

어떻게
살 것인가?

"나의 브랜드 아이덴티티는?"

"어떻게 살 것인가?"

전 세계적으로 가장 인정받는 상 중에 하나가 "노벨상"이다. 그런데 이 노벨상이 탄생한 배경은 이렇다. 다이너마이트TNT를 발명하여 사업적으로 성공한 노벨Alfred Bernhard Novel (1833~1896, 스웨덴 발명가, 화학자, 노벨상 설립자)이 어느 날 자신이 교통사고로 사망했다는 기사를 본다. "희대의 살인마 노벨, 사망하다."라는 기사였다. 노벨의 형이 교통사고로 죽은 것을 기자가 오보를 낸 것이었다. 평생을 열심히 살았던 노벨은 이 기사에 큰 충격을 받는다. 이에 **"나머지 삶을 어떻게 살아야 하나?"라는 질문을 자신에게 끊임없이 하였고, 질문 끝에 본인이 번 돈으로 세계 인류에 공헌하는**

사람들에게 명예로운 상을 주는 "노벨상"이
탄생하였다. 이제는 그 누구도 노벨을 희대의
살인마라고 부르지 않는다.

교황 요한 바오로 2세Pope John Paul Ⅱ는 나
치 치하의 고통과 마르크스 정권을 목격한 비극의 시대를 살았다. 부모와
형제를 일찍 여의는 등 개인적 삶 역시 불우했지만, 그가 선택한 삶은 사람
들을 사랑하고 하느님께 속한 삶이었다. 그는 여러 현실의 벽에 부딪혀 힘
겨워하는 사람들에게 다음과 같은 위로의 말을 건넨다. "우리는 행복하면
서도 가끔은 힘든 경험을 하게 됩니다. 그렇지만 우리의 믿음과 사랑을 통
해 그 뜻을 깨닫게 되고 그리스도 안에 존재하게 됩니다."

교황 요한 바오로 2세는 **"나는 행복합니다. 여러분도 행복하세요."**
라는 말을 남기고 시복하였다. 과연 우리도 눈을 감는 순간에 이러한 고백
을 할 수 있을까?

미국의 철강 왕 앤드류 카네기Andrew Carnegie는 자신이 세운 원칙대로
인생 전반부에는 많은 돈을 벌었고, 후반부는 그 돈을 다시 사회에 환원하
는 기부의 삶을 몸소 실천하였다. 그 결과 미국 전역에 세워진 "카네기 도
서관"은 오늘날 미국 국민들에게 삶의 지혜와 풍요를 안겨주는 자랑스러
운 공간이 되었다.

문학가인 조지 버나드 쇼George Bernard Shaw의 묘비명에는 "I
knew if I stayed around long enough, something like this would
happen"("어영부영 세월만 보내다가 내 이렇게 될 줄 알았다")이라고 쓰여 있다.

"어느 95세 노인의 수기"

나는 젊었을 때 정말 열심히 일했습니다.
그 결과 나는 실력을 인정받았고 존경을 받았습니다.
그 덕에 65세 때 당당한 은퇴를 할 수 있었죠.
그런 지금 95번째 생일에 얼마나 후회의 눈물을 흘렸는지 모릅니다.

내 65년의 생애는 자랑스럽고 떳떳했지만,
이후 30년의 삶은 부끄럽고 후회되고 비통한 삶이었습니다.

나는 퇴직 후 이제 다 살았다. 남은 인생은 그냥 덤이다.
그런 생각으로 그저 고통 없이 죽기만을 기다렸습니다.
덧없고 희망이 없는 삶… 그런 삶을 무려 30년이나 살았습니다.

30년의 시간은
지금 내 나이 95세로 보면…
3분의 1에 해당하는 기나긴 시간입니다.
만일 내가 퇴직을 할 때 앞으로 30년을 더 살 수 있다고 생각했다면
난 정말 그렇게 살지는 않았을 것입니다.

그때 나 스스로 늙었다고,
뭔가를 시작하기엔 늦었다고 생각했던 것이 큰 잘못이었습니다.

나는 지금 95세지만 정신이 또렷합니다.
앞으로 10년, 20년을 더 살지 모릅니다.
이제 나는 하고 싶었던 어학 공부를 시작하려 합니다.

10년 후 맞이하게 될 105번째 생일날!
95세 때 왜 아무것도 시작하지 않았는지
후회하지 않기 위해서입니다.

출처 : 인터넷 커뮤니티

"어떻게 살 것인가?" 나의 선택에 달려있다.

I Have a Dream!

"나의 소중한 꿈 만들기"

삶의 목적과 비전을 분명히 하기

1. 흔들의자의 삶과 자동차의 삶

우리는 매일 지금 보다 나은 삶을 살기 위해 노력을 한다. 평소와 다르게 새로운 목표를 세우고 새로운 각오로 열심히 실천한다. 그러나 어느 정도 지나고 나서의 자기의 모습을 보면서 "이거는 아닌데 내가 왜 이러지."라고 후회를 한다. 우리는 이러한 삶을 **"흔들의자의 삶"**이라고 한다. 새로운 각오를 할 때 흔들의자가 앞으로 나갔다가 또 후회를 하면 뒤로 가는, 즉 인생의 근본은 변하지 않으면서 그 자리에서만 흔들 흔들 하는 삶을 의미한다.

우측에 있는 자동차는 원하는 방향으로 언제든지 갈 수 있는 멋진 스포츠카이다. 그러나 이 멋진 스포츠카도 가야 할 방향이 없다면 단 한 발자국도 움직일 수 없다. 즉 삶의 목적과 비전을 정하는 것이 우리가 나아가야 할 방향을 설정하는 것이다. 삶의 방향을 설정함으로써 흔들의자의 삶에서 멋진 "자동차의 삶"으로 바꿀 수 있는 것이다.

따라서 리더는 자동차의 삶을 옮겨 탈 수 있도록 인생에서 가지고 싶은 것Having, 하고 싶은 것Doing, 되고 싶은 것Being을 기록 하라. 또한 "나의 소중한 꿈 100가지"(양식)를 작성한다.

코칭 리더십

> 만약 당신이 자신이 정말로 좋아하는 흥미로운 일을 하고 있다면
> 당신을 누가 억지로 밀어줄 필요가 없다.
> 비전이 당신을 앞으로 끌어 줄 테니까.
>
> - 스티브 잡스 -

2. 오늘 나에겐 꿈이 있습니다

"I Have a Dream!"

오늘 **나에겐 꿈이 있습니다.**
언젠가 이 나라가 모든 인간은 평등하게 태어났다는 것을 자명한 진실로 받아들이고 그 진정한 의미를 신조로 살아가게 되는 날이 오리라는 꿈입니다.

언젠가는 조지아의 붉은 언덕에 예전에 노예였던 부모의 자식과 그 노예의 주인이었던 부모의 자식들이 형제애의 식탁에 함께 둘러앉는 날이 오리라는 꿈입니다.

흑인 소년 소녀들과 백인 소년 소녀들이 손을 잡고 함께 걸어가는 상황이 되는
그런 꿈 말입니다……

"오늘 나에겐 꿈이 있습니다"
"I have a dream" 으로 시작되는 마틴 루터 킹(Martin Luther King) 목사의 워싱턴 평화 대행진의 연설은 인류 역사상 가장 위대한 연설 중의 하나이며 지금까지도 많은 영향을 미치고 있다.

마틴 루터 킹 목사의 연설에 언급했던 그 꿈들에 있는 상황들이 현실로 나타나 미국 최초의 흑인 대통령인 오바마(Barack Obama)가 탄생하는 원동력이 되었다.

이와 같이 꿈은 꾸었다고 다 이루어지는 것은 아니지만 **"꿈을 꾸었기 때문에 꿈은 이루어지는 것이다."** 지금 아래 양식에 당신의 소중한 꿈을 기록하여 보아라!

오늘 **나에겐 꿈이 있습니다.**

그런 꿈 말입니다…….

3. 비전 구성 4요소

1) "생각의 크기"

세일즈맨들의 평균 매출액보다 5배의 매출을 올리는 세일즈맨들을 따로 분리하여 그 비결을 조사를 하였다. 다양한 이유가 나왔지만 5배를 올리는 모든 세일즈맨에게 공통적으로 나온 비결은 **"그들의 생각의 크기(매출 목표)가 5배"**였다는 사실이었다.

일본 최고의 부자는 한국 교포인 손정의이다. 손정의는 처음 2명의 직원을 데리고 "소프트 뱅크"를 창업하였다. 창업 첫날 손정의 사장은 사과 상자 위에 올라가 소프트 뱅크의 미래 비전에 대해 연설을 하였다. 그 다음 날 유일한 창업 멤버였던 직원 2명 모두 다 회사에 출근을 하지 않았다. 훗날 소프트 뱅크가 성장하고 호기심을 가진 기자가 그때 창업 멤버인 직원 2명을 수배해 찾아가서 "그때 왜 회사에 출근하지 않았냐."고 질문을 하였다. 이에 직원 2명은 "그때 손정의 사장이 회사의 비전을 이야기하는 데 너무 황당하여 미친 놈 인줄 알았다."고 고백을 하였다. 이와 같이 비전을 설정하는 데 있어 "생각의 크기"는 매우 중요하다.

미국의 빌 클린턴Bill Clinton 대통령과 반기문 UN사무총장은 청소년 때 백악관에서 존 F. 케네디John F. Kennedy를 만났다. 이때 케네디 대통령이 장래의 꿈이 뭐냐고 두 사람에게 질문하였다. 빌 클린턴은 "백악관의 주인이 되어 여기에 다시 오겠다."고 대답하였고, 반기문은 "세계적인 외교관이 되겠다."고 답변을 하였다. 훗날 두 사람 모두 이 꿈을 멋지게 이루게 된다. 즉 사람들은 이와 같이 자기 생각의 크기에 따라 거기에 걸맞은 노력을 하는 것이다.

2) "간절함"

스티븐 스틸버그Steven Spielberg 감독은 16살 때 유니버설 스튜디오에 찾아가 빈방 하나를 차지하고 아무도 오라고 하지 않았는데도 무조건 영화촬영 현장에 가서 밑바닥 생활부터 시작하였다. 이후 현장의 조감독을 거쳐 우리에게 주옥같은 수많은 영화를 선물로 준 영화계의 거장이 되었다. 훗날 이 사실을 안 기자들이 스티븐 스필버그 감독에게 16살 어린 나이에 어디서 그런 용기가 났느냐고 질문을 하였다. 이에 스티븐 스필버그 감독은 "저는 영화가 정말 하고 싶었어요."라고 그 당시 영화에 대한 간절함이 용기의 원천이지 않았겠냐고 답변을 했다. 이와 같이 우리가 꿈을 꾸고 그 꿈을 이루는 데 있어 가슴을 울렁이게 하는 "간절함"이 있을 때 더욱더 효과적이라고 할 수 있다.

3) "달성 시기"

짐 캐리Jim Carrey는 캐나다 출신으로 영화배우라는 청운의 꿈을 품고 미국 할리우드로 온다. 이때 짐 캐리는 햄버거 하나로 며칠을 버티던 가난한 청년에 불과하였다. 그러나 어느 날 할리우드가 내려다보이는 언덕에 올라가 아래와 같이 자기 앞 수표를 발행한다.

자기 앞 수표

시 점 : 5년 후   금 액 : 1,000만 달러

발행자 : 짐 캐리   수령자 : 짐 캐리

5년 후 계약금만 1,000만 달러를 받는 짐 캐리가 되었다. 이와 같이 꿈을 구성하는데 있어서 달성 시점을 명확히 정하는 것은 모든 에너지를 집중하는 시점을 정하는 것을 의미하는 것으로 매우 중요한 요소이다.

4) "달성했을 때의 모습"(꿈을 꾸는 자는 보인다)

우리는 주변에서 "내게도 꿈이 있어. 나는 부자가 되고 싶어."라는 사람들을 보게 된다. 이것은 꿈이 아닌 단순한 "바람"이라고 한다. 단순한 바람이 아닌 진정한 꿈이 되기 위해서는 부자가 되었을 때의 모습이 명확하게 설정되어 있어야 하고 그 모습이 영상으로 그려져야 한다. 본인이 원하는 부자의 모습이 불분명한 꿈은 달성해야 할 정확한 목표目標(눈으로 볼 수 있는 것)가 부재하기 때문에 당연히 달성 방법도 불분명해져 이루어지기가 어렵다. 따라서 부자가 되고 싶은 사람들은 먼저 본인이 생각하는 부자는 무엇인지에 대한 명확한 정의(예를 들어 "내게 부자란 돈에 구애 없이 하고 싶은 일을 할 수 있는 것")와 달성했을 때의 모습을 명확히 하는 것이 필수적이다.

빌 게이츠Bill Gates는 마이크로 소프트를 창업할 때 "전 세계 가정과 사무실에 퍼스널 컴퓨터를 한 대씩 놓겠다."는 비전을 제시했다. 그때 상황으로 많은 사람이 미친놈이라고 비웃었지만 꿈을 꾼 빌 게이츠에겐 이러한 달성 모습이 명확히 보였고 이를 당당히 선언하고 동역자들과 공유함으로써 멋지게 그 모습을 이루어 냈던 것이다.

올랜도의 디즈니월드의 오픈 식을 할 때 기자들이 월트 디즈니Walt Disney 2세에게 "얼마전에 돌아가신 월트 디즈니 1세가 이 모습을 보셨다면 얼마나 기뻐하셨을까요?"라는 질문을 하였다. 이에 월트디즈니 2세는

"저희 아버님은 이 모습을 미리 보셨습니다. 아버님이 미리 보셨기 때문에 지금 우리가 이 모습을 보고 있는 것입니다."라고 답변을 하였다.

4. 비전을 글로 쓰고 선언을 해야하는 이유

부와 명예를 가진 상위 3%의 비밀!

미국 하버드 대학교에서는 졸업생들을 기준으로 20년간 조사한 결과를 아래와 같이 발표하였다. 졸업생의 60%는 그럭저럭 사는 사람들, 27%는 남들에게 도움을 받아야 하는 구호 대상자, 10%는 어느 정도 사회적으로 성공한 사람들이며, 3%만이 부와 명예를 가진 최고의 사람들로 구분하였다.

그런데 이렇게 구분이 되는 요소로 87%는 앞에서 언급했던 단순한 바람은 있었지만 비전의 구성 요소를 갖춘 명확한 꿈은 없었다는 것이다.

부와 명예의 최고의 사람들 10%는 명확한 꿈은 있었지만 마음속으로만 간직하였고, **부와 명예를 가진 상위 3%는 비전을 명확히 하여 이것을 글로 썼으며 남 앞에서 당당히 선언을 한 사람들이었다는 것이다.**

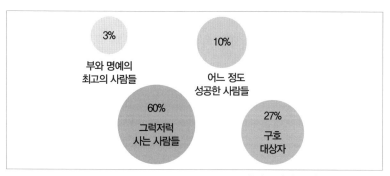

출처 : 하버드 대학교 조사 결과

김연아, 글로 쓴 꿈을 현실로 이루다

세계 피겨의 여왕인 김연아의 일곱 살 때 쓴 일기장  에는 "아이스 쇼를 보고 나서 나도 스케이트를 열심히 타서 국가대표선수가 되어야겠다. 그리고 세계 최고가 되고 싶다."라고 쓰여 있었다.

이와 같이 본인의 꿈을 명확히 하고 글로 쓰는 것은 뇌에다가 그 꿈을 향한 모든 내적, 외적인 에너지를 집중하게 하는 일종의 명령을 내리는 것과 같은 효과를 지닌다.

종이 위의 기적, 쓰면 이루어진다!

미국의 철강 왕 앤드류 카네기Andrew Carnegie는 인생 전반부에 본인이 정한 원칙을 고수하면서 누구보다 더 많은 돈을 벌었다. 또한 인생 후반에는 "돈은 사용하지 않으면 썩는다."라는 원칙으로 누구보다 더 많은 돈을 좋은 곳에 기부하며 살았다. 카네기는 다음과 같이 본인이 원하는 것을 종이 위에 명확히 썼고 이를 실천하였다.

---

1. 원하는 돈과 액수를 명확하게 정한다.
2. 그 돈을 얻기 위해서 무엇을 할 것인가를 결정한다.
3. 그 돈이 내 손에 들어오는 날짜를 분명하게 정한다.
4. 그 돈을 벌기 위한 구체적인 계획을 세우고 즉시 행동에 들어간다.
5. 위의 네 가지 원칙을 종이에 적는다.
6. 종이에 적은 것을 매일 두 차례, 아침 일어났을 때와 잠들기 전에 큰 소리로 읽는다.

청소년 비전 스쿨 비전 & 로드맵 양식 및 발표

비전 & 로드맵 발표	
자기 소개	**나의 꿈과 비전(스크랩)**
나의 사명선언문 나의 사명은 _____ 세상을 만드는 것이다. 나는 이 사명을 완수하기 위해 _____을 할 것이다. **나의 신념 / 좌우명**	하고 싶은 것 갖고 싶은 것 되고 싶은 것 가고 싶은 곳 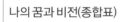 나의 꿈과 비전(종합표)
나의 직업 로드맵	**실천 계획표**

나의 적성과 기질
(적성검사/상담 결과)
↓
내가 원하는 직업
자격증 — 코스
↑
대학 / 학과
↑
현재 나의 위치 파악

버려야 할 습관/태도

나의 변신

반드시 해야 할
습관/태도

실천종합계획표
↓
일일 실천 계획표

5. 비전 3요소

내가 하고 싶은 것, 잘 할 수 있는 것 그리고 반드시 해야 할 것!

"꿈" 중에서 달성 가능한 꿈을 "비전Vision"이라고 한다. 비전 달성을 위해서는 내가 하고 싶은 것을 먼저 찾아내야 하며, 그중에서 내가 잘할 수 있는 것을 구분하고 난 후 결정된 비전을 이루기 위해 반드시 해야 할 것을 정해 실천하는 것이다.

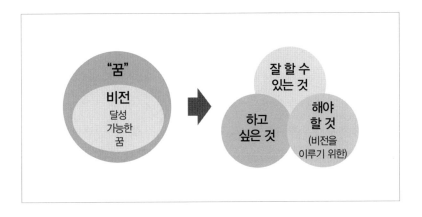

하고 싶은 것을 먼저 해야 하는 이유

스롤리 블로트닉 연구소에서는 '부를 축적하는 법'을 연구하기 위해 1천5백 명을 두 그룹으로 나누고 20년에 걸쳐 이들을 추적, 조사한 적이 있다.

A그룹은 자기가 하고 싶은 일을 나중으로 미루고 우선 당장 돈에 주안점을 두고 직업을 선택한 사람들로 전체 조사 대상의 83%를 차지했다. 나머지 17%의 사람들은 돈은 나중 문제이고, 하고 싶은 일을 최우선으로 두

고 직업을 선택한 경우로 이들은 B그룹으로 분류했다. 마침내 발표된 조사 결과는 놀랄 만한 것이었다.

20년 후 1천5백 명 중 101명만이 백만장자가 됐다. 그리고 그 101명 중 단 한 명을 제외한 100명이 B그룹에서 나왔다.

– 디팩 초프라 –

6. 목표를 상상하고 확언 반복하기

1) 목표 상상하기

심리학에는 한 가지 법칙이 있다.
이루고 싶은 모습을 마음속에 그린(心想化) 다음
충분한 시간 동안 그 그림이 사라지지 않게 간직하고 있으면
반드시 그대로 실현된다는 것이다.

–월리엄 제임스 –

목표를 상상하는 것(심상화, 心想化)이 왜 그렇게 유익한지에 대한 이유들은 다음과 같다.

① 상상하기는 잠재의식에서 창의적인 힘을 발휘한다.

② 상상하기는 뇌의 망상 활성계(RAS:reticular activating system, 뇌의 그물망 처럼 퍼진 신경망으로 감각기관으로 들어오는 정보 중 중요한 것만을 걸러내는 역할을 한다)를 새로 프로그래밍해서 항상 여기에 있었지만 이전에는 인지되지 않았던 활용 가능한 자원들을 알아차리

게 한다.

③ 상상하기는 목표를 성취하는 일에 필요한 사람이나 자원, 기회를 당신에게 자석처럼 끌어당긴다.

심상화(心想化)를 30일 이상 계속 하면
다음과 같은 세 가지의 일이 일어난다.

뇌의 망상 활성계(RAS)를 Re-Programming해서 목표를 성취하는 데 도움이 되는 것이라면 어느 것이든 의식 속으로 들어오게 한다.

잠재의식이 원하는 목표를 이루는 해결책을 만들도록 활성화시킨다.
아침마다 새로운 아이디어를 가지고 눈을 뜨기 시작한다.
샤워하면서, 산책하는 도중에, 출근하면서 운전을 하는 중에 아이디어가 떠오른다.

완전히 새로운 수준의 동기부여를 만들어준다.
자신도 모르게 목표를 이루게 해줄 행동을 시작하게 한다. 갑자기 수업 시간에 손을 들어 질문하고, 직장에서 자발적으로 새로운 프로젝트를 맡고, 회의에서 발표를 한다. 자신이 원하는 것을 더 분명하게 요구하고, 원하는 것을 얻기 위해 돈을 모으고 더 과감한 도전을 한다.

코칭 리더십

나는 머릿속에 아주 선명하고 또렷한 영상을 떠올리지 않고는
절대 공을 치지 않습니다. 마치 그것은 생생한 영화를 보는 것이지요.

- 잭 니클라우스 -

당신이 꿈꾸는 구체적이고, 다채롭고, 강렬하게 마음을 끄는 이미지를 당신의 뇌에 전달하면 뇌는 그 이미지를 현실화하는 데 필요한 모든 정보를 찾아내고 포착한다.

만약 당신이 만 달러짜리 문제를 제시하면 뇌는 만 달러짜리 해결책을 떠올린다. 그러나 우리의 뇌에 백만 달러짜리 문제를 제시하면 백만 달러짜리 해결책을 내놓는다.

만약 당신이 아름다운 저택, 아름다운 배우자, 흥미진진한 일, 이국적인 휴가의 이미지를 뇌에 보여준다면 당신의 뇌는 그것을 구현하기 위해서 일하기 시작한다.

영상에 소리와 느낌을 더하기

효과를 배로 높이려면 원하는 이미지에 소리, 맛, 냄새, 느낌을 더하면 좋다. 목표를 이미 성취했다면 어떤 소리가 들리고 어떤 냄새를 맡고 어떤 맛을 맛보게 될까? 그리고 더욱 중요한 것으로 어떤 감정을 느끼고 몸에는 어떤 감각을 느끼고 있을까?

만약 해변의 멋진 저택을 상상한다면 집 밖 해변에서 들리는 철썩거리는 파도소리, 모래사장에서 놀고 있는 아이들의 소리, 당신이 훌륭한 남편임을 고마워하는 아내의 소리를 더하라.

거기에다 멋진 저택의 주인이 된 자부심, 목표를 성취한 만족감, 테라스에 앉아 바다를 바라보면서 석양을 즐길 때 당신의 얼굴에 닿는 햇살의 느낌을 더하라.

단언컨대 이 느낌들은 당신의 비전을 나아가게 하는 원동력이자 에너지가 된다. 신경과학자들에 따르면 강렬한 감정이 동반된 이미지는 기억 속에 영원히 각인될수 있다고 한다.

재구성 기술

이 기술은 자신의 꿈이 이미 실현된 것처럼 상상한 다음 현재 자신이 있는 현실까지 한 단계 한 단계 거꾸로 오는 것이다. 현재 위치에 도착하는 과정에서 중간 단계들이 어떻게 성취되는지를 상상하는 것이다.

종종 사람들은 자신이 꿈꾸는 미래와 자신의 현재 모습을 비교하다가 많은 한계와 장애물을 발견하고는 현재에서 더 이상 나아가지 못한다. 이 기술은 사람들이 현재의 무력감에서 벗어나게 도와준다. 그래서 효과적인 해결책들을 잘 떠올리게 하고 행동에 옮기도록 의욕을 높여준다.

재구성 단계

① 원하는 목표로 가서 그 상황을 가능한 생생하게 체험하라.

② 목표에서부터 거꾸로 오는 여정의 각 단계를 상상하라.
각 단계에서 무슨 일이 일어났고 어떻게 일이 이루어졌는지를 알아보라.

③ 현재 순간으로 돌아와서 앞으로 나아가도록 취할 수 있는 현실적인 단계들을 논의하라.

1단계 재구성을 위한 코칭 질문

① 긴장을 풀고 깊은 호흡을 계속하세요. 눈을 감고 미래로 가보겠습니까?

당신이 이미 자신의 목표를 성취했다고 상상하세요.

정확히 몇 년 몇 월 며칠 몇 시입니까?

② 무엇이 보입니까? 어떤 장면들이 머릿속에 떠오르나요?

장면을 또렷하게 포착해 보세요.

③ 당신이 목표를 성취한 것이 어떤 느낌인지, 만지고 냄새를 맡고 맛보고 눈으로 보고 듣는 모든 감각을 이용해서 상상할 수 있습니까?

④ 목표를 성취하고 난 지금의 기분은 어떠십니까?

2단계 재구성을 위한 코칭 질문

① 목표를 성취한 지점에서 과거로 한 단계 가보겠어요?

목표를 성취하기 바로 한 달 전으로요. 무슨 일이 일어났습니까?

당신은 무슨 일을 했습니까?

② 이제 현재로 한 단계 더 가까이 와보세요.

무슨 일이 일어났나요? 당신은 무슨 일을 했습니까?

③ 이제 당신의 모든 감각을 이용해서 현재로 돌아오는 각 단계를 분명하게 상상해 보세요. 어떤 일이 일어났습니까? 당신은 무슨 일을 했습니까?

3단계 재구성을 위한 코칭 질문

① 현재로 돌아와서 눈을 떠 보세요.

② 당신이 목표로 했던 지점에서 현재 당신이 있는 곳까지 이르는 전체 여정에서 당신은 무엇을 경험했습니까?

③ 당신은 여기서 무엇을 배웠습니까?
　당신은 목표를 이루기 위해서 어떤 창의적인 일을 할 수 있을까요?

④ 당신은 어떤 일을 할 것입니까?
　언제부터 언제까지 할 것입니까?

2) 목표를 확언 반복하기

목표를 반드시 이루게 하는 방법으로 달성했을 때의 모습을 상상화 하여 뇌에 각인 시키는 것을 실행하고 이때 확언 반복하기를 병행하면 더욱더 큰 효과를 볼 수 있다.

확언은 "목표를 이미 완성된 상태를 진술하는 것이다." 예를 들어 "나는 마우이 카아나팔리 해변에 위치한 나의 아름다운 콘도 테라스에서 석양을 바라보고 있어 무척 기쁘다.", 또는 "나는 완벽한 몸무게 53Kg에서 가볍게 살아있는 느낌을 느끼면서 자축하고 있어."

이와 같은 확언 반복하기는 목표를 성취하는 데 필요한 사람, 자원, 기회를 자석처럼 끌어당기는 역할을 한다.

효과적인 확언 만들기를 위한 가이드 라인

"나는 ~ 하다"라는 문장으로 만들어라

- "나는 ~ 하다."라는 말은 언어에서 가장 강력한 말이다.
  잠재의식은 이 말을 그 내용이 일어나게 만들라는 명령으로 해석한다.

현재형으로 만들어라

- 원하는 것을 이미 가지고 있는 것처럼 혹은 이미 이루어진 것처럼 묘사하라.
- "나는 새로 산 내 빨간색 포르쉐 911 카레라를 운전하는 것을 즐기고 있다."

긍정적 방식으로 진술하라

- 잠재의식은 아니라는 부정어를 듣지 않는다. 즉, "나는 더 이상 비행기를 타는 것이 두렵지 않아."라는 진술은 비행을 두려워하는 이미지를 불러일으킨다.

이 시대 탁월한 리더의 코칭 리더십 실천 노트

반면 "나는 비행기를 타는 흥분을 즐기고 있어." 는 즐거움의 이미지를 불러 일으킨다.

간단하게 만들어라

– 확언을 광고 CM송이라고 생각하라. 확언은 쉽게 기억되도록 충분히 짧고 인상적이어야 한다.

구체적으로 만들어라

– 모호한 확언은 모호한 결과를 만들어 낸다.
– 잘못된 예 : "나는 새로 산 자동차를 운전하고 있어."
– 바른 예 : "나는 새로 산 빨간 포르쉐 911 카레라를 운전하고 있어."

"~ 하고 있다"를 사용해 동사를 현재진행형으로 표현하라

– 현재진행형은 그 일이 바로 지금 진행되고 있다는 이미지를 떠올리게 해서 더 강력한 효과를 준다.

생생한 감정이나 느낌을 표현하는 단어를 적어도 하나 이상 포함하라

– 당신이 목표를 이루었을 때 느끼게 될 감정을 포함하라. 자주 사용되는 단어에는 "즐겁게", "기쁨에 넘쳐서", "행복하게", "환호하며", "사랑이 넘쳐서", "안정적이게", "침착하게", "의기양양하게" 등이 있다.
– 잘못된 예 : "나는 나의 완벽한 몸무게 71Kg을 유지하고 있다."

– 바른 예 : "나는 내 몸무게가 71Kg이라 몸이 가볍고 민첩한 느낌이
라 최상의 컨디션을 즐기고 있어."

"나는 저울 위에서 71Kg의 내 몸무게를 기분 좋게 바라보
고 있어."

확언을 당신 자신의 것으로 만들어라

– 다른 사람에 대한 것이 아니라, 자신만의 확언을 만들려고 할 때 다른
사람의 행동이 아니라 자신만의 행동을 묘사하도록 만들어야 한다.

– 잘못된 예 : 나는 소피아가 그녀의 방을 청소하는 모습을 바라보고
있다.

– 바른 예 : 나는 나의 방을 완벽하게 청소하여 기분이 무척 상쾌하다.

이와 같이 코칭 리더는 자신만의 확언을 만들어 확언 반복하기를 규칙
적이고 지속적으로 하여, 멋진 꿈들을 이루어내는 모델이 되어 자연스럽게
조직과 부하 직원들에게 영향력을 발휘하는 리더가 되는 것이 바람직하다.

Memo

리더로서 달성할 목표 · 확언 & 핵심전략 정하기

리더로서 반드시 이루고 싶은 3대 목표는?

가장 간절한 목표 1 선택 →〉 선택 이유는? / 달성 모습(心想化)은?

목표 달성은 나에게 어떤 의미가 있는가?

확언(목표 달성 모습을 현재 완성된 상태로 진술)하기

목표 달성을 위해 지금부터 무엇을 해야 하는가? (달성 방법 20가지 작성 / 핵심 전략 3가지 작성)

성공의 공식

> "성공의 기본은 꿈과 상상이다.
> 성공은 새로운 비전을 찾아서 떠나는 작은 모험이다."

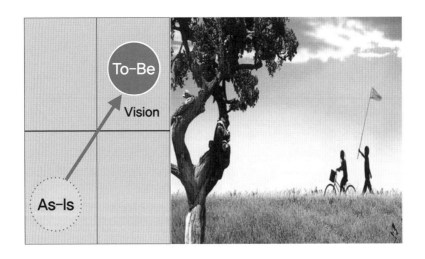

성공의 공식	성공을 갈망하며 그 갈망을 구체화하고 달성할 수 있다는 확신과 열정을 가지고 체계적으로 실천하면 누구나 성공할 수 있다.

IV

코칭 리더로서
갖추어야 할 역량 강화하기

최고의 리더는
듣고 듣고 또 듣는다!

"코칭 리더십 역량"

코칭 리더로서 갖추어야 할 역량 "경청"

1. 세계에서 가장 유명한 앵커 두 명의 공통점은?

20세기 가장 탁월한 앵커Anchor 두 명을 꼽으라면 단연 래리 킹
Larry King (1933~ , 앵커, 베스트셀러 『대화의 법칙 How to Talk to Anyone, Anytime,
Anywhere』의 저자)과 오프라 윈프리Oprah Winfrey (1954~, 방송인, 영향력 1위, 존경
받는 부자 1위) 가 뽑힌다.

두 앵커의 방송 프로그램이 장수하면서 대단한 영향력을 발휘했던 사
실이 그 증거이다.

그러면 두 사람의 공통점은 무엇이었을까?

그것은 바로 방송 프로그램 **80%의 시간을 듣는 데 할애**한다는 것이다. 커뮤니케이션의 달인이라고 불리는 CNN의 명사회자 래리 킹의 "나의 대화의 첫 번째 규칙은 상대방의 말을 잘 들어주는 것이다."라는 고백 속에 그 비결이 숨어있다. 솔직하고 깊이 있게 상대의 마음과 입을 열도록 하는 것은 자신의 듣는 태도에 달려 있기 때문이라는 것이다.

위 두 사람의 방송인뿐만 아니라 세상의 각 분야에서 성공하여 영향력을 발휘하는 탁월한 리더들의 대화법은 평범한 사람들과는 무언가 다르다. 가장 큰 차이는 충분히 상대의 말을 경청하고 난 후 자기의 의사를 전달하는 것이다. 이와 같이 성공적인 소통의 핵심 중의 핵심은 "경청傾聽 · Listening"이다.

코칭에서의 경청은 질문하기와 더불어 가장 중요한 커뮤니케이션 방법이다. 듣기는 상대방을 이해하기 위한 가장 기본적이고 중요한 방법이다. 또한 사람들은 누구나 자신에게 다가와 자신의 눈을 마주 봐주고 자신의 말에 귀 기울여주는 사람에게 호감을 느끼고 신뢰감을 형성하게 된다. 따라서 코칭에서의 듣기는 신뢰감의 구축, 라포의 형성을 비롯하여 코칭의 전 과정에 큰 영향을 미치며 코칭 리더가 반드시 갖추어야 할 아주 중요한 코칭 역량 중의 하나이다. 그러나 우리는 그저 귀로 잘 듣기만 하면 경청을 잘하는 것으로 착각할 수 있다. 이건희 회장의 "말을 배우는 데 3년, 경청을 배우는 데 60년이 걸렸다."라는 고백처럼 **제대로 된 경청은 충분한 훈련과 시행착오를 통한 체험을 통해 완성되어가는 것이다.**

2. 최고의 리더는 듣고, 듣고, 또 듣는다

정신분석학의 창시자이며 의사인 프로이트Sigmund Schlomo Freud (1856~1939)는 경청의 스승으로도 매우 유명하다. 그의 진료를 받고 나오는 환자들은 한결같이 "프로이트가 내 말을 듣는 모습이 무척 인상적이라 도저히 잊히지 않는다."라는 고백을 했다고 한다.

즉, 환자를 대하는 다정한 얼굴, 온화한 눈빛으로 경청을 하며 간간이 아주 친절하게 저음의 목소리로 공감을 해주어 **정신적인 환대를 느꼈다는 것이다.**

"어떤 칭찬에도 동요하지 않는 사람도
자신의 이야기에 마음을 **빼앗기고 있는** 상대에게는
마음이 흔들린다."

★ 경청의 스승들 (말하기보다는 귀를 기울여라!)

 코칭 리더십

일어나서 의견을 말하기 위해서는 용기가 필요하다.
하지만 앉아서 상대방의 말을 듣기 위해서도 용기가
필요하다.

 코칭 리더십

무언가를 논할 때면, 나는 삼 분의 일 정도 되는 시간을
내가 말하는 것과 나 자신에 대해 생각하는 데 쓰고
나머지 삼 분의 이는 상대방과 그가 하는 말을 생각
하는데 쓴다

 코칭 리더십

"저는 누구를 만나든, 어떤 모임을 가든, 다른 사람들
의 이야기를 먼저 충분히 듣습니다.

그 이야기 속에서 공통 부분을 발견하여 거기에 내 의
견을 종합하여 이야기합니다.

그러면 모인 사람 다수가 제 의견에 동조하게 되고,
자연스럽게 저는 그 모임의 중심인물이 됩니다. 오늘
의 제 성공은 경청을 통해 남의 마음을 헤아린 후 말
을 한 결과입니다.

 코칭 리더십

저는 말을 배우는 데 3년 걸렸지만
경청을 배우는 데는 60년이 걸렸습니다.

"최고의 리더는 모름지기 듣고, 듣고, 또 듣는다."

3. 제발 들어만 주세요

지금 우리는 남의 이야기에 귀를 기울이기보다는 온통 자기 이야기를 하기에 빠져있는 시대에 살고 있다. 조직에서 리더와 부하 직원, 가정에서 부부와 자녀 간의 대화를 떠올려 보면 대부분 아래처럼 "제발 들어만 주세요."라는 그들의 외침을 자기중심적 사고와 태도로 의도적으로나 무의식적으로 무시하는 경우가 대부분이다. 그러나 현대를 살아가는 모든 사람은 오늘도 **"제발 들어만 주세요."**라고 외치고 있는 것이다.

오죽하면 심리치료의 90%가 들어만 주어도 치유된다고 하지 않는가.

이야기를 들어 달라고 하면
당신은 충고를 하지
나는 그런 부탁을 한 적이 없어
이야기를 들어 달라고 하면
그런 식으로 생각하면 안 된다고 당신은 말하지
당신은 내 마음을 짓뭉개지
이야기를 들어 달라고 하면
나 대신 문제를 해결해주려고 하지
내가 원하는 것은 이런 것이 아니야

들어주세요
내가 원하는 것은 이것뿐
아무 말 하지 않아도 돼
아무것도 해주지 않아도 좋아
그저 내 얘기만 들어주면 돼 (90% 치유)

말을 너무 많이 한다는 비난은 있지만
"너무 많이 듣는다"는 비난은 들어본 적이 없을 것이다

- 성 아우구스티누스 -

또한 잘 들으면 인내심, 이해력, 자비로움, 개방성, 사려 깊음, 집중력, 이타심, 공감력, 균형 감각이 월등해지므로 잘 들어주는 경청 능력은 코칭 리더로서 뿐만 아니라 **이 세상을 살아가는 데 있어 풍요로운 삶을 살 수 있는 중요한 지혜智慧 중의 지혜라고 할 수 있다.**

4. 잘 들어야 하는 이유

일반적으로 대화에서 말하는 사람이 주도권을 쥐고 있는 것으로 생각하는 경우가 많다. 하지만 말하는 사람이 아무리 번지르르한 말을 한다 하더라도 듣는 사람이 귀를 막고 있으면 그 말은 아무 소용이 없다. 이와 같이 듣는 사람이 아무런 반응이 없으면 말하는 사람은 "내 이야기에 흥미가 없나?", "내가 뭔가 잘못된 이야기를 하고 있나?", "저 사람이 나를 싫어 하는 걸까?", "저 사람이 지금 나를 무시하고 있는 건가?", 내가 이 이야 기를 계속하면 저 사람이 나를 더욱더 무시하겠지?" 등의 온갖 생각에 사로잡히게 된다. 이는 결국 대화를 중단하게 되는 결정적인 원인이 된다. 이처럼 상대방으로부터 말을 끄집어내는 것은 듣는 사람의 역할이며, 이 것이 코칭의 중요한 역할인 잘 듣는 방법, 곧 "경청"인 것이다.

"아무리 뛰어난 웅변가라도
차라리 야유를 보내는 군중들 앞에서는 연설할 수 있어도
아무런 반응이 없는 군중들 앞에서는 주눅이 든다."

1) 7%와 93%

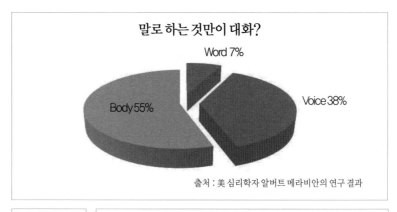

말로 하는 것만이 대화?

Word 7%

Voice 38%

Body 55%

출처 : 美 심리학자 알버트 메라비안의 연구 결과

신체언어	얼굴표정, 시선, 몸짓, 손짓, 태도 시각적요소(복장, 헤어스타일, 액세서리 등) 청각/후각을 자극하는 신체언어

   우리는 대화를 할 때 말이 차지하는 비중은 겨우 7%밖에 차지하지 않는다고 한다. 예를 들어 지하철에서 누가 나의 발을 밟으면 "미안하다."라고 하지만 미안하다고 하는 태도나 말의 느낌이 진정성이 없고 불량스럽다고 하면 오히려 기분이 나빠질 것이다. 오히려 대화를 하는 데 있어서 말이 아닌 신체언어와 목소리 등이 93%의 역할을 하며 더욱더 큰 영향을 준다. 따라서 이제는 "무엇을 말하느냐What to say"에서 "어떻게 말하느냐How to say"가 중요하다.

2) 듣기의 단계

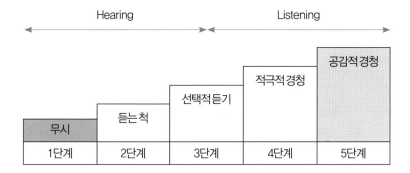

위의 그림처럼 듣기에도 단계가 있는데, 첫 번째 단계는 상대방의 말을 "무시"해버리는 것이다. 즉 상대방이 뭐라고 하든 전혀 들으려고 노력하지 않는 것을 말한다.

두 번째 단계는 "듣는 척"하는 것이다. 겉으로는 듣고 있는 듯한 자세를 보이지만, 머릿속으로는 딴 생각을 하고 있는 상태다.

세 번째 단계는 "선택적 듣기"로 상대방이 하는 말 중 자신이 흥미 있는 부문에만 귀를 기울이는 것을 말한다.

네 번째 단계는 "적극적인 경청"이다. 상대방의 말에 관심을 두고 주목하여 듣는 것을 의미한다. 대게 일반적으로 좋은 듣기라고 하면 적극적 경청 단계를 말한다.

하지만 코칭에서의 듣기는 마지막 단계인 **"공감적 경청"**으로 이어져야 한다. 이 단계에서의 듣기는 상대방을 이해하려는 의도를 가지고 듣는 것이다. 이러한 "공감적 경청"은 상대방의 머리와 가슴속에서 일어나고 있는 본질적인 내용에 귀를 기울이는 것이기 때문에 코칭 하는 데 있어 강력한 힘을 가진다.

살짝 윙크하거나, 부드럽게 손을 잡거나,
등을 가볍게 두드려 주는 것만으로도
엄청난 메시지가 전달된다.
"안녕하세요."
말 한마디도 가볍게 듣지 말고
귀 기울여 보라!
상대방이 말하고자 하는
의도와 감정을 파악하고 공감하면서.

상대방이 하는 말끝에 퀴즈의
해답이 있다고 상상하라!

5. 히어링과 리스닝Hearing And Listening

우리말에는 듣기라는 말이 있지만, 영어에서는 이를 히어링Hearing과 리스닝Listening으로 명확하게 구분한다. 히어링이란 문자 그대로 귀를 통해 소리를 인지하는 것이다. 그러나 이것은 단지 신체적 행동일 뿐이다.

리스닝은 단순히 소리를 인지하는 것뿐만 아니라 상대방의 말을 온전히 이해를 하는 것이다. 이렇게 집중하여 제대로 듣는다면, 상대방의 말이 끝났을 때 약간의 피로감마저 느끼게 된다. 결국, 제대로 듣기란 수동적이라기보다는 적극적이고 능동적인 행동인 것이다. 이와 같이 효과적으로 상대방의 말을 듣기 위해 필요한 것은 나 자신에게 집중하는 마음을 접고 온전히 상대방에게 집중하는 것이다. 따라서 경청은 바로 이 리스닝을 의미하는 것이다.

Hearing 가만있어도 들리는것		**Listening** 말을 들으며 의도, 감정, 깊이 등을 새겨 들음

히어링 하는 사람들의 특징

1. 잘 듣는 척한다.

2. 자기가 말할 차례만
   초조하게 기다린다.

3. 머릿속은 다른 생각으로
   가득 차 있다.

리스닝 하는 사람들의 특징

1. 상대방을 있는 그대로의존재
   자체로 인정하고 존중한다.

2. 상대가 무슨 말을 하든 액면 그대로
   담백하게 받아들인다.

3. 상대가 말로 그리는 그림 속으로
   빠져든다.

4. 상대가 말하려는 요점을 정확히
   파악한다.

리스닝을 하지 않으면 대화는 있으나

소통은 없다

6. "경청"이란?

경청傾聽의 한자에 그 뜻과 의미가 담겨 있다. 이를 잘 숙지하면 실전
에서 경청하는 데 하나의 행동 지침이 될 것이다.

■ **경청 한자의 뜻**

傾聽

- 다가갈 경(傾)

- 들을 청(聽)

－귀 이(耳) + 왕(王) → 왕이 백성을 사랑하는 넓은 마음으로 자비롭게 들어라.

　　　　　　　　　　 → 왕의 앞에서 들을 때처럼 집중해서 들어라.

－열 십(十) + 눈 목(目) → 열 개의 눈으로 관찰하면서 들어라.

－한 일(一) + 마음 심(心) → 온전히 한마음처럼 몰입하여 들어라.

> 말하는 상대방에게 **다가가서**
>
> 왕 앞에서처럼 **집중하여** 듣고 왕의 마음으로 자비롭게 듣고
>
> 열 개의 눈으로 상대방의 신체적 언어와 감정, 의도를 관찰하면서
>
> 상대방과 온전히 **한마음처럼** 몰입하면서 듣는 것.

3-2-1 대화의 법칙

3분간 상대방의 말을 "경청" 하고 2분간 "맞장구" 쳐주고 1분간 나의 말을 한다.

－美 포춘 Foetune지 "대인관계의 성공 비법" －

7. 경청이 잘 안 되는 이유

"경청"의 중요성을 깨닫고 잘하고 싶은 데 잘 안 되는 이유는 무엇일까? 많은 리더가 경청이 안 되는 이유로 인정하는 원인은 "자기중심적"으로 듣는 태도이다. 자기중심적으로만 상황을 보고 듣는 것은 다른 사람들과의 관계를 해치고 잘못된 의사결정을 내리게 하는 위험성이 있다.

자기중심적으로만 듣기
사람은 누구나 자기중심적이다. 사람은 듣고 싶은 것만 들으려고 한다. 즉, 자신의 관점에서 판단하거나 자신의 의도대로만 경청하는 행위를 의미한다.

사람은 다른 사람의 이야기를 듣고 있으면 자신도 모르게 마음이 초조해진다. 특히 리더들은 자기가 말할 기회를 잡기 위해 초조하게 기다리는 마음과 표정을 감추지 못한다. 또한 자기 생각과 아집으로 대화를 진행하려고 한다. 상대의 이야기가 끝나지 않았는데도 "그래서 결론은 뭔가?", "잠깐, 그것은 내 생각과 달라.", "그것은 틀렸어." 등으로 상대방의 말을 끊고 자신의 이야기를 했던 경험이 누구에게나 한두 번 정도는 있었을 것이다. 이 외에도 리더 자신이 원하는 것만 듣기 위해 다른 내용은 무시해 버리는 행동, 머릿속은 다른 생각으로 가득 차 있어 상대방에게 집중하지 않는 행동, 자기가 옳다는 것을 증명하기 위해 반격을 가할 허점을 찾아내는 행동, 상대방의 말을 자기 방식으로 해석해서 영향을 주려고 하는 행동 등이 모두 자기중심적으로만 듣는 행동에 해당한다.

여기에 덧붙여 상대방에게 좋은 사람처럼 보이려고 잘 듣는 척하는 행동, 형식적인 반응과 필요 이상으로 감탄사를 연발하는 행동도 이에 포함한다. **자기중심적으로만 듣기의 가장 최악의 모습은 입을 꾹 다물고 어떠**

한 반응과 표정도 없는 행동이다. 이는 상대방을 좌절하게 하고 참담한 심정이 되게 하므로 리더는 반드시 대화할 때 최소한의 반응을 보여야 한다.

또한 경청이 잘 안 되는 것은 많은 리더가 잘 들어 보겠다고 부하 직원과 소통의 자리를 만들지만, 직원의 말을 잘 듣기보다는 "자기중심적"인 듣기 태도로 인해 결국 참지 못하고 **시간이 없다는 이유와 빨리 성과를 내야 한다는 이유** 등을 들어 본인이 하고 싶은 이야기만을 일방적으로 하기 때문이다. 이와 같이 "경청"은 "상대방 중심의 경청"으로 참고 기다려주는 많은 인내심이 필요하다. 이는 **하루아침에 되는 것이 아니라 꾸준한 경청의 훈련을 통해서만이 가능하다.**

8. 경청을 잘하기 위해서 준비할 것은?

1) 경청을 위해서는 먼저 "인간의 존재" 자체를 존중하여야 한다

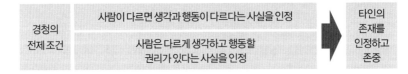

경청의 전제조건	사람이 다르면 생각과 행동이 다르다는 사실을 인정	타인의 존재를 인정하고 존중
	사람은 다르게 생각하고 행동할 권리가 있다는 사실을 인정	

사람들은 저마다 자신만의 한계를 가지고 있다. 한계가 있는 자신들의 모습이 있는 그대로 받아들여지고 존중받기를 원한다. 따라서 부하 직원의 한계를 있는 그대로 수용하고 존중해 준다면 마음을 열고 신뢰감을 줄 것이다. 아무리 훌륭해 보이는 사람이라도 저마다 부족함과 어려움이 있다. 그럼에도 불구하고 그들 나름대로 최선을 다하고 있음을 믿어주는 것, 이것이 존중이다. 존중받지 못하면 거부감을 느끼고, 존중받으면 자기방어가 해체되어 더 빨리 변한다.

부하 직원 존중 방법

1. 부하 직원의 **한계를 존중**하라!

→ 부하 직원의 타고난 성향이나 DNA에 경의를 표하고 받아들여라.

2. 부하 직원의 **속도의 한계**를 존중하라!

→ 부하 직원의 한계를 편안하게 받아들여라.

부하 직원이 **전 과정을 리드하게 하라.**

→ 밀어붙이고 있다는 생각이 들면 멈춘다. **제안은 하지만 강요하지는 마라.**

3. 부하 직원만의 **스타일**과 **문화**를 존중하라!

→ 부하 직원이 일하는 문화적 사고, 일하는 스타일에 경의를 표하고 이해하라.

4. 부하 직원의 신념, 가치관, **패러다임**을 존중하라!

→ 부하 직원의 신념, 가치관에 경의를 표하라. 부하 직원의 눈으로 **삶을 보아라.**

5. 부하 직원이 **원하는 것을 존중**하라!

→ **코칭은 부하 직원 중심이며 결국 부하 직원과 함께 책임을 진다.**

인간 그 존재 자체를 존중하라!

그리고 존중받고 있다고 느끼게 하여라.

2) 방해요소를 없애고 부하 직원에게 집중하라!

코칭을 하기 전에 마음을 가다듬고 코칭과 관련이 없는 다른 문제들은 머리에서 떨쳐내어 온전히 부하 직원에게 집중할 준비를 해야 한다. 코칭에 방해가 될 만한 방해 요소 즉 소음, 다른 사람들과의 대화, 휴대전화 벨소리, 이메일과 문자메시지, 실내 온도 등을 미리 점검해야 한다. 또한 코칭 리더는 본인의 마음속에 대화The Inner Dialogue(머릿속에서 끊임없이 생겨나는 잡담)를 제어한 후에 경청에 임하여야 한다.

부하직원에게 집중

집중하여

경청하며

부하직원을

면밀히 관찰하고

직관을 이용하여

살펴라

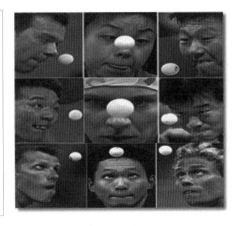

부하 직원이 이야기를 100% 주도하도록 하고
말하는 내용이 끝날 때까지 온전히 집중하라.
부하 직원이 민감하게 보이는 감정을 포착하고
부하 직원과 똑같은 감정과 정서를 느낀다는 것을
보일 수 있어야 한다.

사람들이 변화에 저항감을 느끼는 이유는

잘 몰라서,

싫어서,

그리고

"당신을 싫어해서"이다

코칭 리더와 부하 직원은 서로 친밀한 관계를 맺어야 하고
서로의 존재에 편안함을 느껴야 한다

사람들은 자신과
가장 비슷한 사람을 좋아한다

신체적 측면	대화할 때의 자세, 말의 속도, 말투, 목소리 크기, 음색
정신적 측면	사용하는 어휘(시각, 청각, 감각적으로 선호도 파악)
감정적 측면	분위기나 감정 상태

9. 경청을 잘하는 방법

1) 상대방을 중심에 두고 경청(공감 경청)하기

"상대방 중심 경청"이란 자기중심적 듣기에서 한 단계 발전하여 대화할 때 오로지 상대를 대화의 중심에 두고 온전히 상대방에게만 집중하는 것이다. 이는 경청과 관찰 및 직관을 통해 상대의 신체적 언어를 감지하여 사실(Fact), 상대방의 감정(Feel), 상대방이 말하고자 하는 의도(Focus) 등을 알아차려서 상대에 맞추어 반응하고 상호 교감을 하면서 경청하는 것이다. 이처럼 한층 더 발전된 상대방 중심의 경청을 하기 위해서는 아래와 같이 상대에 대한 배려와 집중력이 필요하다.

신체적 태도 및 반응(Using your Body)
- 몸을 온전히 상대방을 향하게 한다.
  (의자에 등을 기대지 말고 의자 앞쪽으로 앉는다.)
- 이야기하는 동안 상대의 얼굴과 눈을 바라보면서 집중한다.
  (Eye Contact)
- 상대방과 같은 자세와 태도, 동작에 맞추어 공감을 만들어 낸다.
  (Mirroring, 사람은 무의식적으로 자기와 비슷한 사람에게 편안함을 느끼고 좋아한다.)
- 상대방의 호흡이나 동작, 음조를 맞추어 준다. (Pacing)
- 상대방의 말에 적절한 반응을 보여 준다. (Re-action)
- 상대방의 말을 요약하고 반복함으로써 적절한 반응을 한다.
  (Back Tracking)

– 상대방이 의식 속으로 들어가(Position Change), 상대방이 말하고자 하는 그림을 읽어 숨겨진 메시지를 읽는다. (Calibration)

상대방의 말을 평가하거나 판단하지 마라.
상대방의 말에 온전히 집중하라.

확인하기 (Clarification)

– ~ 라는 말씀인가요? (맞나요?)
– 좀 더 자세히 말씀해주시겠습니까?

- 다가가서
- 눈을 맞추고
- 미러링
- 끄덕끄덕! (리액션)
- 키워드, 요약해주기

되묻기 (Back Tracking)

– 그래요, 당신은 ~ 라고 생각하고 있군요.
– ~ 때문에 화가 나셨군요.
– 당신의 이야기는 ~ 이군요, 제가 올바르게 이해하고 있나요?

요약하기 (Summarizing)

– 상대방의 핵심 주장을 요약하라.
– 당신의 요약이 정확한지 수시로 물어보라.

2) 경청을 잘하기 위한 "FAMILY" 법칙

F **(Friendly)**	먼저 상대방에 대해 우호적인(Friendly) 감정을 갖는 것이다. 상대방에 대한 선입견이나 방어적인 태도를 버리고 공감을 표시하면서 상대방의 말을 들어야 한다. 상대방의 감정을 이입시켜 나의 표정에 담는다. 밝은 내용일 때는 밝게, 슬프거나 속상하면 거기에 맞게 표정을 짓는다. 그래야만 상대의 마음도 편안해지고 말의 깊이를 더해갈 수 있다. 누구나 상대의 표정을 관찰하며 이야기 보따리를 얼마나 풀지 결정하고 있다.
A **(Attention)**	경청할 때는 상대방에게 온전히 집중(Attention)하는 것이다. 일대일 대면이라면 상대방의 눈을 마주 보면서 상체를 약간 숙이는 것은 상대방의 말에 관심이 있다는 것을 표현하는 방법이다. 의자 등받이에 기댄 채 상대방의 말을 들으면 권위적이고 거만하게 보인다. 하던 일을 잠시 멈추고 상대를 향해 자세를 잡는 것, 메모하며 듣는 것이 중요한 이유는 바로 이 집중력이 상대에게 전달되기 때문이다.
M **(Me too)**	상대방의 이야기에 맞장구(Me too)를 쳐주는 것이다. 즉 리액션(Re-action)을 보내주는 것으로, 고개를 너무 빠르게 끄덕이면 가볍거나 형식적으로 느껴질 수 있으므로 머리 전체를 천천히 움직이며 끄덕여야 진중한 느낌을 전달하게 된다. 물론 "네, 그렇죠.", "맞아요."라는 말로 표현할 수 있다. 자신의 말에 동의해 주는 것만큼 말하는 사람을 신 나게 하는 것은 없기 때문이다.

경청은 자기를 비우고 상대방의 진심을 발견하는 과정입니다.
즉 공감(共感)하는 것 입니다.   - 좋은 글 중에서 -

I (Interest)	상대방의 말에 흥미(Interest)를 갖고 이를 상대방에게 전달되게 하는 것이다. 즉 관심과 흥미를 나타내는 방법으로, 말과 행동으로 보여주는 것이다. 듣는 도중 상대방이 구사한 문장 중에서 중요한 단어를 복창하고, 이야기의 중요한 주제에 대해 질문을 하는 것도 매우 효과적이다. 이렇게 하면 상대방은 자기의 이야기에 충분히 공감하고 있다는 것을 느낄 수 있어 더욱더 이야기의 보따리를 풀어 놓게 된다.
L (Look)	경청할 때 상대방을 온전히 응시(Look)하는 것이다. 보통 대화를 하고 나서 가장 기분이 나쁘다고 느끼는 것은 상대방이 "나를 쳐다보지도 않더라."이다. 이와 같이 시선을 바라봐 주는 것은 경청에서 가장 기본이고 중요한 요소이다. 이때 상대의 눈만 쳐다볼 것(상대가 당황할 수도 있어 주의를 요함)이 아니라 상대방의 표정이나 신체 언어, 즉 보디랭귀지(Body Language, 다음 페이지 참조)를 읽어내야 한다. 이를 통해 몸이 표현하는 상대방의 감정과 의도를 파악할 수 있다.
Y (You are centered)	상대방으로 하여금 "말하는 내가 중심"이라는 느낌을 갖게 하는 것이다. 자기중심의 듣기가 아닌 상대방을 중심에 두고 상대방을 진정성으로 존중하면서 진지하게 경청한다면 그 느낌은 상대방에게 온전히 전달되어 의미 있는 대화로 이어질 수 있을 것이다. 따라서 경청은 단지 듣기 위한 매너가 아니다. 상대방에 대한 존중과 나눔의 시작이다. "탁월한 코칭 리더"도 결국 "상대방 중심의 공감 경청"을 하는 태도에서부터 출발한다고 해도 과언이 아닐 것이다.

출처 : 이종선 『싸우지않고이기는힘 따뜻한 카리스마』, PP213~215_갤리온

10. 상대의 마음을 읽을 수 있는 "Body Language"

"눈은 마음의 창" 눈이 전하는 신호	■ **동공이 확대** : 기분이 좋아지거나 호기심을 자극할 때, 흥분하게 만드는 무엇을 봤을 때 (중국의 보석상들은 이를 감추기 위해 선글라스를 끼고 거래) ■ **동공이 축소** : 기분이 나쁘거나 부정적일 때 ■ **눈을 깜빡이는 횟수 증가, 눈을 문지르거나 시선 피하기** : 거짓말을 하고 있다는 신호 ■ 안경 너머로 상대방을 쳐다보는 것은 부정적 생각의 표현 ■ 안경다리를 입에 무는 동작은 시간을 끌거나 결정을 미루기 위한 행동의 표시 → **시선은 눈과 코 사이의 삼각형 부분에 고정하는 것이 무난함**

대화할 때의 거리 자리 위치와 자세	■ **거리(어느 정도 거리를 유지해야 하는가?)** －친밀한 거리 : 15～46cm －사적인 거리 : 47cm～1.2m －사회적 거리 : 1.2m～3.6m ■ **자리 위치(어디에 앉을 것인가?)** －정면 위치 : 적대적이고 사무적인 분위기 조성 －옆 자리／대각선 위치 : 편안하고 친밀한 분위기 조성 → **오른쪽에 앉은 사람에게 더 편안함을 느낌(자신의 생각을** **전하고자 할 때는 왼쪽 얼굴을 보여주는 것이 더 효과적)** ■ **자세(상대방 앞으로 몸을 기울이면)** －관심이 많으니 계속 더 많은 이야기를 해달라는 표시 －상대방이 **중요한 사람**이라고 느끼게 함

거짓말을 하고 있을 때 나타나는 Body Language	■ **입 가리기** ■ **코 만지기** ■ **눈 문지르기 & 시선 회피** ■ **귀 만지기 & 귀 빨개지기** ■ **목 긁기(상대를 불신하는 표시)** ■ **입에 손가락 물기**

손과 팔의 움직임이 전하는 신호	■ 팔짱을 끼면 : 자신을 드러낼 생각도 없고 받아들일 생각도 없음 (부정적인 표시) : 팔짱이나 팔로 자신의 몸을 가리는 것은 방어적 태도의 표시 ■ 손바닥을 보이는 것은 숨기는 것이 없다는 뜻 : 손 등을 계속 보이는 것은 경계를 하고 있다는 표시 ■ 양 손바닥을 맞대고 비비는 것 : 긍정적인 결과를 기대하고 있다는 표시 ■ 양손을 깍지 끼는 것 : 감정을 자제하거나 불안한 상태 ■ 양손 끝을 마주 세우는 것 : 자신감과 확신에 찬 태도 ■ 뒷짐 지기 : 우월감과 자신감의 표시 ■ 손으로 턱을 괴거나 만지면 : "당신이 한 말에 대해 신중하게 생각하고 있다." 라는 표시
다리 움직임이 주는 신호	■ 발을 흔드는 것 : 현재 벌어지고 있는 상황에서 벗어나고 싶다는 표시 ■ 다리를 교차 : 대답하지 않겠다는 뜻 ■ 다리를 벌리고 있는 자세 : 자신감의 표시 : 여자는 업무 중에 다리 벌리는 남자에게 위협을 느끼니 조심
고개 움직임이 주는 신호	■ 고개를 끄덕거림 : 협력과 동의의 표시 ■ 고개 젓기 : "아니오." 라는 부정표시 ■ 양손을 뒤통수에 : 대단한 자신감의 표현이나 반감을 줄 수 있음
기타 Body Language	■ 말의 속도와 크기 : 자신보다 빠르거나 크면 압박감을 느낌 ■ 담배 연기 방향 : 위로 (자신감, 우월감, 긍정적), 아래로 (부정적, 의심, 비밀) ■ 여자의 구애 (求愛) 신호 : 머리카락 넘기기, 촉촉하게 젖은 입술, 자기 몸 만지기, 손목 보여주기, 반지 뺏다 끼우기 반복, 핸드백을 남자 가까이에 둠, 다리 꼬기, 눈꺼풀 내리기, 힘 없이 손목 들어 올리기 등

출처 : Allan Pease & Babara Pease, 『The Definitive Book of Body Language』, Bantam Dell Pub Group

11. 직관을 통한 의도(Focus) 경청하기

상대방의 이야기를 들으면서 상대방이 진정으로 원하는 것과 의도하는 것이 무엇인지를 파악하면서 경청하는 것이다. 보통 자신의 진짜 의도나 욕구를 표현하는 데 익숙하지 않은 사람들은 겉으로 표현하는 것과 실제로 의도하는 것이 다른 경우가 많다.

사람들이 갖고 있는 이러한 깊은 의도는 어떤 일을 추진하게 하는 원동력의 에너지가 될 뿐만 아니라 그것을 이루기 위해 어려움과 두려움을 극복할 힘과 인내력을 만들어 준다. 따라서 리더는 부하 직원과 대화 중에 직관적으로 부하 직원의 진정한 의도를 명확하게 파악하기 위해 깊이 있는 경청을 해야 한다. 이와 같이 직관적 경청을 통해 부하 직원의 진정한 의도를 알아낼 수 있다면, 리더는 부하 직원의 의도를 이룰 수 있는 대안을 함께 찾아 나갈 수 있을 것이다.

코칭 리더에게 "의도Focus 경청"하기란 직관력과 통찰력을 갖고 부하 직원들의 장점이나 잠재된 탁월성을 발견하여 격려하고 지지해주는 것을 의미한다. 이러한 대표적인 사례로는 카 세일즈의 신화, 『정상에서 만납시다』의 저자인 지그 지글러Zig Ziglar의 사례이다. 지그 지글러는 처음 카 세일즈 회사에 입사하여 1년 동안 차를 한 대도 팔지 못하여 의기소침해 있었다. 바로 그때 직속 상사가 지그 지글러에게 **"지글러 군, 자네는 대단한 능력을 갖고 있어. 챔피언 감이라고."**라는 말을 해 준다. 이때 부터 지글러는 진짜로 챔피언이 되어가기 시작했고 결국 챔피언이 되었다. 이 직속상사는 지글러가 현재 차를 한 대도 못 팔고 있지만 그 안에 잠재되어 있는 "잠재 능력과 탁월성Sleeping Giant (잠자는 거인)"을 발견하였고 그 점에 관해 칭찬과 인정 그리고 격려와 지지를 보내주었던 것이다. 그 직속상사는 직관과 통찰력을 가지고 지글러를 관찰하고, 지글러의 말을 경청하였기 때문에 지글러의 장점과 탁월성을 발견할 수가 있었던 것이다.

다음은 우리나라 최초의 프리머리거인 박지성의 사례이다. 박지성은 축구선수로는 너무 왜소한 체격이었을 뿐만 아니라 심지어 평발이라는 최대의 약점을 갖고 있었다. 고등학교, 대학교는 물론 실업 때까지도 단 한 번도 선택을 받아본 적이 없던 선수였다. 그러나 축구선수의 꿈을 포기하지 않았고 이 모든 악조건을 오직 "정신력(깡다구)"로 버텼으며 이런 성실성을 인정받아 2002년 월드컵에 국가대표 선수로 발탁이 되었다.

하루는 부상을 당하여 병실에 있을 때 히딩크Guus Hiddink 감독이 통역사를 대동하여 찾아와 박지성 선수에게 **"지성 군, 자네의 정신력은 세계 최고야."**라는 말을 해준다.

그동안 남들이 알아주지는 않았지만 박지성 선수를 버티게 해주었던 자신의 탁월성을 히딩크 감독이 최고의 찬사로 인정해주었던 것이다. 이 말을 들은 박지성 선수는 **"히딩크 감독의 칭찬과 인정이 매우 황홀했습니다. 2002년 월드컵은 몸이 칭찬으로 구름 위에 떠 있는 것과 같았고 미친 듯이 뛸 수 있었습니다."**라고 고백한다.

이와 같이 히딩크 감독도 직관과 통찰력을 가지고 경청과 관찰을 했기 때문에 박지성 선수의 장점과 탁월성을 발견할 수 있었던 것이다.

리더에게 코칭을 받아 변화와 성장을 이룬 부하 직원은 반드시 해당 조직에서 코칭 리더(코치)가 되어야 한다. 코칭 리더로서 부하 중 단 한 명이라도 지그 지글러나 박지성 선수처럼 인생이 변하는 계기를 만들어 주는, 평생 잊지 못할 사람이 된다고 하면 보람은 물론 진정한 코치가 되는 것이다. 이 모든 것을 가능하게 해주는 것은 직관과 통찰력을 가지고 상대방의 의도나 잠재 능력을 발견하는 데서부터 시작한다.

🎩 코칭 리더십

"리더님 때문에 제 인생이 변했습니다.
진심으로 감사를 드립니다."라는 고백을
부하에게 듣는 리더가
진정한 코칭 리더이다.

- 정재완 코치 -

경청하라. 관찰력과 직관을 이용하라!

결정적 대화 프로세스 : (경청＋관찰＋직관＋호기심＋중요한질문)＋반복
직원에 대한 "새로운 통찰"

경청	직원이 정말로 무슨 말을 하고 있는지 **이해하기 위해 귀를 기울이고,** 직원에게 정말로 중요한 것은 **무엇인지 파악하는 행위** 경청을 통해 근본적인 사고 패턴, 습관, 중요사건, 능력, 강ㆍ약점, 신념, 가치관 등을 파악할 수 있으며, 이러한 패턴 파악을 통해 더 나은 결과를 끌어낼 수 있는 준비가 됨 직원의 강렬한 감정과 반응을 파악하기 위해 경청하며 관찰하라 듣고 있는 것과 보고 있는 것이 일치하지 않는다면 계속해서 질문하라

관찰	감각적으로 외부 세상을 인지(시각, 청각, 후각)하고, 사고를 통해 그 정보를 여과하는 것 좋은 코치는 손짓, 목소리 톤, 단어 선택, 보디랭귀지, 빈정거림, 듣는 태도 등을 관찰 고정관념, 판단, 신념, 가치관 등이 관찰을 방해 / 가능한 객관성을 유지하려고 노력

직관	살아오면서 쌓아온 정보, 지식, 경험들이 한데 어우러져 순간적인 자극에 의해 하나의 사고로 불쑥 튀어나오는 것 → "아주 짧은 시간에 굉장히 정확한 판단을 하는 능력" 일상적인 사고 과정을 벗어나 **논리를 초월한 작용으로, 문제에서 해결책**으로 바로 넘어갈 수 있게 해준다 직관을 확신하며 너무 믿어서는 안 되고 언제든지 버릴 수도 있어야 한다

疏通

막히지 아니하고 잘 통함
뜻이 서로 통하여 오해가 없음

소통의 원칙

1. 나와 상대방 사이의
   공통점을 찾아라!

2. 진심으로 관심을
   보여라!

3. 마음을 활짝 열고
   자신감으로 맞이하라!

공감을 준비하자.

상대방을 인정 하자.

말하기를 절제하자.

겸손하게 이해하자.

온 몸으로 응답하자.

진실한 마음으로, 내 고집을 버리고,
마음을 활짝 열고서 상대방을 맞이하는 것

진정으로 인정하고 지지해 주어라!

"코칭 리더십 역량"

코칭 리더로서 갖추어야 할 역량 "인정과 지지"

1. 직장생활 중 가장 듣기 싫은 소리 1위?

직장인들을 대상으로 "직장생활 중 가장 듣기 싫은 소리 1위"에 대한 인터넷 설문 조사가 있었다. 가장 듣기 싫은 소리 1위로 뽑힌 것은 무엇이었을까? 그것은 바로 **"그것을 일이라고 하는 거야."** 라는 것이었다. 즉, 인정을 받지 못하고 무시를 당했을 때이다.

그러면 가장 듣고 싶은 소리는 무엇이었을까?

1위는 **"수고했어, 역시 자네가 최고야."** 라는 말이었고 2위는 "이번 일은 다 자네 덕분에 잘 끝났어." 였다. 즉, 인정을 받았을 때이다. 이 설문

조사의 결과는 결국 인정을 받았느냐와 인정을 못 받았느냐의 차이差異가 결과의 기준이 되었던 것이다.

J.C 스탈이 종업원 만족조사 결과의 많은 자료를 분석한 결과, 종업원들의 불만의 원인으로 다음과 같은 이유가 나왔다.

① 자기의 제안을 진정으로 받아들이지 않는다.
② 자기의 괴로운 처지를 이해해 주지 않는다.
③ 자기를 지지해 주지 않는다.
④ 자기를 격려해 주지 않는다.
⑤ 여러 사람 앞에서 자기를 비난한다.
⑥ 자기에게 의견을 물어보지 않는다.
⑦ 편파적이다.
⑧ 자기에게 일의 진척사항을 알려주지 않는다.

이 또한 모두 종업원들의 중요성에 대해 인정해주지 않았기 때문에 나온 결과들이다. 제안을 진정으로 받아들이지 않는다는 것은 "네 말을 들을 가치가 없다."는 것이고 괴로운 처지를 이해해 주지 않는다는 것은 "너는 있으나 마나 한 존재다."라고 말하는 것과 같다. 이와 같이 인정을 받지 못한 종업원은 의기소침하여 성과 창출도 미흡할 뿐만 아니라 인간의 가장 기본적인 욕구인 인정을 받지 못함으로써 지옥 같은 직장생활을 할 수밖에 없다. 그만큼 조직의 성과 창출 및 근무 분위기를 결정하는 데 결국 인간의 가장 기본적인 욕구인 "인정받고자 하는 마음"이 뿌리에 자리 잡고 있는 것이다.

또한 이 결과는 단지 직장생활에만 한정되어 있는 것이 아니다. 테레사 수녀는 **"세상에는 빵에 굶주린 사람보다 사랑과 인정에 굶주린 사람이 더 많다."** 라고 하였다. 어린 시절의 안아주기, 쓰다듬어 주기와 같은 신체적 스트로크의 욕구는 성인이 됨에 따라 칭찬이나 인정 같은 정신적인 스트로크 욕구로 옮겨간다. 이와 같이 자기 존재를 인정받고 싶어 하는 욕구는 하루 세끼의 식사처럼 인간에게 있어서 필수 불가결한 것이다. 사람들은 누구나 기본적으로 인정을 받고자 하는 욕망을 가지고 있는 것이다.

2. 부하 직원의 존재를 진정성을 가지고 인정해 주어라!

코칭 리더가 되려면 부하 직원들을 진정성을 가지고 존재 자체를 존중해주며, 그들의 타고난 성향과 다양성을 인정해주고 수용해 주는 것부터 시작해야 한다. 코칭을 "인간을 가장 인간답게 다루는 기술"이라고 하는 이유도 바로 인간의 가장 기본적 욕구인 인정받고자 하는 것을 충족시켜주기 때문이다.

노자老子(道家의 시조, 사상가)가 말하는 리더십 핵심은 "리더는 물처럼 자신을 낮추고 모든 공을 부하에게 돌려야 한다. 리더가 공을 누리면 신하들은 떠나게 되어있다."라고 함축할 수 있다. 즉 리더는 성과가 났을 때 그 공을 부하들이 자기의 공이라고 느낄 수 있도록 그들을 인정해주어야 한다는 것이고, 당연히 인정을 받은 직원들은 더욱더 신이 나서 지속적인 성과 창출의 주역이 될 수 있다는 것을 의미한다. 아울러 리더의 인정을 받은 부하 직원들은 서로가 서로를 인정해주고 격려해줌으로써 "신바람 일터"로 전환되는 선 순환의 출발점이 되는 것이다. 그만큼 리더의 부하에 대하여 솔선수범率先垂範하는 인정과 지지는 아무리 강조하여도 지나침이 없다고 할 것이다.

3. 상대방을 진정으로 중요하게 생각하라!

코칭 리더로서 가장 먼저 해야 할 일은 **"상대방이 중요하고 충분히 존중받아야 하는 존재라는 것을 마음에 새기는 일"**이다. 그렇게 하고 나면 굳이 노력하지 않더라도 상대방이 당신에게 친근감을 느끼게 되고 친밀한 관계로 발전된다. 이때 중요한 것은 내 마음의 진정성眞情性 · One's true heart · sincerity (거짓이 없고 참되며 애틋한 정이나 마음을 가지고 있음)이다. 사람은 상대방이 이와 같은 진정성을 동물적 감각으로 느낀다고 한다.

진정성과 관련된 모 기업의 영업 임원과의 코칭 사례를 소개하면

임원: 부하 직원 한 명에게 칭찬과 격려를 자주 하는 데도 별로 성과가 없네요.

코치: 그 직원을 칭찬할 때 진정성은 몇 %의 마음으로 하셨나요?

임원: 솔직히 그 직원이 평소에도 마음에 별로 들지 않았고 안 좋은 선입관이 있는 데도 불구하고 실적 때문에 꾹 참고 마음에 없는 격려나 칭찬을 했던 것 같습니다. 진정성의 정도는 약 40% 정도였던 것 같습니다.

코치: 진정성은 99%라 해도 결국 제로입니다. 그 직원의 잠재력까지 인정해 주고 100%의 진정성으로 한번 다시 시도해 보시기를 제안드립니다. 어떠세요?

임원: 네, 많은 것을 느끼게 되네요. 제 마음을 바꾸어 100%의 진정성을 가지고 다시 한번 해 보겠습니다.

이 임원은 이후 코칭 때 "제가 그 직원의 존재 그 자체를 존중해주면서 정말 이 직원이 잘 되었으면 좋겠다라는 마음만을 100% 가지고 대화를 하기 시작하였는데 직원이 활기차게 변하기 시작하더라구요. 제가 잔소리 하기 전에 알아서 스스로 열심히 하기 시작했고 저에게도 찾아와서 영업의 방법 등에 대해 적극적으로 배우려고 하더니 결국 수주도 큰 거 한 건을 했습니다." 축하의 자리에서 그 직원은 팀원들 앞에서 **"저의 이야기에 귀를 기울여 주신 이사님께 진심으로 감사드립니다. 오늘의 이 결과는 저를 인정해 주시고 믿어주신 이사님 덕분입니다."**라는 말을 하는 겁니다.

"단지 100%의 진정성을 가지고 그 직원을 인정해 주었을 뿐인데 … 정말 효과가 대단 하더군요. 앞으로 저의 리더십의 방향을 확고하게 바꾸는 계기가 된 것 같습니다."

그리고 무엇 보다 그 직원과 대화할 때 그 전에는 안 좋은 선입관 때문에 불편했는데 지금은 **제 마음 자체가 정말 평안하고 행복하다는 것을 느꼈습니다."**라는 고백을 하였다.

 코칭 리더십

당신의 부하가 백 마디의 잔소리에도 전혀 변함이 없는가?

부하 직원이 "정말 잘 되었으면 좋겠다."라는
진정성 100%의 마음을 가지고 존재를 인정해 주어라!
그러면 놀랄만한 변화가 시작될 것이다.

- 정재완 코치 -

딕 칠드리Doc Childre와 브루스 크라이어Bruce Cryer는 저서 『성과를 내는 힘The Power to Change Performance』에서 코칭 원칙의 핵심을 다음과 같이 기술한다.

"조직에서 다른 사람들에게 관심을 보일 때에는 진정성에 기반을 두어야 한다. 진정성이 없는 행동은 공허할 뿐이다. 진정성이 있는 관심은 사람들로부터 자발적인 열정과 봉사정신을 이끌어내는 데 필수적이다. 기계적이고 마음이 없는 관심은 저항감을 불러일으켜 조직 융화를 저해시킨다. 동료나 가족, 고객이나 상사들은 억지스러운 예의와 마음이 담긴 **진정성의 관심을 본능적으로 구분할 줄 안다.**"

"내 새끼"와 "우리 애"

최근 TV에서 "진짜 사나이 여군 특집"이 방영되었다. 소대장이 화생방 훈련을 받고 온 교육생들에게 "내 새끼들 욕먹고 내려온 게 싫은 거야." 말하고 퇴소할 때는 "누군가가 욕하고 뭐라고 해도 나는 너희를 믿는다. 왜냐하면 내 새끼들이니까."라고 한다. 또한 "내 손에 있으면 아픈 인원들 통제해주고 치료를 해줄 텐데."라며 애틋한 마음을 드러냈다. 그녀의 이런 마지막 말에 여군 훈련병들도 눈물을 참지 못했다.

소대장의 '내 새끼' 그 한 마디는 직장인의 애환을 담아내며 화제 속에 종영한 드라마 '미생'을 떠올리게 했다. 미운 오리새끼 같았던 장그래(임시완 분)에게 남긴 오 과장(이성민 분)의 진심 어린 한 마디 '우리 애'는 장그래의 마음을 녹이고 다독였다. 장그래를 다그치면서도 자신의 팀원이자 후배로서 그를 성장시키고 싶었던 오 과장의 진심이 담긴 한 마디였다.

'진짜 사나이'와 '미생'은 전혀 다른 이야기지만 한 가지 진실을 깨닿게 한다. '내 새끼', '우리 애'. 진심의 한마디가 모든 고통을 잊게 하고 리더를 진심으로 따르는 결정적인 역할을 하는 것이다.

코칭 리더십

무기고를 통틀어 가장 강력한 설득의 무기는
"진정성(眞情性)" 이다.

- 지그 지글러 -

4. 상대방의 관심사항을 존중해 주어라!

사람은 누구나 자신이 중요하다는 생각에만 집중하고 자기에게 중요한 것만을 주목한다. 똑같은 현상을 보더라도 그 사람이 처한 상황이나 관심사에 따라 달라지는 것이다. 즉, 인간의 잠재의식은 자기 자신에게 중요한 것들에만 신경을 쓰고 집중하는 것이다.

그러므로 당신이 다른 사람을 움직이는 일은 간단하다. **당신은 그저 상대방**(상대방의 관심사)**에게 진정으로 관심을 가지기만 하면 된다.** 관심을 두는 것 자체가 "당신의 중요성을 인정합니다."라는 의사표현을 상대방에게 전달하는 최고의 찬사가 되는 것이다. 회의할 때도 마찬가지이다. 참석한 사람들 개개인의 존재를 인정해주고 각기의 관심사에 관심을 표해 주어라.

미시간 대학 중앙조사 연구소의 심리학자들은 "종업원 근로 의욕 고취와 일의 효율성에 대한 과학적인 분석"을 한 결과, 부하들에게 관심이 있는 "지지형 리더" 밑에서 일하는 직원들이 강제로 일하게 하는 "보스형 리더" 밑에서 일하는 직원들보다 훨씬 좋은 성과를 올리고 있다는 사실을 밝혀냈다.

중앙 조사 연구소 결과

강압에 의해서 성과가 다소 올라갈지는 모른다. 그러나 최고의 성과를 얻을 수 있는 것은 종업원들의 내부로부터의 동기, 즉 자기표현과 자기 결정과 자기의 가치관이 자극받았을 경우이다. 인간은 하나의 인격체로서 대우받고, 어느 정도 자유가 부여되며 자기가 결정을 내릴 수 있도록 허용되었을 때 자기 일에 최선을 다하게 된다.

버지니아주에 있는 어느 회사는 한때 이직률이 몹시 높아 종업원들을 잡아두는 일이 큰 문제로 대두된 적이 있었다. 이 문제를 해결하기 위하여 초빙된 심리학자는 인간성을 잘 이해하고 있는 사람이었다. 그의 조언에 따라 회사에서는 **신입사원들에게 개인적인 관심을 보여줌으로써 그들에게 자기의 중요성을 인식시켜 주었다.**

신입사원들은 제일 먼저 회사의 생산 체제와 그의 직무에 대한 대략적인 설명을 들었다. 그리고 현장 카운슬러에게 구체적인 일의 내용을 듣고, 동료들과 인사를 나누었다. 이 방법을 채택한 이후, 이 회사의 이직률은 거의 제로 상태에 이르렀다.

출처 : 사이언 뉴스리더지

가슴으로 칭찬하라!

"코칭 리더십 역량"

코칭 리더로서 갖추어야 할 역량 "칭찬"

1. 칭찬은 기적을 낳는다

당신은 기적을 믿는가? 모든 시대를 통틀어 칭찬은 기적을 일으키는 힘으로 간주되어 왔다. 기독교 통합파의 공동 창시자인 찰스 필모어 Charles Fillmore 목사는 "칭찬과 감사의 말은 에너지를 확대시키고 해방시킨다. 칭찬은 약한 육체에 건강을 주고, 두려운 마음에 평온과 신뢰를 주고, 상처 난 신경에 휴식과 힘을 준다."라고 말하고 있다.

"칭찬" 한 마디가 많은 사람의 인생을 바꾼 사례는 너무나 많다. 우리나라 최초의 프리미어리거 박지성 선수는 운동선수로는 치명적인 평발에 작은 키, 왜소한 체격 등의 신체적 약점Handicap 때문에 오로지 "성실함" 과 "정신력(깡다구)"로 버티며 선수 생활을 하고 있었다. 그러던 중 히딩크 감독으로부터 받은 **"지성군, 자네의 정신력(깡다구)은 세계 최고야!"**라는 칭찬 한마디는 그의 인생을 한 단계 업그레이드시켰다. 그 인연으로 은퇴할 때도 히딩크와 멋진 세레머니를 재현하였다.

『정상에서 만납시다』의 저자이며 세계 최고의 세일즈 맨이었던 "지그 지글러Zig Ziglar"도 영업 실적이 전혀 없었던 시절에 직속상사로부터 받은 **"자넨 대단한 사람이야! 챔피언감이라고!"**라는 칭찬 한마디에 그의 인생이 송두리째 바뀐 계기가 되었다.

맹인 가수 "스티브 원더Stevie Wonder 가수"도 어렸을 때 **"너의 청력은 남보다 특별하단다!"**라는 선생님의 칭찬 한마디로 좋은 가수가 될 수 있었다고 훗날 고백하였다.

세계적으로 인정받는 음악 가족인 "정명훈 트리오"의 어머니는 자녀들에게 음악을 가르치는 선생님 등을 찾아가 자녀들이 좌절하거나 위축되어있을 때마다 **"너는 음악 하나는 잘하지 않니!"**라는 칭찬을 해 달라고 부탁을 했다고 한다.

피겨의 여왕 김연아도 다양한 잣대로 평가했다면 과연 지금의 그녀가 있을 수 있었을까? 좋아하고 잘하는 것 하나를 발견하고 그에 대한 칭찬과 훈련이 있었기 때문에 가능하였으리라.

이와 같이 진정성이 담긴 칭찬 한마디는 많은 사람의 인생을 바꾸는 엄청난 위력을 발휘한다.

이제부터는 코칭 리더로서 그동안 함께 지내왔던 부하 직원들에 대해 그동안의 선입견을 다 날려버리고 평소와 다른 눈으로 잠재되어 있는 역량까지도 관찰하여 칭찬할 "칭찬거리"를 찾아보자. 그리하여 "부하 직원 한 명 한 명에게 **"그래도 자네는 이것은 잘하지 않나?"라는 멋진 칭찬을 해 보면 어떨까?** "내게 소중한 사람에게 칭찬 10가지 전달하기(양식. 사례 참조)"를 이미 실행해 본 많은 리더의 한결같은 증언인 "효과가 대단합니다."라는 고백을 어느 순간 당신도 하게 되리라.

2. 내게 소중한 사람에게 칭찬 10가지 전달하기

지금 나에게 가장 소중한(가까운) 사람은 누구인가? 내가 지금 생각하고 있는 사람에 대해 한번 곰곰이 생각해 보자. 어떤 성격을 가지고 있고, 평소의 행동에 어떤 특징이 있는지, 그리고 그 사람의 인간 됨됨이는 어떤지. 그중에는 누가 보아도 그 사람을 칭찬할만한 점들이 있을 것이다. 그 사람의 다양한 측면을 찾아서 칭찬해보자. 예를 들어 가치관, 취미, 생활 태도, 능력, 외모, 대인 관계, 패션 감각, 경제생활, 신앙생활, 특기 등. 그래서 지금부터는 그 사람의 좋은 점들만을 생각해 보도록 하자.

지금 나에게 가장 소중한 사람은 어떤 칭찬할만한 점이 있습니까? 일단 10가지 정도를 찾아보자.

사람들은 그동안 칭찬을 해 보거나 받아 본 것에 대해 익숙하지 않다. 특히, 한 사람에 대해 칭찬 10가지를 찾아낸다고 하는 것은 그렇게 쉬운 일이 아니다. 그래서 칭찬 10가지를 찾아내려면 칭찬할 그 사람에 대해 면밀히 관찰해야 한다. 이 과정에서 그 사람에 대한 새로운 면을 발견할 수 있고, 잠재력까지도 찾아낼 수 있는 안목이 생기게 된다.

또한 칭찬을 받는 사람도 그동안 남에게 10가지의 칭찬을 집중적으로 받아 본 경험이 없기 때문에 처음에는 약간 어색해 하기도 하고 당황해 하기도 한다. 칭찬을 받아 본 사람들의 공통적인 소감은 **"저에게 이렇게 칭찬할 것이 많나요."**였다.

다음은 실제 "내게 소중한 사람에게 칭찬 10가지 전달하기" 사례이다.

내게 소중한 사람에게 칭찬 10가지 전달 하기(사례)

사례 1.

중견 기업 CEO는 가족(부인과 자녀), 핵심 리더 10명 그리고 중요 고객을 대상으로 다음 장과 같이 "소중한 사람 10가지 칭찬하기"를 실시하였고 효과가 매우 좋아 전 직원과 중요 고객들을 대상으로 확대 실시하고 있다. 다음 장은 칭찬한 내용의 일부다.

Memo

소중한 사람 칭찬하기(부인)

20년 동안 같이 살면서 남편 00이 발견한 아내 00의 수많은 장점 중에
그 중에서도 탁월한 장점을 아래와 같이 정리하여 칭찬합니다

1. 너무 예쁘고 귀여운 미모와 성격
2. 세심한 내조와 아들 00를 지혜롭게 잘 케어한다
3. 음식을 정말 맛있게 잘한다
4. 똑똑하고 판단력이 빠르다
5. 살림을 알뜰하고 합리적으로 잘한다
6. 주위 사람들에게 진심으로 잘하려고 노력한다
7. 애교가 정말 만점이다
8. 신앙 생활도 아주 열심히 잘한다
9. 사물에 대한 통찰력이 있고, 식물 관리도 너무 잘한다
10. 부지런하고, 예쁜 마음을 가지고 있다
11. 남을 잘 배려한다
12. 사고의 유연성이 아주 많다
13. 남을 이해하려는 마음이 많다
14. 모든 일 처리를 똑 부러지게 잘한다
15. 책임감이 강하고, 약속을 칼같이 잘 지킨다
16. 이해심이 많다
17. 순수한 영혼과 마음을 가지고 있어 너무 좋다

소중한 사람 칭찬하기(자녀)

아빠로서 우리 사랑하는 아들 00의 수많은 장점 중에서도 돋보이는 장점을
아래와 같이 정리하여 칭찬합니다

1. 귀엽고, 착하고, 잘생겼다
2. 생각이 아주 깊고 남에 대한 배려가 많다
3. 똑똑하고 명석하다
4. 학교 생활에 성실하며, 열심히 공부한다
5. 책임감이 아주 강하다
6. 교우관계가 아주 좋고, 친구들에게 인기가 많다
7. 유머가 많고, 정의감이 많다
8. 따뜻한 마음을 지녔다
9. 흔들리지 않는 진중함이 있다
10. 아주 성실하고 꾸준하다
11. 부모님의 말씀을 아주 잘 듣고 합리적이고 이성적인 사고를 한다

소중한 사람 칭찬하기(직원)

나 00는 지금까지 10년 동안 00이사와 일 하면서 많은 장점을 발견했는데,
그 중에서도 특별히 뛰어난 장점을 아래와 같이 정리하여 칭찬합니다

1. 좋은 품성을 가지고 있다
2. 순수한 영혼이 있다
3. 맡은 일에 책임감이 아주 강하다
4. 부드러운 리더십이 있다
5. 사고의 유연성이 있다
6. 동료들을 챙기는 자상함이 있다
7. 약속을 잘 지킨다
8. 성실함과 노력
9. 회사에 대한 헌신과 애사심이 있다
10. 스마트하고 재치가 있다
11. 이해심이 많다
12. 경청의 리더십이 있다

"칭찬 봉투"

특히 아래와 같이 외부 고객에게 칭찬 내용을 전달할 때는 봉투에 넣어 전달하였다. 이름하여 **"칭찬 봉투"**이다. 어떤 고객은 돈 봉투인줄 알고 "이러시면 안 됩니다."라고 반응하는 고객도 있었지만 "칭찬 봉투"를 받은 고객과의 이후 소통과 관계는 한층 성숙 되어 그 효과가 만점이라고 고백하면서 이 CEO는 "칭찬 봉투" 전달을 계속 확대해 실시하고 있다.

그 동안의 고객과의 만남에서 이 "칭찬 봉투"는 신선한 자극이 된다. 물론 근거 있는 칭찬을 진솔하게 전달하는 것이 핵심이며, 누구나 사람은 인정받고 그것을 고백받았다는 것에서의 효과는 굳이 설명하지 않더라도 상상이 갈 것이다.

소중한 사람 칭찬하기(고객)

00는 그 동안 000 부사장님과 알고 지내면서 많은 장점을 발견했는데 그 중에서도 특별히 뛰어난 장점을 아래와 같이 정리하여 칭찬합니다

1. 좋은 품성과 인내심이 있다
2. 말과 행동에 늘 진중함이 있다
3. 맡은 일에 책임감이 아주 강하다
4. 온화하면서도 강한 리더십이 있다
5. 사고의 유연성과 합리성이 있다
6. 밑에 있는 직원들을 잘 챙긴다
7. 약속을 잘 지킨다
8. 성실하고 노력파다
9. 회사에 대한 헌신과 애사심이 아주 많다
10. 낙천적이며 현실적이다

사례 2.

모 대기업 계열사의 CEO는 CFOChief Finance Officer (재무담당 최고 책임자) 출신으로 입사 동기 CTOChief Technology Officer (최고 기술책임자)와의 최종 경쟁에서 CEO로 선출되었다. CEO로 선출된 후 두 사람의 관계가 어색해졌고 그러한 분위기는 조직 전반에 영향을 주어 부하 직원들이 두 사람의 눈치를 보게 되는 일이 비일비재하게 발생하였다. 이는 결국 조직 활성화의 저해 요인으로 작용하고 있었다. CEO는 입사 동기 때부터 사이가 각별하였는데 어느 순간 미묘한 관계가 되었음을 상기하고 그 동기생에게 "소중한 사람에게 10가지 칭찬하기"를 작성하여 동기생 책상 위에 살며시 놓았다. 후에 동기생인 CTO는 **책상 위에 놓인 진정성이 가득 담긴 동기생의 칭찬을 보고 마음의 문을 활짝 열어 사이가 좋았던 옛날의 동기생 모습으로 돌아갔다.** 이후 부하 직원들도 두 사람의 모습이 보기 좋아 눈치 보는 일 없이 일에만 매진할 수 있었으며, 조직 분위기는 예전보다 훨씬 좋아졌다.

사례 3.

청소년(중2~고2)을 대상으로 하는 "청소년 비전스쿨(비전 다윗 학교)"의 첫 날 모습은 대부분 소극적이고 방어적이다. 주로 부모님들이 반강제적으로 보내는 경우가 많기 때문이다. 또한 그동안 공부라는 한 가지 잣대로만 평가하는 환경에서만 있었고, 본인이 인정받고 칭찬받아 본 경험이 적기 때문에 자존감이 높지 않아 교사들과 눈도 잘 마주치지 않는 학생이 대부분이다. 여기에서는 첫 날 밤 10시부터 다음 날 새벽 5시까지 밤을 꼬박 새우면서 "칭찬 릴레이"라는 프로그램을 한다. 이는 50명의 학생이 한 명씩 앞에 나와 자기소개를 간단히 하고 나면 나머지 49명의 청소년과 10명의 교사가 그 학생 한 명에 대해 칭찬을 해주는 것이다. 처음에는 어색해하지만 곧 진지하고 활기차게 서로 칭찬을 해 주고 받는다. 아마 **약 60명에게 받는 "칭찬의 황홀한 추억"은 평생을 살면서 잊지 못 할 것이다.** "칭찬릴레이"가 끝난 다음 날 아침부터는 놀라운 일들이 벌어진다. 그렇게 위축되고 눈도 잘 안 마주치던 학생들이 잠을 한 숨도 자지 않았는데도 눈동자가 초롱초롱 해지며 자존감이 높아진 활기찬 모습으로 변한다. 한 달 후 비전 선포식 날은 부모님도 선생님도 본인도 놀라는 **멋진 비저너리** Visionary**로 바뀌어 있다. 실로 "칭찬"의 위력은 대단한 것이다.**

본인이 가까운 사람들에게 특히, 사랑하는 사람이나 상사에게서 이러한 칭찬 10가지를 집중적으로 받았다고 생각해 보아라. 이후 서로 간의 신뢰 구축, 관계 증진 및 협력도는 충분히 예상될 것이다.

『독일인의 사랑』을 지은 막스 뮐러는 "칭찬이란 배워야 할 예술"이라 했다. "칭찬은 최고의 투자다." **한 푼도 지출하지 않고도 얼마든지 사람의 마음을 살 수 있다.**

지금 당장 내게 소중한 사람들을 떠올려보자.

가족 중에서, 직장 동료나 부하 직원 중에서 일단 1명씩을 선정하여 다음 페이지 양식에 따라 작성하고 "칭찬 10가지 전달하기"에 과감히 도전해 보자. 놀라운 일들을 경험하게 될 것이다.

나 00는 지금까지 0년 동안 00와 같이 일하면서 많은 장점을 발견했는데,
그중에서도 특별히 뛰어난 장점을 아래와 같이 정리하여 칭찬합니다

1.

2.

3.

4.

5.

6.

7.

8.

9.

10.

가장 소중한 사람에게 칭찬 내용을 작성하여 문자나 카톡(사진)으로 보내기
"칭찬봉투" 전달하기, 전화로 통화하기(고맙다고 하기)

3. 칭찬에도 요령이 있다

진심 어린 칭찬은 작지만, 더 없이 강한 감동을 전한다. 누구나 칭찬을 받으면 고마움과 약간의 쑥스러운 감정을 갖게 마련이다. 그렇게까지 칭찬을 받을 일도 아닌 것 같은데, "내가 그런 칭찬을 받을 만한 일을 했나" 싶어 어깨가 으쓱해지는 게 보통이다.

그러나 진심으로 칭찬할 마음이 없다면 차라리 입을 다무는 게 낫다.

마음이 담기지 않은 칭찬은 그 강도가 세면 셀수록 역효과만 커지게 마련이다. 따라서 칭찬도 적절한 요령을 익히고 하는 것이 바람직하다.

칭찬 5단계

칭찬에는 다음과 같이 5단계로 나눌 수 있다. 1단계 아부阿附 · Flattery는 상대방의 마음에 들기위해, 비위를 맞추기 위해 알랑거리는 것으로, 지양해야 할 칭찬이다.

칭찬의 5단계

1 단계 : 아부 (진정성이 없이 이미 변질된 칭찬, 대가를 바라는 칭찬 등)

2 단계 : 결과를 칭찬

속세적/일반적칭찬

⬆⬇

코칭적칭찬

3 단계 : 과정을 칭찬

4 단계 : 잠재되어 있는 탁월성을 끄집어내어 칭찬

5 단계 : 존재 자체를 존중하면서 칭찬

2단계는 "결과를 칭찬"하는 것으로 가장 많이 하는 칭찬의 유형이다. 기왕에 마음을 담아 진정으로 기쁘고 축하하는 마음으로 하면 효과가 크다.

3단계는 "과정을 칭찬"하는 것으로 평소 리더의 관찰력과 배려심이 묻어 나와 효과가 높다고 할 수 있다.

4단계는 "잠재된 탁월성을 끄집어내어 칭찬"하는 것으로, 탁월한 코칭 리더의 주요한 역할이다. 그 효과는 평생에 걸쳐 작용하여 인생이 변하는 계기가 될 수도 있을 정도로 상대방에게 좋은 영향력을 끼친다.

마지막 5단계는 "존재 그 자체"를 존중하고 감사해 하며 칭찬하는 것이다. 소중하고 가까운 사람들에게 반드시 자주 해야 할 칭찬이며, "탁월한 코칭 리더"가 되기 위해 정진精進(정성을 다하여 노력해 나아감)해야 할 중요한 덕목이다.

칭찬 방법 6가지

1) 상대의 존재를 있는 그대로 인정해 준다

칭찬 중 최고의 칭찬은 있는 그대로의 모습을 존중해 주는 것이다. 이러면 남의 말을 중간에 자르거나, 대화를 자신이 의도한 방향으로 유도하지 않는다. 대화 중 상대를 존중해 주는 방식 가운데 하나는 따뜻한 감성을 얹어 상대의 말을 되풀이해 주는 것이다.

"오늘 합창단 연습을 다녀와서 행복했어."
"오! 합창 연습을 했어?"
이 짧은 대답에 부러워하는 느낌을 풍기면 상대는 자기 존재가 존중받았다는 생각을 하게 되고 더 깊은 이야기를 한다.

2) 상투적 칭찬보다 상대가 생각지 못한 칭찬을 한다

이미 많은 사람에게 수없이 듣고 있는 칭찬은 별 감흥을 주지 못한다. 한 무명 사진작가가 유명한 모델 중 누드를 절대 찍지 않는 모델을 설득해 촬영하게 되었다. 그는 자신의 성공 비결을 "그 모델의 두드러진 장점을 칭찬하기보다 부족해 보이는 부분을 매력이라 칭찬해 주면 대부분 기꺼이 촬영에 응합니다."라고 말했다.

3) 직접 칭찬보다는 간접 칭찬이 더 효과적이다

칭찬은 직접 칭찬보다는 다음과 같은 간접 칭찬이 더 효과적이다. 간접적으로 칭찬하는 방법은 첫째, 그 사람보다 그의 자녀나 아끼는 대상을 칭찬하는 것이다. 둘째, "다른 사람들이 다들 당신이 진실하다고 해."처럼 다른 사람들의 의견을 빗대어 칭찬한다. 셋째는 들릴 듯 말듯 해주는 칭찬, 넷째는 내가 한 칭찬을 다른 제3자가 그에게 전달해 주는 방법이다. 이 칭찬이야말로 최고의 효과를 낸다.

"목소리가 좋다는 얘기를 많이 들으시죠?"라고 하는 간접화법도 효과적이다.

(출처 : 이동연, 『3분 안에 YES를 이끌어내는 대화의 기술』_평단문화사)

4) 드러내놓고 자주 칭찬하라!

비판은 일대일이 좋으나, 칭찬은 가급적 공개적이고 구체적이어야 한다. 지친 직장인들에게 진정 단물 같은 것이 바로 칭찬이다. 또한 직장 생활하는 동안 서로에게 긍정적인 스트로크(Stroke: 어루만지다, 쓰다듬다, 듣기 좋은 말을 하여 자존심을 만족시키다)의 인간관계에서 호의와 관심을 주고 받는 언어와 행동이 이에 해당 된다. 이와 같이 자기 존재를 인정받고 싶어하는 욕구는 하루 세 끼의 식사처럼 인간에게 있어서 필수불가결한 것이다. 스트로크의 가장 효과적인 것은 '칭찬' 이다. 이와 더불어 아침의 기분 좋은 인사 한마디, 작은 업무 성과에 대한 인정의 한마디, 격려의 어깨 두드림, 편안함과 힘을 주는 밝은 미소, 바로 이런 것부터 시작해 보자.

5) 마음을 담아 칭찬하라!

칭찬하려거든 상대의 눈을 바라보면서 명쾌한 목소리로 진심을 담아 칭찬해야 한다. 기어들어가는 목소리로 힘없이 하는 칭찬은 상대에게 "별 칭찬할 마음이 없구나"하는 인상을 심어 줄 뿐이다. 또한 경청을 하고 나서 그 다음 단계인 칭찬으로 이어가기 위해서는 갈등 해결이 선결되어야 한다. 갈등 요소를 파악하고서도 무시한 채 칭찬만 늘어놓는다면 진정성을 의심받게 된다

6) 자신을 수시로 칭찬하라!

마지막으로 또 하나 중요한 한 가지는 자신에게도 수시로 긍정적인 스트로크를 보내주는 것이다. "난 해낼 수 있어!", "멋진 하루가 될 거야!" 풍부한 스트로크로 무장한 오늘은 더 당당한 자신의 이미지를 만들어 내

어 적극적이고 자신감에 넘친 나를 만날 수 있다.

스스로 자존감을 높이는 방법으로 "성공 일지"를 작성하는 것도 좋은 방법이다. 즉 자신이 과거에 성공했던 일들을 글 또는 이미지로 기록하는 것이다. 스프링 노트나 컴퓨터 문서에 그냥 목록을 나열하는 것도 좋고 가죽으로 된 일기장에 정성을 들여 글을 쓰는 것도 좋다. 매일 또는 매주 자신이 성공한 일들을 기억해서 글로 적어 놓으면 나중에 성공 일지로 정리할 수 있다. 이 방법은 자신의 자존감을 높여 주고 자신감을 키워 준다. 또한 나중에 자신감을 북돋을 필요가 있을 때는 성공 일지를 꺼내어 다시 읽어 본다.

 코칭 리더십

사위지기자사(士爲知己者死)

"사람은 자기를 칭찬해주는 사람을 위하여 목숨도 바칠 수 있다."

- 사기(史記) -

타고난 성향을 배려하라!

"코칭 리더십 역량"

코칭 리더로서 갖추어야 할 역량 "배려 리더십"

상사와 부하 사이, 부부 사이, 부모와 자녀 사이, 친구와 이웃 사이에서 예외 없이 나타나는 것 중에 하나가 "왜 내 마음 같지 않지?", "왜 저 사람은 나와 생각이 다르지?", "저 사람의 행동은 무조건 마음에 안 들어."라고 생각하는 것이다. 심지어는 그 사람이 나에게 어떤 해를 끼치지 않고 가만히 있는 데도 마음에 안 들고 괜히 그냥 싫은 경우도 경험해 봤을 것이다. 왜 그럴까?

강아지 한 마리가 반갑다는 표시로 꼬리를 세워 흔들면서 고양이에게 다가갔다. 이후 고양이는 어떤 행동을 보였을까?

고양이는 반갑다고 다가오는 강아지에게 위 사진처럼 바로 공격을 한다. 왜 그랬을까? 꼬리를 세운다는 것은 강아지에게는 반갑다는 표시이지만 고양이에게는 싸우자는 표시였기 때문이다.

우리도 많은 사람과 관계를 맺거나 소통을 할 때 상대방의 생각이 나와 다르다는 이유로 그의 의견을 끝까지 들어보지도 않고 무시하거나 오히려 상대의 생각을 내 생각으로 변화시키기 위해 많은 갈등을 겪게 된다.

1. 나와 다름을 인정하고 배려하는 리더십

사람은 생김새가 모두 다르듯, 각자 다른 생각과 행동유형을 가지고 태어난다. 우리가 이 세상에 나온 것이 본인의 의지가 아닌 것처럼 생각과 행동성향도 본인의 의지와 관계없이 갖고 태어난 것이다. 따라서 누구나 나와 다를 수 있다고 인정하는 것이 남을 "배려"하는 코칭 리더가 되는 출발점이다. 이와 같이 코칭 리더는 서로의 다름을 인정하려면 어떻게 해야 할까?

첫째, 열린 마음을 가져야 한다. 열린 마음을 가지면 이해의 폭이 넓어 진다. 타인을 이해하고 수용할 때 자신도 함께 발전할 수 있다는 사실을 깨달아야 한다.

둘째, 상대방과의 차이가 나의 시야를 넓혀준다는 마음을 가져야 한다. 대인관계에서 위험한 것 중의 하나가 "끼리끼리" 문화이다. 같은 생각을 하는 사람들끼리만 지내는 것은 편안함을 주기도 하지만 동시에 관계의 폭과 시야를 좁히는 요인이 되기도 한다. 따라서 코칭 리더는 의식적으로라도 나와 다른 사람들의 생각을 인정하고 배려함으로써 관계의 폭과 시야를 넓혀야 한다. 즉 나와 다른 생각을 하는 사람들은 나의 또 다른 변화와 성장을 주는 스승과 같다는 생각을 하고 대하는 것이 좋다.

2. 상대의 성격, 행동유형을 이해하라

상대방과의 차이를 인정하기 위해 그리고 효과적으로 대응하기 위해 테스트를 해볼 수 있는 좋은 방법이 바로 성격유형 진단이다. 성격유형 검사에는 대표적으로 DISC, MBTI, 에니어그램 등이 있다. 이러한 진단과 해석을 통해 리더는 다른 사람들의 행동을 이해할 수 있으며 자신에 맞는 갈등 관리와 배려의 리더십을 발휘할 수 있는 기본 정보를 얻을 수 있다. 이렇게 리더 본인 및 직원들의 성격유형을 이해하고 나면, 그 차이를 진심으로 인정하고 더욱 흥미롭게 받아들일 수 있다. 성격유형마다 장단점이 있기 때문에 리더는 본인 및 직원들의 장점을 잘 활용하면서 단점을 보완해줄 수 있는 리더십을 발휘해야 한다. 코칭 세션에서는 시간적인 면이나, 리더십 활용 측면에서 DISC가 좀 더 효과적이기 때문에 주로 DISC 진단 결과를 많이 다루고 있다.

1) 행동유형DISC 검사와 활용

행동유형DISC 검사(검사양식은 사전 진단 참조)는 환경에 관한 인식과 그 안에서 개인의 기질에 관한 인식을 바탕으로 인간 행동 유형을 4가지로 구분한 진단이다. 이 4가지 유형은 조합을 통해 다시 15가지 유형으로 분석하여 접근할 수 있다.

DISC를 검사하는 방법에는 설문지를 통한 방법과 오링 테스트에 의한 방법이 있다. 설문지를 통한 검사 결과는 자기가 처한 환경과 상황에 따라 약간의 차이가 있을 수 있다. 그에 비해 오링 테스트는 타고난 기질을 그대로 반영한다. 따라서 오링 테스트와 설문지 진단(양식 참조) 결과가 차이가 있다면, 그 차이는 원래 타고난 기질을 발휘할 수 없는 상황에 있기 때문에 많은 스트레스를 받고 있다고 판단할 수 있다.

DISC 검사 오링 테스트

오링O-ring 테스트는 엄지와 검지를 동그랗게 모아 붙인 것을 타인이 벌려서 근력이 강한 데와 약한 데를 판단하는 동양적인 에너지 검사로, 정식 명칭은 바이디지털 오링 테스트Bi-Digital O-ring Test라고 한다. DISC 검사에서는 피검사자가 아래와 같이 네 군데에 왼쪽 손을 대고 검사자는 피검사자의 오른손을 오링해서 떨어지는 강도를 가지고 타고난 본래의 기질을 파악한다.

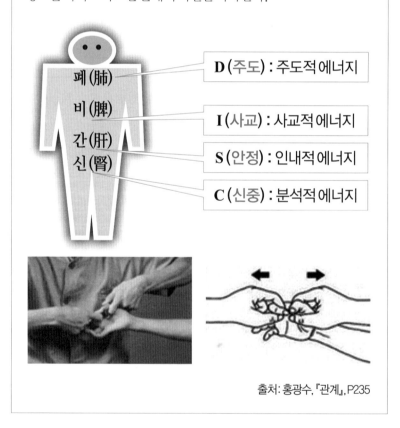

폐(肺)

비(脾)

간(肝)

신(腎)

D (주도) : 주도적 에너지

I (사교) : 사교적 에너지

S (안정) : 인내적 에너지

C (신중) : 분석적 에너지

출처 : 홍광수, 『관계』, P235

2) DISC 성향별 특징

구분	유형	집중	속도	감정 만족	배려	특징	욕구
D	주도형	일	빨리	업적인정	"와"	업적왕	업적/존경
I	사교형	관계	빨리	인기,주목	"우와"	설득왕	인기/소통
S	안정형	관계	천천히	편한 관계	"음"	배려왕	안정/편함
C	신중형	일	천천히	신뢰,유능	"침묵"	원칙왕	정확/원칙

3) DISC 성향별 대응방법

코칭 리더로서 "배려"의 리더십을 발휘하기 위해서는 먼저 DISC 성향별 특징을 학습하고 직원들의 성향을 조사하여 성향별 특징을 파악한 후 대응방법을 숙지해야 한다. 그리고 이에 적절한 리더십을 발휘하도록 권면하고 실천한 후 그 결과에 대해서도 피드백을 한다.

가. D(주도)형 특징 및 대응방법

구분	특징 및 대응 방법
장점	**지도력, 결과 성취, 주도적, 자신감, 결단력,** 강함, 빠름, 자아가 강함, 직관력, 모험적, 과업 지향적, 의사 결정 능력, 활동적, 솔직, 영향력, 집중력, 낙관적, 생산적, 성공 지향적, 추진력, 단호한, 열정적.

구분	특징 및 대응 방법
단점	공격적, 고압적, 권위적, 거만함, 권력 지향적, 보복하는, 변덕적, 적대적인, 폭력적인, 참지 못함, 고집 센, 타인 배려 부족, 무모함, 화를 잘 내는, 성격이 급한, 불안한, 경솔한, 충동적인, 기회주의적인.
안정감	주도권을 갖고 있을 때, 스케줄이 복잡할수록 생기가 돋음.
필요 환경	도전적인 일, 진보적인 일, 큰 그림, 권한을 부여, 선택의 폭 제공.
리더의 조건 배려	통제가 아닌 적절한 권한과 자유를 보장, 어느 정도 압력 주기, 직접적인 대화, 의리, 카리스마, 목표와 그에 따른 보상을 명확하게 제시.
싫어하는 것	우유부단, 무시 당함, 무리한 강압.
의사 결정	핵심 사항에 근거, 빠른 의사 결정.
커뮤니케이션 대응 전략	핵심을 직선적으로 말함, 간략하고 명확하게 말함, 일방적인 지시보다는 선택의 여지와 도전거리를 제공.
재충전	스트레스 해소를 위한 육체적 활동, 운동.
칭찬과 격려	업적, 성취, 안목을 칭찬, 이 일(책임)을 맡아서 하세요.
주도형으로 성공하기	너무 많이 벌려 골치 아픈 경우가 많다, 관용의 에너지를 길러라, 자신의 감정을 잘 조절하라, 긴 호흡과 단전호흡을 하라, 일의 속도를 한 박자 늦춰라, 머리를 항상 상쾌하게 유지하라, 일에 관해 "결론이 뭐야"라고 다그치지 않는다, 경청의 기술을 배운다, 화가 날수록 조용히 한 걸음 뒤로 물러나 생각한다.

출처: 김영희 외 2인, 『DISC 누구도 피할 수 없는 우리 행동의 4가지 특성』_학이시습

나. I(사교)형의 특징과 대응방법

구분	특징 및 대응 방법
장점	**낙천적, 열정적, 격려하는, 풍부한 상상력**, 말솜씨가 좋다, 호의적인 인상, 폭넓은 인간관계, 감동을 주는, 활동적인, 설득력, 자발적인, 사랑이 많은, 사교적인, 매력적인, 예술적인, 감성적인, 무대 체질, 분위기 메이커, 감정과 직감이 뛰어남.
단점	말이 많은, 치밀하지 못한, 산만, 시간 조절 능력 취약, 변덕스러운, 남의 말에 끼어드는, 수다스러운, 거절하지 못하는, 즉흥적인, 뒷정리가 안 되는, 의지가 약한, 과장이 심한, 쾌락적인.
안정감	유연성과 다양성이 풍부할 때, 사회적인 인정과 주목.
필요 환경	활기찬 분위기, 표현할 기회 제공, 단순하고 쉬운 업무 제시.
리더의 조건 배려	칭찬과 격려를 많이 해 줌, 창의성, 개방성, 가까운 사이가 되어 관심과 친밀한 관계를 유지함, 사교적인 환경과 신나는 분위기 제공.
싫어하는 것	소외, 배척당함, 지나친 형(격)식, 깔끔, 정돈, 침묵, 반응 없는.
의사 결정	즉흥적, 감정적.
커뮤니케이션 대응 전략	상대의 다양함을 경청해 주고 지지해 줌, 생각을 표현할 기회를 줌, 새로움과 이벤트 제공, 상상력을 자극하여 자연스럽게 일과 연결.
재 충전	수다 등 사교 활동.
칭찬과 격려	외모, 감각, 상상력, 아이디어, 표현이 멋지네요.
사교형으로 성공하기	세부적인 사안에 관심을 가져라, 때에 따라서는 차라리 침묵을 택하라, 영광은 보스에게 돌려라, 단점을 두드려 신중함을 높여라, 메모하는 습관을 키워라, 시간을 관리하라, 뒷정리를 깔끔하게 하라.

출처: 김영희 외 2인, 『DISC 누구도 피할 수 없는 우리 행동의 4가지 특성』_학이시습

다. S (안정)형의 특징과 대응 방법

구분	특징 및 대응 방법
장점	배려, 겸손한, 협조적인, 경청하는, 정직, 일관적, 수용적, 온화한, 남의 말을 잘 들어주는, 안정적, 친절, 양심적인, 인내심이 강한, 실제적인, 진지한, 믿을 만한, 성실한, 사려 깊은, 차분한, 꾸준함, 순수함.
단점	행동이 느린, 변화를 싫어하는, 변화에 더딘, 수동적, 두려워하는, 완고한, 겁이 많은, 갈등을 회피, 야망이 없는, 추진력이 결여된, 타협적, 압박을 두려워함, 미루기를 잘함, 게으름, 표현하지 않는.
안정감	안정적 분위기, 현재 상태의 유지, 대인관계의 신뢰성이 확보될 때.
필요 환경	갈등 제거, 안정되고 일관된 분위기 제공, 압박하지 말라, 비판하지 말라, 일체감과 연대감 유지, 일정한 업무 패턴 유지.
리더의 조건 배려	느긋하게 대해 줌, 작고 지속적인 배려, 친밀한 관계 유지, 구체적인 업무 지시, 수단과 절차를 명확하게 지시, 성실하게 배려.
싫어하는 것	안정에서 벗어남, 변화, 갈등, 압박감, 밀어부침, 갑작스러움, 놀라움.
의사 결정	관계를 반영한 의사 결정, 차례 차례 결정과 처리.
커뮤니케이션 대응 전략	충분히 들어 줌, 이익, 실리를 언급, 가족에 관심을 보여 줌, 친근하고 비 위협적인 태도로 천천히 부드럽게 말함, 음식 제공, 짧더라도 잦은 접촉.
재 충전	개인적 휴식시간, 자기만의 취미 활동.
칭찬과 격려	인정합니다, 안정감, 성실함, 배려, 믿음직합니다.
안정형으로 성공하기	환경의 변화를 주지 말고 부드러운 인상을 끝까지 유지하라, 압박하지 말라, 갈등 구조를 만들지 말라, 사안을 단순하고 알기 쉽게 말하라, 신뢰관계를 서서히 쌓아라, 무엇이든지 주라, 핵심 단어를 찾아 진짜 의도를 말하라, 먼저 행동하고 먼저 찾아가라.

출처: 김영희 외 2인, 『DISC 누구도 피할 수 없는 우리 행동의 4가지 특성』_학이시습

라. C (신중)형의 특징과 대응 방법

구분	특징 및 대응 방법
장점	완벽성, 정확한, 성실한, 논리적인, 질적 가치를 중시하는, 보수적, 분석적, 원칙적인, 객관적인, 세부적인, 충성스러운, 예민한, 완벽함, 이지적, 자존감이 높은, 창의성이 강한, 신중한, 과묵한, 도덕적.
단점	분이 풀릴 때까지 치근대는, 융통성이 없는, 비사교적인, 비판적인, 아량이 없는, 수동적인, 자기 비하적인, 의심이 많은, 비관적인, 이기적인, 부끄러워하는, 침울한, 잘 따지는, 계산적, 복수하는, 상처를 쉽게 받는, 절망하는, 음흉스러움.
안정감	미리 준비할 시간이 충분할 때(많은 고민과 시간이 필요), 정돈, 원칙.
필요 환경	충분한 시간과 자원 제공, 정확성과 계획, 충분한 정보와 정보에 대한 접근성.
리더의 조건 배려	원칙 준수, 정보 제공, 지속적인 지지와 후원, 불안하지 않게 해줌, 언제든 물어 볼 수 있는 편안함 제공, 투명성과 도덕성.
싫어하는 것	준비가 덜 됨, 비논리/체계적, 정리 안됨, 감정적 다툼, 불공정.
의사 결정	많은 자료를 심사숙고 후 결정, 정확성과 논리에 근거, 단독 결정.
커뮤니케이션 대응 전략	신뢰 유지, 약속 철저, 숫자 활용, 정보와 자료 제공, 오버는 금물. 감정적인 표현을 피하고 사실에 근거하여 말함, 피드백 실시, 집요한 질문을 환영, 구체적인 합의 필요.
재 충전	독서 등 간섭 받지 않는 개인 시간 확보, 복잡한 사고를 즐김.
칭찬과 격려	탁월함, 정확성, 원칙적인, 유능함, 믿을 수 있는 사람.
신중형으로 성공하기	완벽하게 일을 처리하는 강점을 최대한 살려라, 일의 우선순위에 따라 핵심 사안만 중시하라, 혼자 하지 말고 업무를 나누어라, 자료 전체 내용을 암기하라, 득실을 미리 계산하지 말라, 우울한 얼굴 빛을 감추고 밝은 얼굴을 비추어라, 긍정적인 언어를 사용하라.

출처: 김영희 외 2인, 『DISC 누구도 피할 수 없는 우리 행동의 4가지 특성』_학이시습

3. 직원 DISC 파악 및 배려 리더십 방향 설정

부하 직원들을 대상으로 DISC를 실시한다. 다음 양식에 의거하여 검사 대상자의 직급과 직책 및 이름을 쓴다. 검사 대상자별로 DISC 검사 전 평소의 행동을 보고 예상되는 유형을 적어 본다. 그리고 실제 검사 후의 결과를 작성한다. 대상별로 나온 DISC 결과에 따라 각 성향을 배려하는 방법에 대해 작성한다. 아울러 직원들의 DISC 성향 검사를 한 후 느낌과 리더십 방향에 대해 새롭게 설정해 본다.

직원 DISC 성향 검사 결과 및 리더십 방향 설정

직책/급	이름	DISC 결과		리더십/코칭 방향
		예상 유형	실제 결과	

느낌 점과 향후 리더십 방향 설정하기

4. 심리유형 (MBTI) 진단

코칭 시에 사용하는 유용한 또 하나의 도구로 사람의 섬세한 심리적인 측면을 이해하고 대응할 수 있도록 도와주는 MBTI 심리 유형 분석이 있다. MBTIMyers Briggs Type Indicater는 칼 구스타프 융G. G. Jung의 심리유형론을 근거로 하여 캐서린 쿡 브릭스katharine Cook Briggs와 그의 딸 이사벨 브릭스 마이어Isabel Briggs Myers 그리고 손자인 피터 마이어Peter Myers에 이르기까지 무려 3대에 걸쳐 70여 년 동안 연구 개발하여 완성한 성격 유형 검사이다.

MBTI는 인식과 판단에 대한 융의 "심리적 기능 이론", 그리고 인식과 판단의 향방을 결정짓는 융의 "태도 이론"을 바탕으로 하여 만들어졌다. 또한 개인이 쉽게 응답할 수 있는 자기 보고Self Report문항을 통해 인식하고 판단할 때 각자 선호하는 경향을 알아내고, 이러한 선호 경향들이 하나 또는 여러 개가 합쳐져서 인간의 행동에 어떠한 영향을 미치는가를 파악하여 실생활에 응용할 수 있도록 특별히 만들어진 심리 검사이다.

1) 성격에 관한 마이어 브릭스 모델

다음 페이지와 같이 네 가지 선호도에 의해 결정 된다.

당신의 에너지는 어디로 향하고 있는가?

외향형(E) Extraversion	내향형(I) Introversion
활동, 내뱉는 말 등 외부세계로	활동, 내뱉는 말 등 내부세계로
⬇	⬇
폭넓은 대인관계를 유지하며 사교적이고 열정적이며 활동적이다	깊이 있는 대인관계 유지 조용하고 신중하다
자기 외부에 주의 집중 외부활동 활발, 적극성 정열적, 활동적 말로 직접 표현 경험한 다음에 이해 쉽게 알려짐	자기 내부에 주의 집중 내부활동과 집중력 조용하고 신중함 글로 간접 표현 이해한 다음에 경험 서서히 알려짐

어떻게 정보를 처리하는가?

감각형(S) Sensing	직관형(N) Intuition
알려진 사실, 친숙한 단어들의 형태로	가능성, 잠재력, 직관의 형태로
⬇	⬇
오감에 의존하여 실제 경험을 중시 지금 현재에 초점, 정확하고 철저한 일 처리	육감, 영감에 의존하여 미래지향적 가능성과 의미 추구, 비약적/신속한 일 처리
지금 현재에 초점 실제의 경험 정확하고 철저한 일 처리 사실적 사건 묘사 나무를 보려는 경향 가꾸고 추수함	미래 가능성에 초점 아이디어, 직관 신속하고 비전적인 일 처리 비유적, 암시적 묘사 숲을 보려는 경향 씨 뿌림

사고형(T) Thinking	감정형(F) Feeling
논리와 객관성에 기초해서	개인적 가치에 기초해서
⬇	⬇
진실과 사실에 주된 관심 논리적이고 분석적이며 객관적으로 판단	사람과 관계에 주된 관심 상황적이며 정상을 참작한 설명
진실, 사실에 주된 관심 원리와 원칙 논거, 분석적 맞다, 틀리다 규범이나 기준 중시 지적 논평	사람, 관계에 주된 관심 의미와 영향 상황적, 포괄적 좋다, 나쁘다 나에게 주는 의미 중시 우호적 협조

삶을 어떻게 꾸려나가는가?

판단형(J) Judging	인식형(P) Perceiving
현 위치를 파악하면서, 체계적으로	살아가면서, 융통성 있게
⬇	⬇
분명한 목적과 방향 기한 엄수, 사전에 철저하게 계획, 체계적	변화 가능한 목적과 방향 상황에 따라 자율적이고 융통성
정리 정돈, 계획 의지적 추진 신속한 결론 통제와 조정 분명한 목적의식과 방향감각 뚜렷한 기준과 자기의식	상황에 맞추는 개방성 이해로 수용 유유자적한 과정 융통과 적응 목적과 방향의 유연성 개방성, 포용력

2) 16가지 타입 및 역할

ISTJ 세상의 소금형 의무를 다하는 자	ISFJ 임금 뒤편 권력형 훈육가	INFJ 예언자형 보호자	INTJ 과학자형 과학자
ISTP 백과사전형 기술자	ISFP 성인군자형 예술가	INFP 잔다르크형 이상주의자	INTP 아이디어 뱅크형 분석/비평가
ESTP 수완 좋은 활동가 비전가	ESFP 사교형 영업가	ENFP 스파크형 상담가	ENTP 발명가형 발명가
ESTJ 사업가형 관리자	ESFJ 친선도모형 돌보는 자	ENFJ 언변능숙형 설득자	ENTJ 지도자형 행정관

5. 에니어그램

우리가 타고난 성향을 파악하는 방법으로 행동 유형DISC, 심리 유형 MBTI 외에 에니어그램Enneagram 방법도 있다. 에니어그램은 9개의 점을 가진 별 모양처럼 형성된 하나의 원으로 나타난다. 에니어Ennea는 숫자 "9"를 뜻하는 그리스어이며, 그램Gram은 "그림"을 뜻하는 말이다. 즉, 에니어그램은 "9개의 점이 있는 그림"이라는 뜻이다. 이와 같이 에니어그램은 인간의 9가지 기존 유형에 대한 연구이다. 이는 우리의 특정 행동 패턴에 대해 알 수 있으며 개인이 성장해 나가야 할 방향을 구체적으로 제시해준다. 아울러 다른 사람들을 더 깊이 이해함으로써 가족, 친구, 동료와의 관계를 개선하는 데도 중요한 도구가 된다. 에니어그램의 기원에 대해 정확히 알려진 바는 없으나, 일반적으로 중동의 수도자들 사이에서 구전되어 내려온 것으로 알려져 있다. 이후 에니어그램은 1920년대에 러시아의 신비주의 스승인 구르지예프G.I.Gurdjjeff에 의해 유럽에 소개되었고, 1960년대에 이르러 미국으로 전파되어 지금의 에니어그램으로 발전했다.

1) 9가지 유형의 특징

① 1유형(개혁하는 사람)

현실적이고 양심적이며 원칙을 고수한다. 자신이 세운 높은 이상에 도달하기 위해 분투하며 살아간다.

② 2유형(도와주는 사람)

따뜻하고 다른 사람들을 잘 양육하며, 다른 사람들에게 마음을 쓰고 그들의 필요를 민감하게 알아차린다.

③ 3유형(성취하는 사람)

활동적이고 낙천적이며, 자기 확신이 강하고 목표 지향적이다.

④ 4유형(낭만적인 사람)

정서적으로 섬세하고 따뜻하며, 지각력이 있다.

⑤ 5유형(관찰하는 사람)

지적인 욕구가 강하고 내향적이며, 호기심이 많고 분석적이며 통찰력이 있다.

⑥ 6유형(충성하는 사람)

책임감이 강하고 신뢰할 만하며, 가족이나 친구, 소속된 모임이나 조직에 충실하다. 내성적이고 소심한 성격에서부터 거침없이 말하고 당당히 맞서는 성격에 이르기까지 다양한 범위에 걸쳐 있다.

⑦ 7유형(모험적인 사람)

에너지가 넘치고 생동감이 있으며 낙천적이고, 세상에 기여하기를 원한다.

⑧ 8유형(도전 하는 사람)

직선적이고 독립적이며 자신감이 강하고, 다른 사람들을 보호해 준다.

⑨ 9유형(평화적인 사람)

수용적이고 온화하며 다른 사람들을 지지해 준다. 자신을 둘러싼 사람들뿐만 아니라 세상과도 연결되기를 원한다.

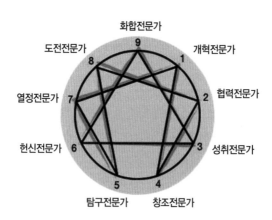

2) 세 가지의 중심

자신의 유형을 찾는 핵심 열쇠는 자신의 "중심"이 무엇인가이며, 각각의 중심은 가슴Heart 머리Head 장Gut이라는 우리 몸을 이루는 세가지 중심과 일치한다.

가슴형 - 2,3,4형 - 감정 중심 - 이미지	■ 도와주는 사람(2유형)은 사람들을 돌보는 데 관심이 있으며, 사랑의 이미지를 보여주고 싶어 한다. ■ 성취하는 사람(3유형)은 사회적으로 합의된 규범에 비추어 바람직하게 보이는 것을 좋아한다. ■ 낭만적인 사람(4유형)은 자신을 표현하고 싶어 하고, 독창적으로 보이고 싶은 강력한 욕구를 가지고 있다.
머리형 - 5,6,7형 - 사고 중심 - 두려움	■ 관찰하는 사람(5유형)은 자신이 지닌 자원들에 의지하며, 어떤 것에 대해 잘 알고 있다고 생각할 때 안정감을 느낀다. ■ 충성하는 사람(6유형)은 권위 있는 인물에게 인정 받거나 권위에 반항함으로써 두려움을 벗고 안정감을 느끼고자 한다. ■ 모험적인 사람(7유형)은 활동적이고 낙천적이며, 두려움을 포함하여 즐겁지 않은 감정들을 회피하려고 한다.
장형 - 8,9,1형 - 본능 중심 - 분노	■ 도전하는 사람(8유형)은 자신의 강한 이미지를 드러내며, 분노를 표현하는 데 있어 주저함이 없다. ■ 평화적인 사람(9유형)은 동의를 잘하고 순응하며, 종종 자신의 분노를 잘 알아차리지 못한다. ■ 개혁하는 사람(1유형)은 분노를 성경적인 결함으로 보고 이를 드러내는 것을 참는다. 행위의 규범을 철저히 따른다.

출처 : 레니 바론, 엘리자베스 와겔리, 『나와 만나는 에니어그램』_마음살림

좋은 질문이
좋은 답변을 이끌어낸다

"코칭 리더십 역량"

코칭 리더로서 갖추어야 할 역량 "질문"

1. 질문이란?

코칭에서 가장 중요한 스킬은 "질문"이라고 할 수 있다. 코치는 질문하는 사람이며 코칭은 질문을 통해 해답을 찾는 과정이라고 해도 과언이 아니다. 질문은 상대방으로 하여금 구체적이고 새로운 방향, 그리고 더 나은 대안을 찾도록 만들어 준다. 질문은 생각을 자극하고 확대하는 결정적인 역할을 한다. 그리고 질문에 대한 답을 찾아내는 동안 그것을 실행할 힘을 만들어 준다.

리더가 흔히 하는 착각 중의 하나가 "내가 그렇게 알아듣도록 이야기를 했으니 잘하겠지"라는 생각이다. 예를 들어 "고객에게 친절하게 대해야 하는 이유와 교육을 할 만큼 했으니 그대로 하겠지"라고 생각을 한다. 과연 리더가 의도한 대로 현장에서 잘 이루어지고 있을까?

오히려 "왜 이런 문제가 자주 발생하는 거야? 그렇게 교육을 했는데도 안 되는 이유가 도대체 뭐야?"라고 흥분하여 부하 직원들을 질책하고 있는 자신의 모습을 발견하는 리더가 많을 것이다.

이와 같이 올바른 정보를 제공하는 것만으로는 절대 사람의 행동을 바꾸지 못한다. **사람을 변화시키는 핵심은 정보 그 자체가 아니라 그 정보가 자신에게 어떤 의미가 있는지를 연결해주는 일이며, 이 정보를 자신의 행동에 적용하도록 만들어 주는 것이다.** 질문은 그런 점에서 정보나 교훈을 자신의 삶 속에 연결되도록 하는 좋은 방법이다. 또한 사람은 누구나 남이 시키는 대로 하기보다는 스스로 생각하기를 좋아하며 자기 생각과 말에 가장 강력하게 설득된다.

질문은 생각을 자극하고 스스로 답을 찾도록 촉구한다. 그런 면에서 질문은 사람을 변화시키고 성장시킬 수 있는 아주 좋은 기술, 능력, 역량이다. 이미 16세기에 갈릴레오는 "우리는 다른 사람에게 무언가를 가르치는 것은 불가능하다. 다만 그 사람이 스스로 찾을 수 있도록 도울 뿐이다."라고 설파하였다.

우리가 교육敎育으로 알고 있는 영어단어 "Education"의 어원을 아는가? 라틴어 "educere"에서 유래된 것으로 영어로 말하자면 "drawing out", "bring up"인 "끄집어내다", "이끌어 내다"의 의미가 있다.

따라서 코칭의 메커니즘Mechanism은 코칭의 철학인 "인간은 스스로 문제를 해결할 능력이 있다."를 믿고 이것을 이끌어내는 도구로 '질문'을 활용하고 있는 것이며, 이와 같이 질문을 통해 자기 생각에 의미를 부여하고 스스로 해결책을 찾도록 했을 때 가장 인간답고 실질적으로도 가장 높은 성과를 올릴 수 있다는 것이다.

고객의 고백 (무함마드 유누스 : 2006년 노벨 평화상 수상자)

"코치는 내가 가지고 있음에도 지금껏 한 번도 사용하지 않았던
나의 '능력 버튼' 을 보도록 해줍니다.
물론 그는 나의 버튼이 무엇인지 모릅니다.
단지 코칭 질문들을 천천히, 효율적으로 던질 뿐입니다.
나는 그 질문을 따라가며 내 능력의 어두운 부분도 발견하게 됩니다.
여러분께 확실히 말씀드릴 수 있는 것은
제가 코칭을 경험하면서 감정이 완전히 달라지는 것을 체험했다는 점입니다.
그동안 내게 문제가 되는 것 중 한쪽만 빛을 비추었다면,
코치는 내가 다른 편에 서서 새로운 빛으로 볼 수 있도록 해주었습니다.
덕분에 나는 그 문제가 해결됨을 경험했습니다.
코치는 답이나 충고를 하는 사람이 아닙니다.
그들은 '무엇을 해야 한다' 고 지시하지 않습니다.
하지만 내가 습관적으로 해왔던 방법에서 나를 빼내 줍니다.
코치는 나의 능력을 끄집어내줄 뿐만 아니라,
나의 능력을 스스로 발견할 수 있게 해줍니다.
즉 코치는 '나만의 탁월성' 을 발견하도록 해줍니다."

2. 질문의 힘

질문을 하면 다음과 같은 7가지 힘이 나온다.

첫째, 질문을 하면 **답**이 나온다.

둘째, 질문을 하면 **생각을 자극**하게 된다.

셋째, 질문을 하면 **정보**를 얻는다.

넷째, 질문을 하면 **통제**가 된다.

다섯째, 질문은 상대방의 **마음을 열게** 한다.

여섯째, 질문은 **귀를 기울이게** 한다.

일곱째, 질문에 답을 하다 보면 **스스로 설득**이 된다.

출처 : 도로시 리즈, 『질문의 7가지 힘』_더난출판사

『코칭 퀘스천』의 저자 토니 스톨츠푸스Tony Stoltzfus는 "고객 스스로 무엇을 좋아하는지, 언제 행복해하는지, 어떤 변화를 추구하는지 등 자기보다 자신을 잘 아는 사람은 없다. 그래서 만약 고객이 변화하고자 하는 정확한 목적이 있다면, 질문은 고객에게서 모든 정보를 끄집어낼 수 있게 한다."라고 질문의 중요성을 설파하고 있다.

코칭의 궁극적인 목표는 리더의 변화와 성장을 가져오는 것이다. 하지만 정작 어떤 변화를 가져올지에 대해서는 모르거나, 알더라도 불분명한 경우가 많다. 여기서부터 코칭의 필요성이 시작되며, 질문은 코칭 처음부터 끝나는 마지막까지 동행한다. 리더들은 질문을 통해 스스로 변화에 필요한 답을 하나씩 하나씩 찾아 나가면서 커다란 자극을 받으며, 아울러 한단계 한단계 실행하는 과정에서도 변화와 성장을 실감한다.

이와 같이 코칭에서 질문이 중요한 이유는 다른 무엇보다 리더의 변화와 성장을 위해 리더 스스로 깨닫고 행동하도록 나서게 한다는 데 있다.

3. 코칭 질문의 대상

코칭 질문은 타인에게만 하는 것이 아니고 자기 자신에게도 질문할 수 있다. 스스로 하는 좋은 코칭 질문은 스스로 미래의 목표와 계획을 세울 수 있고 그것을 성취할 수 있는 지혜를 얻을 수 있다. 게다가 자기 자신을 점검할 기회를 주어 더욱더 풍성한 삶을 살 수 있도록 이끌어 준다. 잘못된 질문은 삶을 후회와 절망으로 바꿀 수 있고 좋은 질문은 당신을 위대한 길로 인도할 수 있다.

나에게 질문하라

모든 시작이자 끝은 바로 나 자신이다. 그러므로 행복과 성공을 향해 자신에게 질문하는 것은 무엇보다 중요하다. 나를 찾고 올곧게 나를 세우기 위해 어떤 질문을 할 것인가?

- 나는 **누구**인가?

- 나는 무엇을 **잘**하고 무엇을 못 하는가?

- 내가 타고난 **재능**은 무엇인가?

- 내 성격에서 **강점**은 무엇인가?

- 내가 **가장 하고 싶은 것**은 무엇인가?

- 나는 **무얼 하려고 이 세상에 왔는가?**

- 지금 내가 하는 **일의 미래 전망**은 어떠한가?

- 나에게 **가장 중요한 것**은 무엇인가?

- 내가 본받고 **멘토로 삼을 만한 인물**은 누구인가?

- 어떠한 여건에서든 **내가 결코 양보할 수 없는 가치관**은 무엇인가?

- 나는 **지금 최선을 다하고 있는가?**

- 나는 내가 속한 조직과 사회에 무엇을 **공헌**하고 있는가?

- 나는 다른 사람들에게 **어떤 인물로 기억되기를 원하는가?**

타인에게 질문을 선물하라

또한 타인에게 어떤 질문을 하느냐에 따라 용기를 얻을 수 있고 절망할 수도 있다. 다른 사람을 설득할 때나, 다른 사람과 좋은 인간관계를 맺기 위한 수단으로 질문은 유용하다. 질문으로 더 많은 고객을 만들 수 있고 질문으로 부하 직원에게 동기 부여를 할 수 있다. 이처럼 질문은 당신과 관계가 있는 사람들이 행복한 성공을 할 수 있도록 돕는 매개체이다.

질문은 다른 사람의 인생을 바꾼다. 상대방은 당신의 질문에 답하는 과정에서 새로운 사실을 깨닫기도 하고, 힘을 얻기도 할 것이며, 자신이 가야 할 길을 발견하기도 한다.

2008년 베이징 올림픽, 쿠바와의 결승전 9회 말 1사 만루의 상황, 안타 하나면 역전이 되는 절체절명絶體絶命의 순간이 있었다. 이때 감독을 맡았던 김경문 감독은 정대현 선수가 부상 중이라 윤석민 투수를 교체 투수로 염두에 두고 있었다. 그러나 포수인 진갑용 선수에게 **"지금 누가 던졌으면 좋겠나?"**라고 질문하자 진갑용 선수는 "오늘 대현이 공이 좋습니다."라고 대답했다. 결국 정대현 투수가 마운드에 올라 병살타를 유도하며 대미를 장식하고 대망의 금메달을 딸 수 있었다. 이와 같이 질문 하나가 결과를 바꿀 수 있다.

세계적 기업인 GE의 잭 웰치John Frances Welch Jr 회장은 본인의 코치였던 피터 드러커Peter Ferdinand Drucker 교수에게 "어떻게 하면 GE를 성장시킬 수 있을까요?"라고 자문했다. 이에 피터 드러커 교수는 **"지금 사업을 새로 시작한다면 지금 하고 있는 사업을 다 할 것인가?"**라고 질문했다. 잭 웰치 회장은 큰 깨달음을 얻어 방만한 사업구조를 "1~2등이 아닌 사업은 매각하거나 철수"하는 사업구조로 단행하여 지금의 GE를 만든 비즈니스 구조Business Structure의 기틀을 만들었다.

조선 개국의 공신은 뭐니 뭐니 해도 삼봉 정도전(1342~1398)이다. 정도전은 이성계 장군을 찾아가 **"이 정도의 군대라면 무슨 일인들 성공하지**

못하겠습니까?"라고 질문하면서 이성계 장군을 주군으로 부르기 시작했다. "무슨 일"이 무엇인지는 이심전심이었을 것이다. 둘의 만남은 정도전의 혁명 이념과 이성계의 혁명 무력의 만남이자 결합이었다. 이와 같이 이성계는 정도전의 질문에 크게 고무됐고, 그로부터 9년 후 신진사대부들과 함께 조선을 창업(건국)하게 된다. 질문 하나가 얼마나 역동적인지 역사로 알 수 있는 대목이다.

"부자가 되려면 부자에게 점심을 사라" (혼다 켄)

- 선생님께서는 어릴 때 어떤 생각을 하셨습니까?

- 어떤 책이 도움이 됐습니까?

- 어떤 사람을 만나셨습니까?

- 인생의 목표는 무엇이었습니까?

질문을 통하여 답을 얻고
얻은 답을 그대로
실천하여 부자가 되었다.

4. 질문에도 기술이 필요하다!

질문에도 충분한 워밍업이 필요하다!

흔히 말을 많이 하는 사람이 대화를 이끌어간다고 생각하기 쉽지만 사실은 질문하는 사람이 대화의 방향을 주도한다. 내가 당신의 말에 귀 기울이고 있음을 보여주는 최고의 방법은 상대가 한 말과 연결된 질문을 하는 것이다. 언제, 누가, 어디서, 무엇을 했느냐 식의 질문보다는 "어떤 방법이 있을까?", "왜 그랬을까?"로 바꾸어 물어야 한다.

질문하다 보면 상대방에게 바로 "왜요?"라는 답을 들을 때가 많을 것이다. 갑작스럽게 질문을 받은 사람은 "저 사람이 왜 이런 걸 묻지?"라고 불안해할 수 있다. 이런 불안을 제거하기 위해 리더는 자신의 **질문 의도를 서두에 밝히는 것이 좋다.**
예를 들어 신형 스마트 폰을 들고 있는 직원에게 "그 폰 어디서 구입했나?"라고 묻기보다는 "그 폰을 나도 구입하고 싶은데 어디서 구입했나?"라고 먼저 의도를 밝히는 것이다.
운동에만 워밍업이 필요한 것이 아니다. **질문에도 충분한 워밍업이 필요하다.**

질문에도 기술이 필요하다!

1) 첫 질문이 성패를 가른다

– 긴장도가 낮은 질문으로 시작하라!

– 처음부터 무겁고 긴장도가 높은 질문으로 시작하면 상대방을 위축하게 하고 대답도 매우 한정적이게 된다. 따라서 긴장도가 낮으면서 편안한 질문부터 시작한다.

"오늘 컨디션 어때?"

"점심 잘 먹었어?"

2) 질문으로 리더십을 키워라! (지시형 리더십에서 질문형 리더십으로)

"이 정도밖에 안 돼? 정신들 차려."

"이걸 실적이라고 가져온 거야? 이러니 미래가 암울하지."

이런 질책성 지적은 직원들을 더욱더 위축시키고 방어적으로 만들어 조직의 성과를 올리기는커녕 성과가 더 저하되는 악순환의 고리가 된다.

"이번 프로젝트는 어떤가요?"

"목표 도달의 전략은 무엇입니까? 제가 도와줄 것은 무엇입니까?"

이러한 개방형 질문으로 리더십을 바꾸고 나서 다시 고수익을 내어 성장한 사례가 많다. 이를 간파한 피터 드러커Peter Drucker도 **"질문의 힘이 조직의 힘을 변화시킨다."** 며 모든 조직의 학습 조직화를 주장했다.

3) 상대를 대화의 주인공으로 만들어라!

"당신이라면 어떻게 하겠습니까?"

"당신을 도울 수 있는 게 어떤 것입니까?"

이와 같이 좋은 질문은 상대를 대화의 주인공으로 만든다. 상대를 존중하면서 충분히 말하도록 하라. 도중에 참견하고 싶은 마음이 굴뚝같아도 참고 들어라. 상대가 말을 마치면 그때 말해도 전혀 늦지 않다.

"내가", "나는 말이야", "내 생각은"으로 시작하는 어법은 나의 신념이나 내 생각을 확실하게 보여줄 때는 필요하지만 상대의 마음을 움직일 때는 별 효과가 없다. 내 생각만 강요하려는 욕심을 버리고 대화의 주도권을 상대에게 넘겨주는 것이 세련된 대화의 기술이다. 부하 직원은 자신을 배려하는 리더의 마음 씀씀이에 감동하여 대화의 분위기를 생산적으로 만들어 갈 것이다.

일방적 지시나 통제는 창의성을 죽이고 자존심을 꺾지만

질문은 생각을 자극하고 자존감을 높여준다.

지시指示 대 질문質問

리더들은 질문의 형식을 취하고 있으나 실질적으로는 지시하는 경우가 많다. 아래는 질문 형식을 취하고 있으나 실제 지시형인 사례이다.

- 이번 프로젝트 책임자는 B과장 이겠지?
- 오늘 미팅에서 우리의 경청 태도는 미흡했다.
- 오늘 미팅에서는 질문보다 주장이 많았습니다.
- 다음 미팅을 위해 C를 준비하세요.
- 오늘은 D를 잘했습니다.
- E 자료는 F에서 구입할 수 있습니다.
- 오늘 학습한 것 중 중요한 것은 G가 아닐까요? 오늘 점심은 곰탕으로 합시다.
- 내일까지 이거 끝내.
- 이거 이렇게 해.
- 이번 체육행사 등산은 북한산으로 하는 게 어때?
- 이번 일의 실패 원인은 A잖아.

질 문

- 이번 프로젝트 적임자는 누구라고 생각해?
- 오늘 미팅에서 우리의 경청 태도는 어땠나요?
- 오늘 미팅에서는 질문의 질과 양은 어땠습니까?
- 다음 미팅을 위해 무엇을 준비해야 할까요?
- 오늘 잘한 것은 무엇입니까?
- E 자료는 어디에서 구할 수 있죠?
- 오늘 학습한 것 중 무엇이 중요하다고 생각하나요?
- 오늘 점심은 무엇으로 할까?
- 이거 언제까지 마칠 수 있을까?
- 이거 어떻게 하는 것이 좋을까?
- 이번 체육행사 등산은 어디가 좋을까?
- 이번 일은 왜 실패했을까?

산파술 대화(소크라테스)

대화의 한 방법으로 질문을 도입한 사람은 소크라테스Socrates, 철학가였다. 산파술産婆術이라고 불리는 소크라테스의 질문법은 그에게 반대하는 사람까지도 결국 그의 견해를 수용하게 만든다. 소크라테스는 상대에게 질문 할 때 결코 자기 의견을 강요하지 않는다. 대신 **상대가 한 말을 그대로 반복하면서 조금씩 상대의 동의를 이끌어낸다.**

산파술 대화 (예문)

수도사와 갓 직장생활을 하는 신입사원이 성당에서 나눈 대화이다.

수 도 사 : 직장생활을 왜 하십니까?

신입사원 : 돈을 벌려고 합니다.

수 도 사 : 돈을 번 다음에는요?

신입사원 : 예쁜 여자와 결혼해야지요.

수 도 사 : 그 다음에는요?

신입사원 : 아기도 낳고 집도 사고….

수 도 사 : 그 다음에는요?

신입사원 : 사장도 되어야죠.

수 도 사 : 그 다음에는요?

신입사원 : 뭐 나이 먹고 늙겠죠.

수 도 사 : 그 다음에는요?

신입사원 : 글쎄요….

수 도 사 : 이보게, 젊은이! 그 다음에는 영생일세!

젊은이는 큰 충격을 받았다. 자신의 삶의 궁극적인 목적을 깨달았기 때문이다. 수도사의 말을 마음에 새긴 젊은이는 후에 사장까지 지내고 돈도 많이 번 다음 성당을 지었다.

그리고는 성당의 머릿돌에

"그리고 그다음에는 영생일세."라는 글을 새겼다.

수도사의 질문産婆術이 결국 젊은이 스스로 삶의 목적을 깨닫게 했던 것이다.

출처 : 이동연, 『3분 안에 YES를 이끌어내는 대화의 기술』_평단문화사, P.92

5. 질문의 유형

1) 열린 질문과 닫힌 질문

"열린 질문"은 질문을 받은 사람이 "예" 또는 "아니오" 같이 단답형으로 대답을 끝내는 것이 아니라, 자신의 의견을 자유롭게 말하도록 하는 질문이다. 자신의 잠재의식에까지 도달하게 하는 질문으로, 생각을 심화하고 확장할 수 있도록 돕는 질문이다. 사람은 이와 같은 열린 질문을 통해 자신의 가능성을 발견하고 확대할 수 있게 된다.

이와 반대로 "닫힌 질문"은 "예" 또는 "아니오"처럼 단답형으로 답하게 되는 질문으로, 잠재의식을 깨우지 못하고 피상적인 수준에 머무르고 만다. 또한 닫힌 질문은 그 자체만으로도 질문을 받은 사람이 질책을 당하고 있다는 느낌을 받게 한다. 했느냐, 안 했느냐 같은 질문은 그것을 하지, 왜 안 했느냐는 질책이 내포되어 있다는 인상을 주기 때문이다. 이러한 닫힌 질문은 상대방이 방어하는 태도를 보이게 함으로써 더 이상 대화의 진척을 기대하기 어렵게 만든다.

닫힌 질문

① 그 직업에 계속 종사할 계획입니까?

② 그 직업에 만족합니까?

③ 직업을 바꿀 때라고 생각하지는 않습니까?

④ 이것을 개선해야 하나요?

⑤ 이 제품이 필요한가요?

열린 질문

① 그 직업을 유지하겠다는 의지가 얼마나 강합니까?

② 현재 직업에 대한 만족도가 얼마나 되는지 말씀해주세요.

③ 미래의 진로 계획에 대해 어떻게 생각하고 있습니까?

④ 어떤 점을 개선해야 할까요?

⑤ 기존의 제품을 사용하면서 불편했던 점은 무엇이었나요?

2) 힘을 실어주는 질문들

"힘을 실어주는 질문"이란 리더가 부하 직원의 능력과 잠재력을 신뢰한다는 사실을 보여줌으로써 부하 직원의 자존감을 높여주는 질문이다. 부하 직원의 강점과 열정, 스스로 모습에서 좋아하는 점, 남들로부터 인정받는 점, 행복하게 만드는 것, 성취와 성공의 원동력에 관심이 있음을 보여주는 질문을 던진다면, 부하 직원으로부터 최선의 모습을 이끌어낼 수 있다. 이 과정은 실로 부하 직원에게 큰 힘을 실어주게 된다. 부하 직원에게 힘을 실어 주는 강력한 질문은 깊은 통찰력을 낳고 권한 위임의 효과를 극대화한다.

힘을 실어주는 질문

① 사람들은 당신의 어떤 점을 가장 인정해줍니까?

② 당신이 이룬 일 가운데 무엇이 당신을 가장 기쁘게 합니까?

③ 스스로 어떤 면을 가장 좋아합니까?

④ 스스로 장점을 활용하고 열정을 쫓는 일에 전력을 다 할 수 있는 상황이라고 상상해 보세요. 당장 어떤 일을 할 것 같습니까?

⑤ 직장에서 성취감을 느끼는 상황이라면, 어떤 모습이나 단어가 머릿속에 떠오르나요?

⑥ 당신의 운명이 당신 손에 달려있다면, 운명의 고삐를 단단히 쥐기 위해 어떤 행동을 취하겠습니까?

⑦ 이 세상의 여정을 마쳐야 하는 시점이 다가온다면, 당신이 이룬 가장 위대한 업적이 무엇이라고 이야기할 것 같습니까?

⑧ 이 문제에 대해 해답을 갖고 있다고 상상해 보세요. 어떤 것들이 있습니까?

⑨ 모든 장애물이 사라진 상황을 가정한다면, 당신은 그 상황을 위해 무슨 노력을 했을까요?

⑩ 당신이 아는 가장 현명한 사람이라면 어떤 전략을 제안했을까요?

⑪ 필요한 모든 조건을 갖추었고 실패할 리가 전혀 없는 상황이라면, 어떻게 하겠습니까?

⑫ 당신 내면에 숨겨진 최고의 해답을 찾아낸다면, 어떤 것이 있을까요?

⑬ 지금이 아주 결정적인 순간이라면, 어떻게 행동하는 것이 가장 최선일까요?

⑭ 목표를 달성하는 과정에서 흥미를 느끼게 하는 것은 무엇입니까?

3) 참여를 이끌어내는 질문들

"부하 직원들은 종종 리더들에게 중요한 결정을 내릴 수 있도록 도움을 달라고 요청하지만, 대부분의 경우 그들은 이미 무슨 일을 해야할지 알고 있다. 그들은 단지 한 발 나아가기 위한 확신과 자신감이 부족할 뿐이다. 자신감은 성장의 필수 요소이다. 코칭 리더로서 부하 직원들에게 자신감을 느끼게 하고 코칭에 적극 참여를 유도하는 질문을 던지는 것은 성공적인 코칭을 위해 매우 중요한 일이다.

참여를 이끌어내는 질문

① 이러한 전략을 세우는 데 **얼마나 관여**했습니까?

② 이 도전을 성공하는 것이 **왜 중요**합니까?

③ 이 계획이 얼마나 당신의 "자식(분신)" 처럼 여겨집니까?

④ 이것은 어째서 **추구할 가치**가 있는 목표입니까?

⑤ 이러한 해결책을 도출하는 과정에서 어떻게 창의력을 발휘했습니까?

⑥ 이 목표를 실현하는 일은 어떤 식으로 당신이 원하는 결과로 이어집니까?

⑦ 1부터 10까지의 점수를 매긴다면, 각각의 목표에 몇 점을 주겠습니까?

⑧ 목표를 실현했다고 상상해보세요. 당신은 어떤 방식으로 성취감을 느낄 것 같습니까?

⑨ 이 목표를 추구하는 과정에서 당신의 팀을 어떻게 참여시켰습니까?

⑩ 이 목표를 실현하는 데 얼마나 헌신적입니까?

⑪ 이 목표를 달성하기 위해 당신은 어떤 희생을 기꺼이 치르겠습니까?

⑫ 1부터 10까지 점수를 매긴다면 이 목표를 실현하는 데 무슨 일이라도 기꺼이 하겠다는 당신의 결심은 몇 점이나 될까요?

⑬ 긴장을 풀고, 천천히 **깊은 숨**을 쉬고, 눈을 감아 보세요. 모든 감각을 사용해서 꿈을 이룬 상황을 그려 보세요. 무엇이 보이고 어떤 느낌이 듭니까?

⑭ 이 프로젝트를 완료하기 위한 단계와 기한이 어떻게 정해진다면 기꺼이 맡겠습니까?

⑮ 우연히 알라딘 캠프를 발견했는데, 램프의 요정이 세 가지 소원을 들어준다고 합니다. 어떤 소원을 빌겠습니까?

4) 강력한 질문 (6W 1H)

강력한 질문은 자아를 발견하게 하고 변화를 촉진하는 의식을 깨운다. 강력한 질문을 던지려면 부하 직원을 대신하여 궁금증과 용기를 발휘해야 한다. 부하 직원이 곤란하고 직접적인 질문에도 답할 수 있다고 믿어야 한다. 강력한 질문을 던지는 기술은 그 질문이 부하 직원을 어디로 안내할지 아는 것Where, 옳은 목적을 갖는 것Why, 옳은 질문을 하는 것What과 Which, 옳은 방식으로 묻는 것How, 옳은 사람에 대해 묻는 것Who, 그리고 옳은 시기에 대해 묻는 것When으로부터 나온다.

6W 1H 질문 공식

① Where : "우리는 **어디로** 가고 있는가?"

② Why : "우리는 **왜** 질문해야 하는가?"

③ What : "우리는 **어떤** 종류의 질문해야 하는가?"

④ Which : "우리는 **어떤** 질문해야 하는가?"

⑤ How : "우리는 **어떻게** 질문해야 하는가?"

⑥ Who : "우리는 **누구**에게 질문해야 하는가?"

⑦ When : "우리는 **언제** 질문해야 하는가?"

탁월한 코칭 리더들의 경우, 강력한 질문을 만들어 내는 과정은 자연스럽고 신속하게 이루어진다. 이들은 이미 머릿속으로 수차례 질문을 연습했기 때문이다. 이와 같이 "6W 1H" 공식을 염두에 두고 연습한다면, 주저하지 않고 강력한 질문을 본능적으로 던지는 방법을 터득하게 될 것이다.

강력한 질문은 명료하고 단순하다!

복잡한 질문	명쾌하고 단순한 질문
곧 개최될 회의에 참석할 사람들의 수, 직급과 교육 수준, 소속회사의 업종, 회사에 대한 언론의 관심 정도, 연사의 수준을 고려할 때 당신은 충분한 노력을 기울이고 있다고 생각합니까? 빠뜨린 것은 없나요? 상황을 개선시키려면 어떤 일을 시도해 볼 수 있을까요?	어떻게 하면 회의를 좀 더 성공적으로 개최할 수 있을까요?

강력한 질문은 인생을 변화시킬 잠재력이 있다!

강력한 질문에는 인생을 변화시킬 잠재력이 있다. 이러한 질문은 혁신적인 해결책과 자아 발견을 이끌어내고 스스로 신뢰감을 느끼게 하며, 사고방식을 바꾸어 놓고 행동에 취하도록 유도한다.

강력한 질문은 해답을 찾기 위해 심사숙고하게 만든다. 그 숙고의 과정은 일회적인 코칭 시간에 국한하지 않고 지속된다. 부하 직원들은 대개 스스로 생각하는 것보다 더 많은 능력을 지니고 있다. 강력한 질문을 통해 이미 부하 직원의 내면에 있는 명석함에 한발 다가가 해결책을 찾아내도록 유도할 수 있다. 강력한 질문은 구조적 긴장Structural Tension을 유도하여 사용 가능한 자원에 대하여 보다 수용적 자세를 취하게 하고, 창조적인 해결책을 생각해내도록 하며, 긴장을 해결하기 위해 더 적극적으로 행동하게 한다. 곧 해결책은 자신의 깊은 내면으로부터 나온다.

강력한 질문 다음에는 부하 직원의 침묵과 숙고가 따른다. 코칭 리더는 부하 직원이 침묵하는 순간을 용인하고 존중해야 한다. 또한 강력한 질문에 대한 답변은 즉시 나올 필요가 없다. 부하 직원에게 답을 고민할 시간이 정말 필요하다면 다음 코칭 때 답변을 들을 수 있다.

가) 모든 리더가 계속해서 물어야 하는 세 가지 중요한 질문

① 무슨 일이 일어나고 있는 것 같은가?
② 우리가 직면할 가능성은 무엇인가?
③ 이것에 대해 나(우리)는 무엇을 해야 하는가?

출처 : Wells, Stuart, 『Choosing the Future · 전략적 사고 : 미래예측을 위한』_현대미디어

나) 당신의 운명을 결정 짓는 세가지 질문

① 어디에 관심을 둘 것인가?
② 그것은 내게 무엇을 의미하는가?
③ 원하는 결과를 얻기 위해 무엇을 할 것인가?

출처 : 앤서니 라빈스, 『네 안에 잠든 거인을 깨워라』_씨앗을 뿌리는 사람

다) 진정한 변화를 원하는 다섯 가지 질문

① 당신이 달라지길 원한다면 왜 달라지기를 원합니까?

② 얼마나 달라질 준비가 되어 있습니까?

③ 실제로 달라졌다고 가정할 때 당신에게 어떤 긍정적인 변화가 따를까요?

④ 그 결과가 당신에게 얼마나 중요 합니까?

⑤ 그러면, 다음 단계는 (이제부터) 무엇을 해야 할까요?

－ 스티브 잡스 －

라) 고객 만족을 통한 마케팅 선물을 받기 위한 세 가지 질문

① 오늘 저 고객이 나를 통해서 만족했을까?

② 저 고객이 다음에 다시 올까?

③ 저 고객이 다음에 올 때 다른 사람까지 데리고 올까?

출처 : 김성오, 『육일약국 갑시다』_21세기북스

마) 기적 질문 (The Day After Miracle : 기적 다음 날)

① 지금 100억이 생긴다면 무엇을 하고 싶으세요?

② 다 사용하고 나서 또 100억이 생긴다면 어디에 사용하시겠어요?

③ 절대 실패하지 않는다면 무엇을 해 보고 싶으신가요?

④ "간밤에 기적이 일어나 문제가 완전히 사라져 버렸다."고 가정합니다.

⑤ 내일 아침에 어떤 일들이 벌어지고 있는 것을 보면 여러분이 기적이 일어났다는 것을 알 수 있을까요?

⑥ 고객(혹은 타 부서 직원)들은 간밤에 기적이 일어났다는 것을 무엇을 보고 알 수 있을까요?

바) 시간 진동/흔들기 질문 (Time Quake)

이번 프로젝트가 끝난 6개월 후에 가상 회의(Imaginary Meeting)를 할 예정이다. 6개월 사이에 상황이 상당히 개선되었다. 가상 회의 목적은 다음과 같은 사항을 발견하는 것이다.

① 무엇이 개선되었나요?
② 상황이 나아졌다는 것을 어떻게 알 수 있을까요?
③ 가장 자랑스러운 것은 무엇입니까?
④ Progress Scale 상 어디에 있나요?
⑤ 관련된 사람들에게 어떤 차이를 만들었나요?

5) 좋은 질문

좋은 질문은 자아를 발견하게 하고 변화를 촉진하는 의식을 깨운다. 또한 좋은 질문은 코칭 방향을 향하고 있고 상황에 적합한 질문이다. 좋은 질문을 던지려면 부하 직원을 대신하여 궁금증과 용기를 발휘해야 한다.

Memo

① 상황과 문제를 생각하게 하는 질문
- 예상되는 장애는 어떤 것이 있을까요?
- 이 일이 실패할 경우 어떤 파급효과가 있을까요?
- 우리의 목표를 달성하기 위해 무엇을 해야 할까요?

② 기존지식이나 패러다임에 의문을 갖게 하는 질문
- 이것의 진정한 가치는 무엇입니까?
- 이 전략이 우리 회사에 어떤 도움을 주었나요?
- 계속 이렇게 간다면 우리의 미래는 어떻게 될까요?

③ 새로운 관점을 가지게 하는 질문
- 다른 사람들은 어떻게 생각할까요?(당신이 그 입장이라면?)
- 당신이 진정으로 원하는 것은 무엇입니까?
- 누구를 존경 하나요? 존경 하는 이유는요?
- 그 존경하는 분이 이 문제를 푼다면 어떻게 했을까요?

④ 문제의 해결책으로 이끄는 질문
- 그것의 핵심 원인은 무엇입니까?
- 그 외에는 무슨 방법이 있겠습니까?
- 그 문제의 이해관계자로는 누가 있을까요?

훌륭한 질문에는 부단한 연습이 필요하다!

우리는 무슨 이야기를 **하고 있었는가?**
우리는 무슨 이야기를 **하고 있는가?**
우리는 무슨 이야기를 **할 것인가?**

6) 목표와 실행 계획을 이끌어내는 질문

T-GROW 대화 모델

T-GROW 대화 모델이란 질문, 경청, 피드백을 통해 신뢰Trust를 형성하고 GROW 순서로 대화하는 것으로써 목표 설정Goal, 현실 파악Reality, 대안 창출Option, 실행 의지Will의 영문 첫 글자를 딴 프로세스 모델 명칭이다.

T-GROW 질문 모델

■ **목표 설정(Goal)**

"무엇을 이야기하고 싶은가요?"

"지금 가장 중요하고 시급한 과제와 이슈는 무엇인가요?"

"그 주제의 가장 긍정적인 모습은 어떤 것인가요?"

"이 결과는 당신에게 어떤 의미가 있나요?"

■ **현실 파악(Reality)**

"문제 해결을 하는데 방해요소는 무엇인가요?"

"무엇 때문에 이 문제가 일어나고 있다고 생각합니까?"

"이것이 진짜 이유라고 생각하세요?", "진짜 이유는 무엇일까요?"

"이를 해결하기 위해 지금까지는 어떤 노력을 해왔나요?"

■ **대안 창출(Option)**

"이를 바꾸기 위해 무엇을 할 수 있을까요?"

"다른 대안이 있다면 어떤 방법이 있을까요?"

"그중 어떤 방법이 있을까요?"

"그럼에도 불구하고 대안을 3가지만 찾아본다면 무엇이 있을까요?"

■ **실행 의지**

"무엇부터 하겠습니까?"

"언제부터 어떻게 해보겠습니까?"

"언제쯤 중간 점검을 해보겠습니까?"

"제가 언제 어떤 방법으로 점검해드리면 좋을 것 같습니까?"

7) 상황에 부적절한, 피해야 할 질문들

"질문이 상황에 어울리지 않거나 타이밍이 좋지 않다면 대화에 방해가 되고, 고객의 정신을 분산시키며, 대화가 매끄럽게 이어지지 못하게 된다. 비판적인 질문과 충고를 위한 질문, 대화의 흐름을 끊는 닫힌 질문 그리고 고객을 혼란스럽게 만드는 복잡한 질문이 그것이다. 그 밖에 코치들이 흔히 저지르는 잘못된 질문의 유형들이다.

비판적 질문

① 직원들을 어떻게 그렇게 무례하게 대할 수 있습니까?
→ 직원들의 기분을 고려한다면 어떤 식으로 말하겠습니까?

② 계획을 지키겠다고 동의했으면서 왜 지키지 않는 겁니까?
→ 어떻게 하면 계획을 지킬 수 있었겠습니까?

③ 당신이 그 관계를 망쳐버릴 수도 있다는 걸 모릅니까?
→ 그 관계를 지속하려면 어떻게 해야 할까요?

④ 정신이 있습니까? 딸에게 왜 그런 말씀을 했습니까?
→ 딸에게 어떤 식으로 말했다면 더 좋은 결과를 얻을 수 있었을까요?

⑤ 동시에 너무 많은 일을 진행하고 있다고 생각하지 않습니까?
→ 더 중요한 일에 집중하려면 어떻게 해야 할까요?

⑥ 어떻게 그런 사기에 넘어갈 수 있습니까?
→ 그런 사기를 당하지 않으려면 무엇을 알고 있어야 할까요?

충고를 위한 질문

① 필요한 자료를 모으기 위해 상사와 면담을 진행해볼 수는 없었습니까?

→ 어떻게 하면 쓸모 있는 자료를 모을 수 있을까요?

② 아내와 화해하기 위해 목걸이와 편지를 선물해보는 게 어떻습니까?

→ 아내와 화해하고 싶다면 어떻게 하겠습니까?

③ 한 주에 세 번, 한 시간씩 정기적으로 운동하는 게 어떻습니까?

→ 건강을 유지하기 위해 어떻게 하겠습니까?

④ 일을 미루지 않았더라면 이 프로젝트를 완수했을까요?

→ 이 프로젝트를 예정대로 끝내려면 어떻게 일을 진행해야 할까요?

⑤ 나쁜 습관을 버릴 수 있도록 상사에게 도움을 청해 보는 게 어떻습니까?

→ 좋은 습관을 들이는 데 도움이 될 만한 사람이 누가 있을까요?

⑥ 성급하게 결정을 내리기 전에 팀원들과 상의할 수 없었습니까?

→ 이 결정에 대해 누구와 상의하겠습니까?

⑦ 남들을 비난하는 행동을 그만둔다면 더 좋지 않을까요?

→ 이 문제가 완전히 당신의 문제라면 어떻게 하겠습니까?

⑧ 나쁜 생각만 계속하면 기분이 계속 우울하지 않을까요?

→ 어떤 생각을 하면 기분이 더 좋아지고 스트레스가 줄어들까요?

"왜"를 묻는 질문

① 상대방을 심문하거나, 의도를 묻거나, 의심스러워하는 질문은 방어적이 될 수 있다.

→ "왜 아무것도 아닌 일에 그렇게 화를 냈죠?"

→ "당신을 화나게 하는 이유(상황)는 무엇이었습니까?"

→ "왜 감정의 통제력을 잃어버렸습니까?"

→ 감정의 통제력을 잃어버렸다고 한 그 순간에 무슨 일이 벌어졌다고 생각합니까?"

산만한 질문

부하 직원이 말하고 있는 도중에 다음에 할 질문을 미리 생각하기 시작하면 경청에 방해가 된다. 그 결과 코칭 리더는 다음 질문으로 이어질 질문의 핵심을 놓치게 된다. 이렇게 핵심을 놓친 질문은 산만한 질문으로 이어지고 당연히 코칭이 겉도는 결과를 초래하게 된다. 따라서 부하 직원의 말이 끝날 때까지 경청하라. 다음 질문을 미리 생각해 둘 필요는 없다. 생각할 시간은 많다. 부하 직원이 이야기를 마친 후, 짧은 틈을 이용하여 다음 질문을 생각하라. 부하 직원의 **이 야기를 경청하는 중에 이어서 물을 핵심 질문이 자연스럽고 명확하게 나온다.**

방해가 되는 질문

코칭 리더의 질문이 한참 이야기 중인 부하 직원을 방해하지는 않는가? 그럴 경우 부하 직원의 생각의 흐름을 끊게 되고, 부하 직원은 자기의 이야기가 리더에게 중요하지 않다는 느낌을 받을 수 있다. 따라서 부하 직원의 말이 완전히 끝났는지 아니면 부하 직원이 리더의 반응이나 다음 질문을 기다리느라 잠시 말을 멈추었는지를 확인하기 위해 5~10초 기다리는 습관을 지니는 것이 좋다.

전달력이 부족한 질문

질문할 때의 목소리는 부하 직원이 질문을 어떻게 이해하는가에 영향을 미친다. 지나치게 크고 빠르며 높은 목소리는 리더가 화가 난 것으로 보일 수 있다. 반면 지나치게 부드럽고 낮은 목소리는 에너지가 부족하고 우울하며 의욕이 없는 것처럼 보이게 한다. 따라서 코칭 리더는 본인의 목소리가 어떻게 들리는지 남들로부터 피드백을 받아보고 목소리를 적절하게 조정하는 것이 필요하다.

두서없는 질문

코칭 리더가 질문을 에둘러 하거나 빙빙 돌려 할 경우 부하 직원은 당황한다. 따라서 솔직하고 명쾌하며 흐름을 고려한 적절한 질문을 해야 한다. 코칭에 임하기 전 미리 생각을 정리하고 마음가짐을 정돈해야 한다. 리더는 충격적인 사고나 배우자와의 말다툼처럼 속상한 일을 겪었다 하더라도 코칭을 시작하기 전에 충분히 머릿속을 정리할 시간을 가져야 한다. 또한 한 시간 이상 쉬지 않고 대화를 이어 나가는 것보다 차를 마시는 짧은 휴식 시간을 갖는 것도 좋다. 휴식 시간 동안 생각을 정리하고 가다듬는 기회를 가질 수 있다.

쉴 새 없이 퍼붓는 질문

코칭 리더가 질문을 하는 속도 역시 대화의 분위기에 영향을 미친다. 너무 많은 질문을 빠르게 쏟아내면, 부하 직원이 질문을 정확하게 이해하거나 답변을 생각해 볼 충분한 시간을 빼앗게 된다. 한 가지 질문을 하고 적어도 약 10초간 쉬었다가 다음 말을 잇는 것도 좋은 방법이다. 그렇게 하면 부하 직원이 리더의 질문 속도나 방식에 편안함을 느끼는지 피드백을 받을 기회도 생긴다.

지연된 질문

질문의 시점에 대해서도 고려할 필요가 있다. 예를 들어 부하 직원이 이야기를 너무 길게 하도록 내버려두고 중간에 어떤 질문이나 코멘트도 하지 않는다면, 부하 직원은 혼란스러워하며 불필요한 이야기를 늘어놓게 되고 결국 원래의 코칭 목표가 아닌 삼천포로 빠져버릴 수 있다. 코칭 중에는 부하 직원을 위해 원래대로 초점을 돌려놓아야 할 때도 있다. 다른 질문을 위해 이야기를 끊어도 될지 허락을 구하려면 "자신을 매우 잘 표현하시는군요. 괜찮다면 시간을 좀 더 활용하기 위해 아까 말씀하신 내용으로 돌아가서 제가 몇 가지 질문을 드려도 될까요?" 라고 질문하라.

피드백은 선물이다!

"코칭 리더십 역량"

코칭 리더로서 갖추어야 할 역량 "피드백"

1. 피드백은 코칭의 완료형이다

코칭 리더가 갖추어야 할 역량은 성공적인 커뮤니케이션 순서와 같다. 즉 "경청" – "지지/칭찬" – "질문" – "피드백" – "자기 이야기"의 순이다. 엄밀히 말해 경청, 칭찬, 질문이 상대방의 이야기 중 긍정적인 요소에 관해 침묵 또는 몸짓과 언어로 표시하는 것이라면, **피드백은 상대의 의**

견에 내 의견을 조화시키는 **것**이다.

따라서 대화를 할 때나 코칭도 "피드백"을 통해 완료되는 것이다. 처음도 중요하지만 결국 성과는 마무리를 통해 나오게 되므로 코칭 전반에 걸쳐 "피드백"은 매우 중요한 역량이라고 할 수 있다. 특히, 코칭을 통해 성장과 변화가 일어나기 위해서는 반드시 **자각**自覺 · Self Awareness(현실을 판단하여 자기의 입장이나 능력 따위를 스스로 깨달음)의 과정을 거쳐야 하는데 피드백이 자각하는 데 중요한 역할을 한다.

20세기 초반에 생겨난 "피드백"이라는 단어는 마이크의 출현과 함께 방송계에서 시작되었다. "피드"라고 불리는 마이크에 입력된 신호가 시스템을 통해 되돌아오는 경우 날카롭고 불쾌한 소리가 나게 되는데, 이 소리를 "피드백"이라 불렀다. 수십 년이 지나자 **"피드백"이라는 용어는 정보, 상황, 관계 등에 대한 반응을 지칭하는 말로 차용되었다.**

비즈니스 딕셔너리Business Dictionary.com의 정의에 따르면 "피드백이란 특정 개인 혹은 집단의 과거 행동에 대하여 주어진 정보이며, 이를 바탕으로 개인 혹은 집단은 바람직한 결과를 얻기 위해 현재와 미래의 행동을 조절하는 반응 시스템이다."라고 한다.

코칭에서 피드백은 대화에서의 피드백과 평소 본인에 대한 다양한 피드백, 그리고 코칭 중에 주제를 선정하여 목표를 세우고 실천한 후 하는 피드백 등으로 나눌 수 있다.

1) 대화 중 피드백

"아하!"

"그래?"

"내가 말했지, 그 사람 이상하다고!"

미국의 코미디언 크리스 록Chris Rock은 이 3가지 문장만 알면 세상의 누구와도 잘 지낼 수 있다고 말했다. "아하!"는 상대의 말에 짧게 동의하는 감탄사, "그래?"는 상대의 말이 대단한 가치를 지녔다는 신호이고 "내가 말했지 그 사람 이상하다고!"는 상대의 불평에 일단 동조해주는 말이다. 그러나 세 번째 "내가 말했지, 그 사람 이상하다고!"라는 말은 조심해서 사용해야 한다. 주변에서 남을 험담하기 좋아하는 사람들의 주요한 특징은 그 사람보다 내가 낫다는 것을 인정받고 싶어 하는 욕구가 있고 그러한 상황에서 본인은 더 잘할 수 있다는 것을 칭찬받고 싶어 한다. 리더 앞에서 남의 험담을 하는 부하 직원의 속마음은 자신이 얼마나 열심히 일하고 있는지를 알아주고 인정해 달라는 신호이다. 이때 리더는 일단 충분히 알아주고 공감해주는 것이 좋다.

예를 들어 리더 앞에서 후배 직원을 험담하는 부하 직원에게

"내가 말했지. 그 후배 이상하다고!" (일단 공감)
"자기 일만으로도 벅찰 텐데 후배까지 키우느라 고생이 많구먼."

일단 감정을 동조해준 후 스스로 문제를 바라보고 해결방안을 찾도록

피드백 질문을 한다.

"자네가 리더니까 골치 아픈 직원을 훈련시키는 과정을 통해 한 단계 역량을 키우는 기회가 되지 않을까? 그런 의미에서 그 후배 직원이 제대로 일하려면 어떤 방법이 있을까?"

"자네가 그 후배에게 좋은 영향을 미칠 수 있는 방법에는 어떤 것이 있을까?"

"어떤 방법이 그 후배에게 효과가 있을까?"

"자네를 통해 그 후배가 성장하고 달라진다면 그 결과는 자네에게 어떤 의미가 있겠나?"

피드백에는 이와 같이 순서와 타이밍이 중요하다. 즉 상대방 감정에 동조해주는 피드백과 스스로 해결방안을 찾는 피드백 질문은 순서와 타이밍을 잘 지켜야 효과가 있다. 또 리더는 평소 대화 중에 본인의 피드백 습관에 대해 점검해 보아야 한다. 상대가 말문을 열었을 때 계속 털어놓도록 적절한 피드백을 해주어야 한다. 그러나 말문을 닫게 하고 오히려 스트레스를 쌓이게 하는 피드백이 있다. 그것은 "메아리가 전혀 없는 리더"이다. 대화 중에 무표정한 얼굴로 반응이 없거나 나아가서는 상대방 말을 무시해 버리는 유형이다. 이러한 유형은 오늘부터 대화 중에 **"아하!"**, **"그래?"**를 바로 실천해 보자. 아마 대화 중에 놀라운 장면들을 직접 목격하게 되고 코칭의 놀라운 기적 같은 일들이 일어나는 것을 체험하게 될 것이다.

2) 코칭 중 피드백

피드백은 상대방의 변화와 성과를 향상시킬 수 있다는 면에서 무조건 긍정적이다.

반면 "비판批判 · Criticism" 이야말로 부정적이다. 누군가를 "비판"한다는 것은 상대방의 일이나 행동의 장단점에 대하여 평가한 의견, 책망, 불만 등이 있다는 것을 암시한다. 사람들은 비판받을 때 그것이 건설적인 것이 아니라 부정적인 공격이라고 느끼면 본인에게 도움이 된다고 생각하지 않게 되어 일단 방어 자세를 취하게 된다. 그래서 "건설적 비판" 역시 피하려고 하는 것이다. 누군가를 얕보고 판단하는 것은 상대를 고무시키고 향상시킬 수 없기 때문이다.

한편 코칭 대화에서 부하 직원이 목표대로 "가고 있다"거나 "가지 못하고 있다"는 피드백은 무척 유용하다. 사람들은 자신을 객관적으로 보지 못하는 경향이 있어 문제 상황에 깊이 빠져 있거나 지나치게 몰입해 있거나 스트레스를 받는다거나 불안에 빠져 있으면 자신 앞에 있는 해결책, 자원혹은 기회를 보지 못한다.

이때 코칭 리더는 부하 직원의 "거울"로 작용하여 부하 직원이 지금 어디에 있는지, 잘하고 있는지, 무엇을 더 잘할 수 있는지 보여줄 수 있다. 이와 같이 코칭 리더는 부하 직원이 자신의 바로 앞에 있는 것을 발견할 수 있도록 안내할 수 있다. 사람들은 자신을 관찰하기 쉽지 않으므로 코칭 리더를 비롯한 다른 사람들의 피드백은 매우 값진 것이다.

 코칭 리더십

> 피드백은 챔피언들의 아침 식사이다.
>
> - 켄 블랜차드 -

2. 부하 직원에게 값진 피드백 제공하기

케빈 아이켄베리Kevin Eikenberry는 "코칭과 피드백Coaching and Feedback"이라는 온라인 기사에서 **"성공적인 피드백의 핵심은 의도에 있다."**라고 역설한 바 있다. 명확하고 순수한 의도를 가지고 상대에게 있어 최고가 무엇인지를 염두에 두고 피드백과 코칭을 한다면 성공적인 피드백이 될 수 있다.

하지만 앙심을 품고 보복을 하기 위해, 상대를 "내 의도대로 고치기 위해", 혹은 분노와 짜증을 가지고 하는 피드백은 성공하기 어렵다. 즉 코칭과 피드백은 내가 아닌, 상대방의 성공을 중심에 두고 진행해야 한다. 자신이 받는 피드백이 자신의 발전과 성장을 바라는 마음에서 나오는 값진 것이라 느낄 때, 부하 직원은 더욱 마음을 열고 개방적으로 피드백을 받고 적용하게 되는 선순환이 된다.

코칭 리더는 부하 직원에게 도움이 될 만한 피드백을 명료하게 표현하여 제공할 책임이 있다. 동시에 코칭 리더는 피드백 자체에 감정적으로 사로잡히지 말아야 한다. 그뿐만 아니라 나의 피드백이 반드시 옳아야 한다는 생각 또한 버려야 한다. 왜냐하면 피드백을 제공할 때 내가 관찰하고 인지한 바가 틀렸을 수도 있기 때문이다. 이럴 경우 코칭 리더는 이에 대한 책임을 져야 한다. 코칭 리더가 제공한 피드백이 틀렸거나, 부하 직원이 받아들였을 경우 다음과 같이 사과해야 한다. "미안하네, 좋은 의도로 도움을 주려고 했는데 마음을 상하게 했다면 사과하네."

피드백은 질문의 형태 또는 서술한 다음 질문하는 형태로 제공될 수 있다. 다음 예문 중 어떤 것이 의도를 가장 잘 전달했는지 살펴보자.

a. 당신은 늑장을 부리고 있는 것 같습니다. 빨리 결정을 내리고 그 결정에 따라 행동해야 한다고 생각하지 않나요?

b. 당신을 늑장 부리도록 하는 무언가가 있다고 보나요? 결정을 내리기 위해 무엇을 하겠습니까?

c. 제가 보기에는 당신이 결정을 내리고 싶은데 머뭇거리는 것 같군요. 이에 관해 더 말해주겠습니까?

예문a는 너무 노골적이고 지시적이므로 좋은 피드백이 아니다. 예문 b와 c는 비교적 잘 표현되었다고 할 수 있다. 또 다른 예문을 보자.

a-1. 이 일에 관해 필요 이상으로 걱정하는 것 같습니다. 이 일이 다른 중요한 일에 집중하지 못하도록 하는 것은 아닌가요?

a-2. 이 일에 관해 걱정하게 하는 무언가가 있나요? 더 중요한 일에 집중하려면 어떤 행동을 할 수 있을까요?

a-3. 제가 보기에 당신은 이 일 때문에 걱정하고 있지만 다른 중요한 일에 집중하고 싶어 하는 것 같습니다. 이에 관해 더 말해주겠습니까?

예문a-1은 가치 평가가 들어있으며 또한 노골적인 표현이므로 좋은 피드백이 아니다. 예문a-2와 a-3이 그보다는 더 나은 형태의 피드백이다.

피드백을 주고 이에 따른 질문을 하는 것은 부하 직원으로 하여금 스스로 해결책을 찾을 수 있도록 한다. 피드백을 제공한 후 부하 직원이 이를 숙고할 수 있도록 하라. **반드시 제안을 해야 한다면 먼저 동의를 구하되 최**

소한으로 하라. 많은 제안을 하는 것보다 고객 스스로 해결책을 찾도록 하는 것이 더욱 힘을 실어 주게 된다. 제안 방법으로 부하 직원이 처한 상황과 해결할 문제와 유사한 **사례Case와 이야기Story를 들려주어 스스로 깨닫게 하는 것도 매우 효과적인 방법이다.**

1) 피드백은 언제 제공하여야 하는가?

고객이 피드백을 요구하고 필요로 할 경우에 피드백을 제공하면 된다. 피드백을 제공할 때에는 솔직하고 직접적으로 그리고 정중하게 하는 것이 무엇보다 중요하다.

때로는 부하 직원이 코칭 리더가 아닌 다른 사람에게 피드백을 받아야할 경우도 있다. 모 기업의 공장장은 자신이 리더로서 잘하고 있는지를 알고 싶어 했다. 코치는 공장장의 부하 직원인 작업반장에게 공장장에 대한동료들과 부하 직원들의 피드백을 받아오게 하였고, 그 내용을 공장장에게 피드백 해 주었다.

피드백을 필요로 하는 부하 직원이 피드백을 요청하지 않은 때에 코칭리더는 피드백을 제공할 가장 적절한 방법과 시간을 찾아야 한다. 부하 직원이 기분이 안 좋거나 예민하거나 피드백을 받아들일 준비가 되어있지않기 때문에 피드백을 주기에는 적절하지 않다.

탁월한 코칭 리더는 서술 후 질문의 형태로 피드백을 주기에 적절한순간이 언제인지 알고 있다. 이런 식의 접근은 사람들로 하여금 어떻게 하면 더 잘할 수 있을지 깨닫게 하고 자존심에 상처받지 않는 방식으로 자신의 발전에 동기부여가 되게끔 한다.

2) 부하 직원의 피드백에 반응하기

　피드백은 양방향 소통이다. 부하 직원이 코칭 리더에게 피드백을 요구하는 것처럼 리더 또한 부하 직원에게 피드백을 구할 수 있다. 부하 직원에게 받은 피드백을 소중히 여기고, 이를 깨달음과 더욱더 나은 성취와 더 나은 코칭 리더가 되기 위한 기회로 삼는 것을 잊지 마라. 부하 직원의 피드백을 진심으로 고마워하고 용기와 관심을 두고 의견을 나눈 것에 대하여 감사를 표하라. 그리하면 향후에도 계속하여 값진 피드백을 받을 수 있을 것이다. 피드백을 받은 후 그에 상응하는 사항을 수정하도록 하고 피드백을 활용하여 더 나은 코칭 리더가 될 수 있도록 노력하라.

피드백의 패턴을 찾아라!

만약 한 사람이 당신에게 당신이 말이라고 하면
그 사람은 미친 겁니다.
만약 세 사람이 당신에게 당신이 말이라고 한다면
음모가 진행되고 있는 것이지요.
하지만 열 사람이 당신에게 당신이 말이라고 한다면
그때는 안장을 사야 할 때입니다.

3. 스스로 피드백을 하게 하는 강력한 질문

"1에서 10까지 점수를 매긴다면 당신은 지난 한 주(1개월 · 1분기 · 1년) 동안의 나(우리)의 일(관계 · 팀워크 · 서비스 등)의 질에 대해 몇 점을 주시겠습니까?"

간단하지 않은가? 하지만 믿을 수 없을 정도로 강력한 피드백 질문이다.

1에서 10까지 점수를 매긴다면

당신은 조금 전에 한 회의를 어떻게 평가하겠습니까?

당신은 나를 상사로서 어떻게 평가합니까?

이 프로젝트를 어떻게 평가하나요?

이 책은요?

우리의 성생활은?

이 요리는?

대답이 10점보다 낮을 경우에는 바로 후속 질문을 한다.

그것을 10점으로 만들려면 어떻게 해야 할까요?

이 질문에서 얻는 대답들은 부하 직원이 목표를 달성하기 위해 필요한 행동과제를 결정하는 데 귀중한 정보를 제공한다. 불만족하다는 것을 아는 것만으로는 충분치 않다. 불만족을 해결하기 위한 구체적인 방법을 찾아내 실천하는 것이 중요하다. 리더는 당신의 부하 직원에게도 자신의 부하 직원, 고객, 가족에게 이 질문을 하도록 가르쳐라.

4. 좋은 피드백

① **좋은 피드백은 구체적이다!**

"알았어", "고마워" 등의 추상적인 피드백 대신 "무엇 무엇을 알았다", "어떤 것이 고맙다" 등의 구체적인 피드백을 해라.

② **적극적으로 피드백을 하라!**

사람들은 잘못을 지적하는 피드백에 대해 두려워하거나 회피한다. 그러나 진실은 진실이다. 진실을 알고 나면 그것을 개선하는 핵심을 파악할 수 있다. 우리의 삶, 일, 관계 등 모든 것은 피드백 없이 절대 개선할 수가 없다.

③ **적절한 시점에 피드백을 하라!**

분노한 상태에 있는 상대에게나 분노한 상태로 피드백을 하는 것은 상대의 감정에 기름을 붓는 행위에 불과하다.

④ **패턴을 찾아라!**

사람들로부터 받은 피드백은 어떤 것들인가? 두드러진 패턴이 하나라도 있는가? 패턴을 목록으로 작성하고 각 항목 옆에 개선하는 데 필요한 행동과제를 적어라. 부하 직원들에게도 똑같은 방법을 추천하고 그들이 피드백을 토대로 성공할 수 있도록 도와주어라.

⑤ **좋은 피드백은 대화의 방향을 잡아준다.**

코칭 주제와 방향을 벗어나면 단호하게 주제에서 벗어나고 있다고 피드백하라!

⑥ **스스로 해결할 수 있는 후속 질문을 하라.**

V

부하 육성을 위한
코칭 실행하기

"부하 직원 코칭하기"

"부하 코칭하기"

부하 직원 코칭하기

코칭 리더는 먼저 본인 스스로 "셀프 코칭"을 통해 성장과 변화하는 것이 중요하다. 그러나 코칭 리더로서의 궁극적인 존재 가치는 부하 직원들을 코칭하여 그들을 자발적이며 창의적인 인재로 육성하는 것이다. 지금부터는 부하 직원을 코칭하는 프로세스와 방법에 대하여 살펴본다.

1. 코칭 리더십 비전 정하기 (Why – What – How)

먼저 코칭 리더로서 코칭을 통해 이루고자 하는 비전을 명확히 설정할 필요가 있다. 리더는 항상 무슨 일을 할 때 "Why – What – How" 질문법

을 활용하여 스스로 질문하고 답하는 것은 좋은 결과를 얻기 위한 필수적인 접근 방법이다. 우리나라 모 그룹의 돌아가신 회장님께서는 생전에 결재하러 온 임직원에게 걸쭉한 경상도 사투리로 다음 네 가지 질문만을 했다고 한다.

왜 하는 긴데?

무엇을 할 낀데?

어떻게 할 낀데?

내가 도와줄 께 뭐꼬?

이 질문의 의미를 재정리 해보면

Why? : 왜 해야 하지?, 이것을 통해 무엇을 얻고자 하는지?

즉, 왜 해야 하는지에 대한 **본질에 접근**함으로써

해야 할 이유와 의미를 부여하여 동기부여가 명확해짐

What? : 목표를 달성하기 위해서는 무엇을 해야 하는지에 대한 명확화

How? : 목표 달성을 위해 실천해야 할 것에 대한 구체적인 방법을 정함

으로 써 목표를 달성하는 데에 필요한 Plan-Do-See를 할 수 있는

내비게이터(Navigator) 역할

따라서 코칭 리더로서 부하 직원들을 코칭하는 데 대한 **Why** 질문을 한다.

　① 왜 코칭을 해야 하는지?

　② 코칭을 통해 무엇을 얻고자 하는지?

　③ 코칭을 통해 목표를 달성했을 때의 가장 긍정적인 모습은? (心想化&確言)

　④ 코칭을 통해 달성된 긍정적인 모습은 나에게 어떤 의미가 있는지?

부하 육성을 위한 코칭을 통해 이루고자 하는 목표(모습) & 의미

2. 코칭 대상별 기대효과 및 방법 정하기(Why – What – How)

코칭의 전반적인 목표와 의미 정하고 난 후 이제는 코칭 하고자 하는 부하 직원 각각의 대상별로 코칭 기대효과와 방법 및 일정/회수를 작성한다.

대상	코칭 목표/기대효과	코칭 방법	일정/횟수

3. 부하 직원 코칭을 위한 정보 파악

코칭 리더는 코칭 대상 직원에 대한 사전 정보를 파악한다. 그 내용(양식1 참조)으로는 이름, 직급/직책(하는 일), 입사 년도, 경력(자/타사 경력 포함)의 기본적 정보에서부터 "직원 정보 파악을 위한 참조 양식"(양식2)을 참조하여 가족사항, 취미나 스트레스 해소법, 본인이 생각하는 장/단점, 좋아하는/잘하는 음식, 가장 감명 깊게 본 영화나 책, 이번 코칭에 거는 기대, 평생 반드시 이루고 싶은 목표, 평소 생각하는 가치관, 인생 좌우명 등을 파악하여 특이사항에 기록한다.

또한 직원의 행동 유형(DISC, 양식 활용) 및 심리 유형(MBTI)을 파악(설문지 활용)하여 타고난 성향을 기록한다. 이는 코칭을 할 때 커뮤니케이션 방법에도 중요하고 업무를 처리하거나 원활한 소통을 하는 데도 매우 중요한 정보가 된다.

직원의 장점은 직원 스스로 생각하는 장점과 직원 주변의 상사, 동료, 부하들의 다면 평가, 그리고 리더가 생각하는 장점을 종합하여 기록한다. 이 장점(잠재 탁월성 포함)은 코칭 중에 "칭찬하기"에서 근거 있는 칭찬 자료 Source로 활용한다. 아울러 직원이 개선하거나 보완하여야 할 내용도 장점을 파악하는 동일한 방법으로 조사하여 기록한다. 이를 위해 사전 진단과 사전 인터뷰를 한다.

직원이 리더에게 거는 기대와 리더가 직원에게 거는 기대는 서로 허심탄회하게(코칭 하는 중에 어느 정도 마음을 열었을 때 바람직함) 소통하여 공유한 후 기록한다.

코칭 목표 설정 및 실천 계획 수립 (양식 1)			
이 름		직급/하는일	
입사 년도 / 경력(자/타사)			
행동 유형(DISC)		심리유형(MBTI)	
가족사항		특이사항	
장점(탁월성, 핵심 역량 등) -〉 칭찬해 주고 싶은 것(5가지 이상)			
개선 및 보완해야 할 사항			
그가 나에게 거는 기대		내가 그에게 거는 기대	

이 시대 탁월한 리더의 **코칭 리더십 실천 노트**

이와 같이 직원을 코칭 하기 전, 직원에 대한 사전 정보를 작성하여 분석한 후 코칭 목표 및 기대 효과 그리고 코칭 주제와 방법을 정한다. 그러나 코칭 주제는 철저히 코칭 중에 직원이 정하는 것을 원칙으로 하되, 리더가 종합적으로 판단하여 사전에 선정한 코칭 주제는 고객의 동의하에 정하여야 한다.

코칭 목표 & 기대 효과			
코칭 주제		코칭 방법	

다음 장의 "직원 정보 파악을 위한 양식"은 코칭 대상자에게 주어 직접 작성하게 하는 방법과 코칭 리더가 질문하여 작성하는 방법 중 선택한다. 이 정보는 향후 코칭 중에 좋은 코칭 대화 소스Coaching Communication Source가 된다.

직원 정보 파악을 위한 양식 (양식2)	
구분	내용
◆ 출생 / 입사일 ◆ 현재까지 살아온 것을 간략하게 소개	
◆ 자신의 장점 / 단점은?	
◆ 가족 관계는?	
◆ 취미생활은? 자신만의 스트레스 해소법은?	
◆ 좋아하는 / 잘하는 음식은?	
◆ 가장 잘 부르는 노래는? 이유는?	
◆ 가장 감명 깊게 본 영화 / 책 / 말씀(내용)	
◆ 살아오면서 가장 인상 깊었던 사람은? ◆ 이유는? [고객/스승/선배/동료/직원] ◆ 인생 모델로 삼고 있는 사람은? 이유는?	
◆ 살아오면서[근무 중] 가장 보람 있었을 때 ◆ 힘들었을 때가 언제? 이유?	
◆ 어떤 자녀 / 배우자를 원합니까?	
◆ 코칭에 기대하는 것은? ◆ 코칭을 어떻게 활용하겠습니까?	
◆ 평생 반드시 이루고 싶은 목표는? ◆ 달성 후 모습은?	
◆ 인생을 살아가는 데 좌우명은? 이유는?	

사전 인터뷰 및 진단 실시

1. 사전 인터뷰

직원을 코칭 하기 전에 직원에 관한 정보와 성향을 파악하기 위한 사전 진단 및 다면 인터뷰를 한다. 사전에 실시하여 얻게 되는 직원에 관한 다양한 정보는 코칭을 실시하기 전 코칭의 방향 설정과 진행 방법을 결정하는 데 결정적인 자료가 되므로 신중하게 실시해야 한다. 사전 인터뷰의 대상은 코칭 대상자의 스폰서와 서포터즈를 대상으로, 코칭 전에 인터뷰를 한다. 인터뷰 방법은 시간이 충분할 경우 직접 만나서 하는 대면 인터뷰를 하는 게 바람직하나 시간과 여건(해외나 지방 출장 중이거나 시간이 허락지 않을 경우)이 안 될 경우에는 전화나 이메일로 서면 인터뷰를 하는 방법이 있다.

사전 인터뷰 실시 목적

사전 인터뷰(다음 페이지 양식 3 활용)는 코칭 대상자를 가장 가까이에서 경험하고 있는 상사와 동료 및 부하들에게 코칭 대상자에 대한 강점과 장점 및 개선이 필요한 부문 등에 관해 객관적이고 다면적인 피드백을 받음으로써 코칭의 목표와 방향을 설정하는 데 목적이 있다. 인터뷰 내용으로는 코칭 대상자에 대한 강점 및 장점과 개선이 필요한 부문을 파악하는 것으로, 질문 항목은

가) 코칭 대상자가 조직관리 및 업무 처리를 할 때 당면한 도전과제를 해결해나가는 데 있어서 대응하는 행동의 특성은 무엇인가요?

나) 코칭 대상자가 조직에 기여하는 강점(성향, 스킬, 전문지식, 리더십)은

무엇인가요?

다) 코칭 대상자가 앞으로 조직에서 성과 창출 및 조직 관리를 잘하는 리더가 되기 위해 개선했으면 하는 부문은 어떤 것이 있을까요?

라) 이번 코칭을 통해 특히 개선되었으면 하는 것은 어떤 것이 있을까요?

마) 조직 내에서의 평가Reputation 및 코칭 대상자를 위해 해주고 싶은 말은 무엇인가요?

사전 인터뷰 양식 (양식3)

	000 사전 인터뷰			
인터뷰 : 000 코치			인터뷰 대상 / 일시 / 장소	
구분	직급 / 부서 / 관계	이름	인터뷰 방법 / 일시 / 장소	
스폰서	000 / 상사	000		
서포터즈	000 / 동료	000		
	000 / 부하	000		
	000 / 부하	000		

OOO 사전 인터뷰 결과

1. 강점 & 장점

스폰서	
서포터즈	
시사점 코칭 방향	

OOO 사전 인터뷰 결과

2. 개선이 필요한 부문 & 이번 코칭에서 변화 할 부문

스폰서	
서포터즈	
시사점 코칭 방향	

2. 사전 진단

코칭 대상자를 상대로 사전에 진단하는 목적은 코칭 대상자에 관한 행동 성향 및 심리 유형을 미리 파악하고 리더십에 관한 다면 평가 등을 통해서 코칭의 방향을 설정함과 동시에 코칭 대상자의 타고난 기질과 성향을 배려하는 "맞춤 코칭"을 설계하여 진행함으로써 좋은 코칭 성과를 올리고자 함이다.

행동 성향(DISC) 진단

리더가 직원의 성향이나 기질을 알게 되면 그에 맞는 재능이나 역량 등도 쉽게 알 수 있다. 이러한 것들을 미리 파악한 후 코칭을 시작하면 코칭은 물 흐르듯이 자연스러운 분위기에서 편안하고 즐겁게 진행될 수 있다. 직원의 성향이나 기질을 파악하는 도구로, 사람의 행동 유형을 네 가지로 구분해서 대응하는 방법을 구체적으로 제시한 "DISC"(행동유형검사, 양식4 참조)가 있다.

콜롬비아대학교의 윌리엄 마스톤William Marston교수는 인간의 내부 장기의 체액설을 바탕으로 1920~1930년까지 약 10년 동안 사람들의 행동 양식을 연구한 결과 D, I, S, C라는 네 가지 유형을 만들게 되었다.

DISC 스펠링의 이니셜은 유형별 특징을 나타내는 것으로, D형은 "주도하다"라는 Dominance의 첫 글자를 딴 것이며 I형은 Influence의 첫 글자를 따서 "다른 사람을 설득하거나 영향을 미치다"라는 뜻이고 S형은 Steadiness로서 "안정적이다"라는 뜻이며, C형은 Conscientiousness 로서 "신중하다"는 뜻이 있다.

가. D형의 특징

주도형으로 파악되는 D형의 특성들을 모아 놓은 단어들을 보면 Dogmatic독단적인, Domineering거만한, Directive지배적인, Demanding요구하는, Decisive단호한, Determined Doer결연한 실행자, Dictatorial독재적인, Defiant도전적인 등이 있다. 다른 사람들의 의견을 듣기보다는 자기 생각대로 일을 해나가려는 성향, 즉 도전적이고 단호하며 독재적이고 상대방의 형편을 잘 고려하지 않는 것이 주도형의 속성이다.

D형은 사람의 기질 유형에서도 10% 정도의 가장 낮은 비율을 보이는데, 외형적인 특징은 몸보다 머리가 크고 윗입술이 두껍고 얼굴이 사각형이며 광대뼈가 발달해 있다.

Memo

DISC 조사 양식 (양식 4)

각 문항에서 나를 가장 잘 묘사하는 순서대로 4/3/2/1점을 기입하세요.

내성격은	명령적이고 주도적이다		사교적이며 감정표현을 잘한다		태평스럽고 느리다		진지하고, 세심하며, 상식적	
나는 ( )에 둘러싸인 환경을 좋아한다	개인적, 성취적 보상 및 목표 지향적		사람을 좋아하는		그림, 편지와 내 물건들		질서, 기능 조직	
내 성격 스타일은 ( )한 경향이 있다	결과를 중시		사람을 중시		과정과 팀을 중시		세부사항을 중시	
다른 이에 대한 나의 태도는	시원시원하다		친절하고 씩씩하다		착실하고 자제력이 있다		차갑고 객관적이다	
다른 사람의 말을 들을 때( )	종종 참을성이 없다		주의산만하다		기꺼이 주의를 기울여 듣는다		사실에 초점을 맞추고 분석한다	
다른 사람과 ( )에 대해 이야기하는 것을 좋아한다	내 업적		나 자신과 다른 사람들		가족과 친구		사건, 정보, 조직	
나는 타인에게 ( )한 경험이 있다	사람들에게 지시하는		사람들에게 영향을 미치는		잘 용납하는		가치와 질로 평가하는	
축구팀에 들어가면 나의 포지션은?	최전방 공격수		공격형 수비수		수비형 공격수		최종 수비수	
나에게 시간은?	항상 바빠하는		교제에 많은 시간을 사용하는		시간을 중시하지만 그리 부담없는		시간의 중요성을 알고 시간 활용을 잘하는	
내가 교통 포스터를 만든다면?	난폭운전 죽음을 부릅니다		웃는 엄마! 밝은 아빠 알고 보니 양보운전		조금씩 양보하면 좁은 길도 넓어진다		너와 내가 지킨 질서 나라안녕 국가번영	
평소 내 목소리는?	감정적, 지시적 힘있고 짧고 높은 톤		감정적, 열정적, 가늘고 높은 톤		감정이 적게 개입되고 굵고 낮은 톤		냉정하고 감정을 억제하고 가늘고 낮은 톤	
내 제스처는 대부분	강하고 민첩하다		개방적이고 친절하다		경직되어있고 느리다		계산되고 신중하다	
나는 ( )스타일의 옷을 좋아한다	정장		멋을 내는 캐주얼		실용적이고 편리함을 추구		검소, 소탈, 깔끔형	
나의 전체적인 태도는 ( )로 묘사된다	권위적		매력적인, 사교적, 외향성		수용적 또는 개방적		평가적이나 말이 없는	
내 삶의 페이스는	빠르다		열광적이다		안정되어 있다		조절되어 있다	
총점								

각 질문 문항에 대하여 자기를 가장 잘 묘사하는 순서대로
4, 3, 2, 1 순서로 작성한 후 각 점수를 세로로 합계하며 기록한다.

출처 : 홍광수 DISC 연구소

258 이 시대 탁월한 리더의 코칭 리더십 실천 노트

행동유형 평가(DISC)서 프로파일

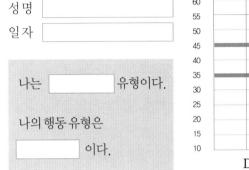

성 명 [   ]

일 자 [   ]

나는 [   ] 유형이다.

나의 행동 유형은

[   ] 이다.

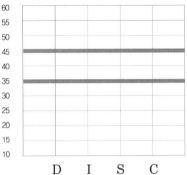

D   I   S   C

행동유형 평가(DISC)서 프로파일

행동 유형	프로파일	행동 유형	프로파일	행동 유형	프로파일
D	감독자형	I/D/C	지도자형	S/I/C	상담자형
D/I	결과지향형	I/S	격려자형	S/C	관리자형
D/I/S	관계중심적지도자형	I/S/D	헌신자형	S/C/I	평화중재자형
D/I/C	대법관형	I/S/C	코치형	C	논리적사고형
D/S	성취자형	I/C	대인협상가형	C/D	설계자형
D/S/I	업무중심적지도자형	I/C/D	업무협상가형	C/D/I	프로듀서형
D/S/C	전문가형	I/C/S	조정자형	C/D/S	심사숙고형
D/C	개척자형	S	팀 플레이형	C/I	평론가형
D/C/I	대중 강사형	S/D	전문적 성취자형	C/I/D	작가형
D/C/S	마이스터형	S/D/I	디자이너형	C/I/S	중재자형
I	분위기메이커형	S/D/C	수사관형	C/S	원칙중심형
I/D	설득자형	S/I	조언자형	C/S/D	국난극복형
I/D/S	정치가형	S/I/D	평화적 리더형	C/S/I	교수형

세로로 합계를 낸 점수를 도표에 각각 점을 찍고 한 줄로 잇는다.
가장 높게 나온 점수의 유형이 주 행동 유형이고
빨간 줄 위에 해당하는 유형(보통 2개 또는 3개 위치)을 이어 읽으면
그 사람의 행동 유형이 된다.

나. I형의 특성

사교형으로 표현되는 I형의 특성을 모아놓은 단어들을 보면 Inspirational영감이 풍부한, Interacting영향을 끼치는, Impressive인상적인, Interested흥미 있는, Interchangeable융통성 있는, Intercept남의 말을 중간에 가로채다 등이 있다.

사교형은 공부나 일보다는 대인 관계에 더 큰 흥미가 있다. 이들이 가진 설득력 있고 흥미로운 대화의 기술은 많은 사람이 이들을 따르는 결정적인 요인이 된다.

외형적인 특징은 얼굴이 갸름하고 눈이 초롱초롱하며 하관이 계란형이다. 보편적으로 몸매 날씬하고 하체가 가늘기 때문에 걸음걸이가 날렵하고 재빠른 느낌을 준다.

DISC 유형별 특징

	외향성(빨리 빨리)		
일 중 심	**D (Dominance : 주도형/지도자)** 결과를 빨리 만든다. 의사결정을 빠르게 한다. 새로운 것에 도전하기 좋아한다. 지도력이 있다. 어려운 문제를 잘 처리한다. 결연한 실행자, 단호한, 지배적인, 독단적인, 거만한, 독재적인, 요구가 지나친		**I (Influence : 사교형)** 사람들을 좋아한다. 영감이 풍부한, 인상이 좋다, 말솜씨가 좋다. 감화를 주는, 다른 사람들에게 동기유발을 잘 시킨다. 설득력 있는, 열정적이다. 사람들을 즐겁게 한다. 사람들이 있는 환경을 좋아한다.	사 람 / 관 계 중 심
		DISC		
	C (Conscientiousness : 신중형) 계산적인, 신중한, 유능한, 정확한, 조심성 있는, 간결한, 보수적, 원칙과 기준을 잘 지킨다, 예의바르다. 분석을 잘하고 장단점을 잘 파악한다. 일을 정확하게 한다, 섬세하다.		**S (Steadiness : 안정형)** 언제나 일관성이 있어 예측할 수 있는 행동을 한다. 한결같은, 안정적인 현상유지 참을성, 환경을 안정되고 조화롭게 만든다. 다른 사람을 잘 도와준다, 봉사, 충성심, 남의 말을 잘 귀담아들어준다. 감미로운, 수줍은, 현상유지 민감한.	
	내향성(느림)		

다. S형의 특성

안정형으로 표현되는 S형의 특성을 모아놓은 단어들을 보면 Sweet부드러운, Shy부끄러워하는, Steady한결같은, Stable안정적인, Status quo안주하는, Sensitive민감함, Service봉사하는 등이 있다.

안정형은 만들어진 환경에 순응하여 꾸준하게 일을 해 나가며, 다툼과 갈등을 싫어하는 평화주의자적 성향을 가지고 있어 압박받는 분위기를 두려워한다. 인생을 실용적으로 살기 때문에 알부자들이 많고 끈질긴 인내가 있기 때문에 오랫동안 한 길을 걷는 장인이나 기업의 임원들에게 많이 발견된다.

외형적인 특징은 둥글넙데데한 얼굴형을 띠고 있으며 얼굴과 몸집에 살집이 풍부하다. 부드러운 눈동자를 가지고 있으며 입술이 두툼하고 걸음이 느린 편이다. 하체가 굵기 때문에 움직임이 안정감이 있고 편안한 느낌을 준다.

라. C형의 특성

신중형으로 표현되는 C형의 특성을 모아놓은 단어들을 보면 Calculating계산적인, Cautious신중한, Competent유능한, Conservative보수적인, Correct정확한, Concise간결한, Critical비판적인, Concrete구체적인 등이 있다.

신중형은 원칙적이고 신중하며 자신이 이해할 수 있도록 설명해 주지 않으면 요지부동인 성향이다. 경험하지 않은 것을 쉽사리 믿지 않으며, 돌다리도 몇 번씩 두드린 후 건너는 성향을 가지고 있다. 신중형은 타인과 자신에 대해 최고의 기대를 하고 있기 때문에 남의 실수를 지적하거나 자신의 완벽주의 때문에 스스로 학대하는 경우도 빈번하다.

　　외형적인 특징은 피부가 희고 차분한 인상의 청순가련형이 많다. 이목구비가 중앙에 집중되어 있으며, 입이 작고 입술이 얇다. 차분한 걸음걸이에 몸은 굵고 하체가 안정된 구조이다.

구동존이(求同存異) 리더십
"나와 다른 것은 다른 것일 뿐 틀린 것이 아니다."

코칭 일지 작성

코칭을 한 후 아래 "코칭 일지" 양식에 따라 다음과 같이 작성한다.

기본 내용 : 코칭 회차, 부하 직원 이름, 코칭 일시, 장소, 소요 시간 기록

코칭 목표 : 이번 코칭 세션에서 달성하고자 하는 코칭 목표(코칭 세션 진행 방법 참조)

실천 약속 점검 : 지난 코칭 세션에서 부하 직원이 실천하고자 약속했던 사항의 진행 여부 점검 및 피드백을 실시한 내용 작성

코칭 목표, 주제/내용 : 금일 코칭 때 달성할 목표, 코칭 주제와 내용을 정리하여 요점 위주로 작성

코칭 성과 : 부하 직원이 오늘 코칭에서 스스로 유익했다고 이야기한 내용을 작성

다음 실천 약속 : "코칭은 체험을 통해 변화를 유도하는 것"으로 부하
직원이 다음 코칭 세션까지 스스로 실천하겠다고 약
속한 내용을 작성

다음 일시/장소 : 다음 코칭 일시와 장소 등에 대해 협의한 후 작성

코칭 일지 (양식 5)		
		( )회
이름		코칭 일시/장소/ 소요 시간	
실천약속 점검/피드백		
코칭 - 목표 - 주제 - 내용 - 특이 사항		
오늘의 코칭 성과 - 성찰		
다음 실천 약속		
다음 일시/장소		

코칭 보고서 작성

코칭 세션을 다 마친 후 코칭 보고서를 작성한다. 이는 이후 부하 직원 육성을 위한 "코칭 자료"로 다양하게 활용할 수 있으며 리더가 바뀌어도 해당 직원에 대한 DBData Base가 되어 지속적인 관리를 가능케 한다.

변화key-Theme : 코칭 대상자의 변화를 위한 핵심 주제를 선정하는 것으로, 한 가지 또는 여러 가지를 주제로 할 수 있다.

코칭 前 현상 : 코칭 주제와 관련된 코칭 전의 현상에 대해 요점 위주로 작성한다.

코칭 진행/Best Practice : 부하 직원의 변화를 위한 Key Theme를 주제로 진행했던 코칭 방법과 코칭 중에 있었던 성과(코칭 대상자가 진술)를 작성한다.

코칭 後 변화 : 코칭 주제와 관련하여 코칭을 통해 변화된 결과를 구체적으로 기술한다.

코칭 평가/소감 : 코칭이 끝난 후 부하 직원이 직접 진술한 코칭 소감과 평가내용을 작성한다.

코칭 소감 : 코칭을 한 리더로서 코칭 소감과 평가 및 향후 부하 직원의 성장과 변화를 위한 제언을 기록한다.

	코칭 보고서[ ] (양식 6)
변화 Key–Theme	
코칭 前 현상	
코칭 전개 Best Practice	
코칭 後 변화 (코칭 성과)	
코칭 평가/소감 (코칭 대상)	

코칭 소감/제안 (코칭 리더)	

코칭 프로세스

"부하 코칭하기"

코칭 프로세스

지금까지 부하 직원을 코칭을 하기 전에 갖추어야 할 것, 즉 코칭 준비 단계에서 해야 할 것들에 대해 알아보았다. 지금부터는 실제 코칭을 실시하는 단계로서, 통상 코칭 세션 8회와 코칭 1개월 후에 팔로우 업 코칭 1회를 기준으로 하며 차수당 1시간(실제로는 1시간 전후 유연하게 진행)으로 진행한다. 차수별 주요 테마는 다음과 같다.

또한 코칭의 효과를 높이기 위해 1:1 코칭과 그룹 코칭을 혼합하여 각각의 장점을 활용하는 것이 바람직하다. 이를 감안하여 제시하는 아래의 세션 순서는 참조용이며 코칭 상황에 따라 순서를 바꾸거나 다른 내용을 추가/수정하거나 생략할 수 있음을 알려둔다.

코칭 프로세스별 테마			
코칭 세션	1:1 코칭	센터링, 신뢰/친밀도 강화 진단 결과 공유, 자존감 고양	유형별 코칭 주제 및 달성 목표 설정 (조직 / 리더십 / 개인)
		Life Story 경청(식사) 내면탐색, 친밀도/신뢰도 향상	내면 성찰, 삶의 의도, 동기 가치, 소중한 꿈, 비전/옵션도출
	그룹 코칭	코칭 리더십 역량 학습 "배려" DISC(행동 성향) 이해 및 실습	코칭 대화(1)법 이해 및 실습 부하 선정 경청/코칭 대화 실천
		주제별 목표 달성 점검 종합 (배려, 경청, 대화) 실습	코칭 주제별 목표 달성 점검, 총 정리, 향후 셀프 코칭 주제
팔로우 업 코칭	코칭 일지 작성 → 피드백 지원 시스템 구축 셀프 코칭 주제별 목표 달성 점검 이메일 / 전화 실행 점검 및 독려		

코칭 세션별 진행 기본 프로세스

코칭 세션 1시간을 진행하는 데 있어 통상 사용하는 기본 순서는 다음과 같다. 실제 진행할 때는 코칭의 상황과 직원의 상태에 따라 유연하게 운영하는 것이 바람직하다.

코칭 프로세스별 테마

순서	내용	소요시간
1. 라포 형성 (관계 맺기)	만나자마자 바로 코칭 주제를 다루는 것보다는 부하 직원의 근황과 심경을 미리 파악하여 친밀도를 형성하고 코칭에 몰입할 수 있는 리드 타임을 가진다. 이때 부하 직원의 상황에 따라 리더는 "이슈코칭"으로 바로 전환할 것인가를 판단한다.	3'
2. 지난 세션 코칭 체험 (실천약속) 피드백	코칭은 실천을 통한 체험의 느낌을 가지고 리더십을 발휘하는 것이 핵심이다. 따라서 반드시 실천약속에 대한 피드백을 나누어야 한다. 리더는 부하 직원이 반드시 실천할 수 있도록 의미 전달은 물론 칭찬을 포함한 다각적인 노력을 해야 한다.	10'
3. 주제(일/개인) 목표 실천사항 점검 및 피드백	2차 세션에서 부하 직원과 이번 코칭 기간 동안 달성할 주제(일, 리더십, 개인적)별 목표를 설정하고 리더(스폰서)와 합의하게 된다. 따라서 매 세션별 목표 달성을 위한 실천 사항을 리더와 함께 점검하고 피드백을 나누는 것이 바람직하다.	10'
4. 본 세션 주제 다루기 (언제든지 "이슈 코칭" 전환 가능)	2차 세션에서 부하 직원과 이번 코칭 기간 동안 달성할 주제(일, 리더십, 개인적)별 목표를 설정하고 리더(스폰서)와 합의하게 된다. 따라서 매 세션별 목표 달성을 위한 실천 사항을 리더와 함께 점검하고 피드백을 나누는 것이 바람직하다.	25'
5. 정리 (자기성찰)	코칭 세션에서 진행한 것에 대해 스스로 정리하고 코칭을 통해 깨달은 점이나 유익한 점에 관해 이야기하게 한다. 또한 실전에 적용할 것에 대해 부하 직원 스스로 도출하게 함으로써 코칭 성과와 연결되게 유도한다.	5'
6. 다음 세션 코칭 체험 (실천약속) 정하기	이번 세션에서 학습한 것에 관한 실천과, 다음 세션에서 진행할 것에 대해 준비를 하게 한다. "과제"라는 피동적인 용어보다는 "실천약속"이라는 부하 직원 주도적인 용어가 좋다.	5'
7. 마무리 및 인사	인사는 밝게 나누며 반드시 다음 세션 일정에 대한 상호 확인을 명확히 하고 헤어진다.	2'
합 계		60'

제 1세션
부하 직원과 친밀함과 신뢰감을 갖고
코칭 시작하기

"부하 코칭하기"

　드디어 부하 직원과의 첫 번째 코칭이 시작된다. 첫 번째 세션의 의미는 무엇일까?

　또 왜 중요하고 얼마나 중요할까? 부하 직원과의 첫 번째 세션을 어떻게 했느냐가 마지막 세션까지의 진행에 결정적인 영향을 미친다. 그만큼 첫 번째 세션은 지금 진행하는 코칭 결과는 물론 리더의 미래 코칭 활동에도 지대한 영향을 미치기 때문에 매우 중요하다고 할 수 있다.

　성공적인 첫 번째 세션을 하기 위한 몇 가지 방법을 소개해보면

1. 부하 직원에게 몰입하여 마음을 빼앗아라!

2. 부하 직원에 대한 위대한 잠재력을 제대로 믿어라!

3. 친밀감과 신뢰감으로 마음을 열어라!

4. 자존감을 높여 자긍심을 불러일으켜라!

5. 코칭에 대한 기본적인 이해를 공유하라!

6. 사전 진단 및 인터뷰 결과의 피드백을 선물하라!

7. 이번 코칭을 통해 얻을 기대효과와 목표를 명확하게 공유하여
   기대하고 준비하게 하라!

8. 코칭 일정을 확실하게 세팅하라!

9. 코칭 후 감사 표시의 문자를 전달하라!

10. 이 모든 것을 깨트릴 발상의 전환을 하라

→ 부하 직원에게 100% 주도권을 주어 "함께 춤을 추어라!" (이슈 코칭)

부하 직원에게 몰입하여 마음을 빼앗아라

코칭의 성과를 높이기 위해서는 그동안 부하 직원에게 업무적으로나 사적으로 느꼈던 것과는 분위기와 내용이 사뭇 달라야 한다. 코칭의 핵심적인 포인트는 코칭 리더의 태도와 질문 스킬을 바탕으로 부하 직원의 마음을 열게 하여, 스스로 자발적인 태도로 바뀜으로써 업무 성과나 관계의 질을 향상시키는 것이다. 따라서 부하 직원의 마음을 열게 하고 어느 순간 부하 직원 스스로 자아 도취해 진솔한 이야기를 쏟아내도록 하는 것은 대단한 능력이자 코칭을 하는 데 있어서도 매우 중요한 출발이라 할 수 있겠다. 그러면 어떻게 해야 부하 직원이 평소와 달리 마음을 열고 자기의 이야기를 쏟아내게 할 수 있을까?

그 방법은 부하 직원에게 온 마음을 다하여 "몰입沒入 · Immerse oneself in"함으로써 부하 직원의 마음을 흔들어 빼앗는 것이다.

대부분 사람은 지금까지 살아오면서 누군가가 1시간 이상 자신에게 진심으로 몰입하여 자신의 이야기에 푹 빠져 주는 사람을 경험해보지 못했다. 심리치료에서도 환자의 이야기를 들어주는 것으로도 90% 이상의 치료 효과가 있다는 결과가 나와 있다. 프로이트Sigmund Freud(오스트리아 정신과 의사로, 정신분석의 창시자)에게 진료를 받은 환자들은 한결같이 "그가 내 말을 듣는 모습이 무척 인상적이라 도저히 잊히지 않는다."라고 고백했다고 한다. 자신의 이야기에 마음을 빼앗긴 상대에게 마음이 흔들리는 것은 **자신의 이야기를 들어주기를 갈구하는 현대인들에게 당연하다.**

따라서 코칭 리더는 부하 직원이 이야기를 주도(100%)하도록 하고 말하는 내용이 끝날 때까지 온전히 집중해야 하며 부하 직원에게서 보이는 민감한 감정을 포착하고 부하 직원과 똑같은 감정과 정서를 느끼고 있다는 것을 보일 수 있어야 한다.

즉, 우측 사진처럼 온 지금 이 순간, 이 우주 안에서 오직 부하 직원과 코칭 리더밖에 없다는 느낌을 부하 직원과 함께 충만하게 느끼는 것이 진정 "몰입沒入 · Immerse oneself in"된 상태이다.

"어떤 칭찬에도 동요하지 않은 사람도
자신의 이야기에 마음을 빼앗기고 있는 사람에게는 마음이 흔들린다!"

부하 직원에게 몰입하기 위해서는 먼저 리더 스스로 마음을 가다듬어야 한다. 즉 코칭과 관련 없는 다른 사사로운 문제들은 머릿속에서 떨쳐내고 온전히 부하 직원에게 집중할 준비를 해야 한다. 특히 머릿속에서 끊임없이 생겨나는 잡생각(마음속 대화:The Inner Dialogue)을 제어하지 못하면 부하 직원의 말을 들을 때 특정 내용을 흘려보내거나 편향된 생각을 할 수 있다.

또한 코칭에 방해되는 요소들(소음, 좌석 배치, 이메일과 문자 메시지, 휴대폰 벨소리, 실내 온도 등)을 미리 미리 없애고 부하 직원에게 집중해야 한다. 부하 직원에게 집중하여 경청하고 부하 직원을 면밀히 관찰하며 직관을 활용하여 살펴봄으로써 오직 부하 직원에게만 몰입해야 한다. 코칭에만 온전히 몰입한다면 마음이 다른 곳을 헤맬 일이 없을 것이다.

마음속 대화는 접어두고
코칭에 방해되는 요소를 미리 없애라.
그리고 온전히 부하 직원에게 집중하라.

부하 직원에 대한 위대한 잠재력을 온전히 믿어라

코칭의 철학이며 존재가치는 "모든 사람은 스스로 문제를 해결할 능력이 있다."는 것을 대전제로 한다. 이는 리더가 코칭에 임하는 데 있어서의 출발이자 마지막이라고도 할 만큼 중요한 가치라 할 수 있다.

2012년과 2013년, 2년 연속으로 한국 프로야구의 기라성같은 스타들을 제치고 최우수 선수 MVP: Most Valuable Player에 뽑힌 사람은 넥센의 4

번 타자인 박병호 선수이다. 박병호 선수는 LG에서 7년 반을 보낼 당시 무명 선수였다가 넥센으로 이적되어 온 지 1년 반 만에 이 같은 결실을 올린 것이다. 이에 많은 기자가 성공 비결을 질문했는데, 박병호 선수는 다음과 같이 답했다.

"저는 LG 시절과 비교해 기술적으로 달라진 것은 별로 없습니다. 다만 LG 시절에는 **'나는 대체 선수'라는 피해 의식**이 있었고 넥센에서는 **'내가 주전'이라는 자신감**이 있었습니다."

즉 박병호 선수는 주전으로 인정받고 나서 자신감을 느끼자 자신의 잠재 역량을 이끌어내어 사용한 것이다.

SBS방송국에서 사람의 잠재 역량에 관한 실험을 해 방영했다. 그 내용은 실험 당일 처음 만나는 사람 6명을 모집하여 정해진 장소로 이동하라는 미션을 주는 것이었다. 목적지로 가는 과정에서 자연스럽게 적극적으로 5명을 이끌어가는 리더가 나오고, 반면에 피동적으로 끌려만 가는 소극적인 사람도 나타나게 되었다. 목적지에 도착한 후 6명 모두에게 누가 가장 리더의 역할을 수행했고 누가 가장 소극적이었나에 관한 설문조사를 했다. 그리고 나서 실험 대상자가장 리더로 선정된 사람과 가장 피동적인 사람으로 선정된 사람를 따로 불러 설문조사 결과를 반대로 알려 주었다(설문 결과를 들은 당사자들은 그 결과에 당황하는 모습을 보인다). 그리고 또 다른 목적지를 정해 주고 다시 한 번 이동하는 미션을 주었다. 이후 어떤 상황이 벌어졌을까?

실험에서는 대상자들이 거꾸로 알려준 설문조사 결과대로 행동하는 것을 볼 수 있었다. 즉 가장 피동적이라고 선정된 사람이 가장 리더다웠다는 사실을 알고부터는 다음 목적지로 이동할 때 가장 적극적인 리더로 행동하고 있었던 것이다. 반면에 실제로 가장 리더다웠던 사람은 가장 피동적인 사람으로 선정되었다는 사실을 인지하고부터는 다음 이동 중에 가장 피동적인 사람으로 행동하고 있었다. 즉, 이 실험에서 알 수 있듯이 **사람은 누구나 잠재 능력을 갖추고 있으나 이것을 인정과 칭찬으로 이끌어 내어 사용하게 할 것이냐 아니면 질책과 무시로 잠재울 것이냐 하는 것에 대한 방증이 되겠다.**

일본에서 '경영의 신'이라고 불리는 '마쓰시다 전기'의 창업주인 '마쓰시다 고노스케' 회장은 평소 사람의 중요성을 강조하였고 인재 육성에 힘을 쏟아 이를 사업의 성공을 거두는 중요한 기반으로 삼았다. 평소 마쓰시다 고노스케 회장은 사람에 관해 **"인간의 능력이란 그 누군가에게 차별받을 만큼 그렇게 얄팍하지 않다."**는 철학을 가지고 있었기 때문에 경영의 신이 되지 않았나 생각한다.

야구의 신野神이라 불리는 김성근 감독도 **"쓸모없는 사람은 없다. 다만 이를 알아보지 못하는 리더만 있을 뿐."**이라고 말하면서 선수들의 숨겨져 있는 가능성에 대한 확고한 믿음을 보여주는 탁월한 리더로서의 철학을 갖고 있다.

미국의 존경 받는 부자 1위와 영향력 있는 사람 1위로 선정될 정도로 한때 불우했지만 멋지게 삶을 반전시킨 '오프라 윈프리'도 어려운 시절을 이겨내면서 마치 최면을 거는 것처럼 항상 스스로 되새긴 신념은 **"나에겐 아직 사용하지 않은 놀라운 힘이 있어."**였다. 즉 자기가 아직 사용하지 않은 놀라운 잠재 능력(잠 자는 거인: Sleeping Giant)을 굳건히 믿었기 때문에 오늘날의 오프라 윈프리가 있게 된 것이다.

미국의 프로풋볼NFL에서 만년 꼴찌 팀을 우승팀으로 만든 내용의 영화 『인빈서블Invincible』에서 소개된 '딕 버메일' 감독(세인트루이스 램스)은 "팀을 승리로 이끄는 힘의 25%는 실력이며 나머지 75%는 팀워크입니다."라고 팀워크의 중요성을 강조했다. 그는 만년 꼴찌 팀을 맡고 나서 "어떻게 하면 기량이 뛰어난 선수들을 영입해 빠른 시일 내에 팀 성적을 높일 수 있을까?"를 고민한 것이 아니라 **"어떻게 하면 기존 선수들 안에 잠재된 재능을 이끌어낼 수 있을까?"**를 고민하며 긴 시간 동안 그들을 믿고 격려했다. 그 기다림의 결과, 그들은 우승팀이 될 수 있었다. 즉 **리더가 선수들의 능력을 믿고 인정해주자 선수들도 스스로 자신의 능력을 발휘하기 시작했고 서로 변화를 지지하고 격려하면서 팀워크가 형성되었던 것이다.**

리더는 이처럼 사람들이 지닌 위대함을 기억하고 그들이 언제나 성공을 원한다는 믿음을 가져야 한다. 모든 사람은 각자의 탁월한 재능과 강점이 있다. 코칭의 역할은 부하 직원이 가지고 있는 그것들을 발견하고 핵심 역량을 이끌어내어 충분히 발휘할 수 있도록 도와주는 것이다.

코칭 리더가 역할을 제대로 해낸다면 **부하 직원들은 눈부시게 빛나는 존재가 될 것이다.** 아울러, 코칭 리더도 스스로 자신의 위대한 잠재력을 굳게 믿어야 하며 이러한 믿음이 자연스럽게 부하 직원에게도 전달되어야 한다.

"인간은 평생 자신에게 잠재된 능력 중에서
불과 5~7%밖에 사용하지 못한다.
그리고 그것이 자신의 모든 능력인양 믿으며 살아간다."

- 월리엄 제임스(하버드대 교수) -

"자신의 인생을
싼값으로 취급하는 사람에게
인생은 그 이상을 지불하지 않는다."

- 나폴레온 힐(미국 대통령 고문관) -

 코칭 리더십

"인간은 성취하도록 만들어졌고
성공하도록 설계되었으며
위대함의 씨앗을 품고 태어난 존재이다."

- 지그 지글러(베스트셀러 작가) -

친밀감과 신뢰감으로 부하 직원의 마음을 활짝 열어라!

사람들이 변화에 저항감을 느끼는 이유는 잘 몰라서, 싫어서 그리고
"당신을 싫어해서"이다. 리더와 부하 직원은 서로 친밀한 관계를 맺어야

하고 서로의 존재에 관해 편안함을 느껴야 한다. 신뢰도 안 가고 편안하지도 않은 사람과 함께 시간을 보낸다고 하는 것은 매우 힘든 고역이다. 친밀함이나 열린 마음 대신 적대감과 의심, 불신으로 가득 찬 코칭 시간을 상상할 수 있겠는가? 아마 코칭이 이루어지는 중이라고 해도 결코 생각할 수 없을 것이다.

진정으로 친밀한 관계

서로에게 그러한 존재가 되기 위한 첫 번째 단계는 친밀한 관계를 맺는 것이다. 친밀한 관계를 의미하는 단어 "라포rapport"는 '돌려주다' 또는 '이야기하다'의 뜻을 가진 프랑스어 "rapporter"에서 왔다. 부하 직원과 친밀한 관계를 맺는 일은 곧 서로에게 "동일한 마음의 파장"을 반사하고 "동일한 내용"에 대해 이야기하는 것이다. 즉 서로의 마음과 뜻이 통해야 하는 것이다.

친밀한 관계를 나타내는 것으로 "한 쌍의 춤을 추는 남녀"를 떠올려 볼 수 있다. 이들은 파트너의 움직임에 자신의 움직임을 맞춘다. 이들은 상호 간에 동시적인 반응이 이루어지는 춤을 함께 추며 몸짓을 통해 서로를 보완한다.

> 사람들은 무의식적으로 자신과 가장 비슷한 사람을 좋아한다.

옆에 한 장의 사진이 있다.
노무현 대통령이 무언가를 이야
기하고 있고 반기문 UN사무총
장이 듣고 있는 모습이다. 어떤
점들을 발견하였는가? 자세히
보면 반기문 총장이 노무현 대통
령에게 몸을 향하고 있으며 시선
을 집중하면서 동시에 똑같은 자
세를 취하고 있는 모습이다. 이
를 코칭에서는 미러링Mirroring이라고 한다. 미러링이란 상대방과 전적으
로 공감하고 함께하고 싶다는 진심 어린 표현의 보디랭귀지Body Language
이다.

　리더가 첫 세션에서 부하 직원과의 대화 중 반드시 해야 할 것 중 하나
는 부하 직원이 말하고 있는 내용은 물론 말하는 방법과 신체적 언어들을
파악하여 부하 직원이 눈치채지 못하도록 자연스럽게 미러링을 하는 것
으로 이는 매우 중요하다. 즉 부하 직원에게 자세를 향하게 하면서 한껏 다
가가 시선을 집중하고 동시에 부하 직원의 말의 속도와 크기를 맞추어 주
며 부하 직원의 제스처를 따라 하는 것이다. 대체로 사람들은 자기 자신이
하는 말에 집중하느라 이런 미묘한 기술을 눈치채지 못한다. 따라서 효과
적으로 상대방을 따라 하려면 관찰과 훈련을 통해 섬세한 기술을 습득하
도록 노력해야 한다.
　아울러 코칭 시에 부하 직원이 하는 "안녕하세요?"라는 말 한마디도

가볍게 듣지 말고 귀 기울여 관찰하는 등 지속해서 훈련을 하다 보면 어느 순간부터 자연스럽게 상대방이 말하고자 하는 진짜 의도와 감정까지도 파악할 수 있을 것이다.

> "사람들은 무의식적으로
> 자기랑 닮은 사람들에게 친밀함과 호감을 보인다."

친밀한 관계를 맺고자 할 때 유머가 많은 도움이 된다

호감도를 높이는 방법 중 하나는 능숙한 유머 구사이다. 리더들에게도 부하 직원과 함께 웃으며 화사하게 미소 짓고 따뜻한 분위기를 형성함으로써 리더와 부하 직원 사이의 서먹함을 깨고 유대감을 강화하는 유머 감각을 장착하는 것은 필수적이다.

이러한 유대감은 이후 코칭 중에도 부하 직원과의 관계가 시험에 들 때나 문제에 맞닥뜨렸을 때 그리고 어려운 결정을 내려야 할 때 비로소 더욱 빛을 발하게 되기 때문에 코칭 초기부터 자연스러운 유머를 나눌 수 있는 분위기 형성은 매우 중요하다.

좋은 유머 감각은 희망과 낙관적인 태도를 보이게 하고, 분위기를 좋게 만들뿐더러, 기쁨과 웃음을 불러일으킨다. 웃음은 과학적으로 건강에 도움이 된다고 증명되었을 뿐만 아니라 의사소통을 원활하게 하고, 걱정을 덜어주며, 근육을 이완시키고 방어적인 태도를 완화시키며 서로 연결되어 있다는 느낌을 받게 한다.

또한 코칭 중에 부하 직원의 미소가 자연스럽고 스스로 리더에게 유머를 구사하려고 할 때, 부하 직원과의 관계가 좋은 방향으로 가고 있다는 방증이 될 수 있다.

모 그룹의 회장도 임원회의 때 2가지의 유머를 꼭 준비하여 사용한다고 한다. 코칭 리더들도 이와 같이 코칭 전에 적절한 유머를 준비하는 자세는 필수적이라 하겠다.

무엇보다 가장 중요한 것은 진실성이다.

코칭 리더십

> 무기고를 통틀어 가장 강력한 설득의 무기는
> "진실성(眞實性)"이다.
>
> - 지그 지글러 -

코칭 리더로서 부하 직원과의 친밀한 관계를 형성하고 유머를 구사하기 위해 노력하겠지만, 그 노력에는 반드시 진정성을 수반해야 하며 부하 직원의 관심사에 초점이 맞춰져 있어야 한다. 리더 자신이 중심이 되거나 부하 직원을 아랫사람 대하듯 해서는 곤란하다. 부하 직원은 리더가 친밀감을 느끼는 척하거나 일단 웃음으로 무장을 해제시킨 후 하기 싫은 일을 시키려 든다는 사실을 깨닫게 되면 그 즉시 리더의 진정성을 의심하게 된다. 반면에 리더가 진실로 부하 직원과 유대감을 갖고 함께 웃고 싶어 한다는 사실을 느낀다면 긴장을 늦추고 안도감을 가지며 더 좋은 해결책을 모색하게 된다. 이는 강한 신뢰와 상호 존중이 없다면 불가능한 일이다.

딕 칠드리Doc Lew Childre와 브루스 크라이어Bruce Cryer는 저서 『성과를 내는 힘The Power to Change Performance』에서 코칭 원칙의 핵심을 다음과 같이 기술한다.

"조직에서 다른 사람들에게 관심을 보일 때에는 진정성이 기반 되어야 한다. 진정성이 없는 행동은 공허할 뿐이다. **진정성이 있는 관심은 사람들로부터 자발적인 열정과 봉사정신을 이끌어내는 데 필수적이다.** 기계적이고 마음이 없는 관심은 저항감을 불러일으켜 조직 융화를 저해시킨다. 동료나 가족, 고객이나 상사들은 억지스러운 예의와 마음이 담긴 진정성의 관심을 **본능적으로 구분할 줄 안다.**"

진정성은 매우 미묘한 방식으로 상대방에게 전달된다고 한다. 사람들에게는 진정성을 감지해내는 본능이 있다. **교훈은 이것이다.** 리더는 어떠한 상황에서도 부하 직원에게 진정성 있는 관심을 보여야 한다. 코칭이 시작되면 리더의 관심사는 잊어버리고 부하 직원의 목표와 성장에만 집중해야 한다. 코칭 시간은 리더 자신이 처한 문제로 고민하라고 주어진 시간이 아니다. 부하 직원이 리더에게 가장 원하는 것은 자신에 대한 믿음과 신뢰 그리고 진정성 있는 관심이다.

일이나 인생에서 원하는 바를 달성할 수 있도록 헌신적으로 지지하는 누군가가 있다고 생각해보라. 산 정상에서 깃발을 흔들며 어서 올라오라고 격려하는 누군가를 생각해 보라. 실패를 통해 배움을 얻도록 도와주고 목표를 이루었을 때 축하해주는 누군가를 생각해 보라. 기쁠 때나 슬플 때나 당신을 위해 그 자리에 있어주는 누군가를 생각해 보라.

바로 그 "누군가"가 관심과 진정성으로 고객의 마음을 움직이는 "코칭 리더"이다.

진실성과 함께 신뢰를 구축하라.

코칭 리더십

> 성공한 리더가 되려면 "진심으로 사람들에게 관심을 갖고
> 상대방이 스스로 중요한 사람이라고 느끼도록 해야 한다."
> - 카네기 -

진실성과 신뢰가 없는 관계는 더 이상 지속할 가치가 없다. 리더와 부하 직원이 서로 신뢰하지 않는다면 코칭이 어떻게 앞으로 나아갈 수 있겠는가? "이 정보를 공유하여야 할까?", "다른 생각이 있는 걸까?", "약속한 바를 잘 실천할까?" 진실성이 결여되어있고 신뢰가 구축되지 않았을 경우 머릿속에는 이런 의문과 의심이 계속해서 고개를 들게 마련이다.

진실성Integrity이란 "도덕적이고 윤리적인 규범을 준수하는 것"으로, 진실성이 가득한 사람은 스스로 다른 사람에게 전념하고 열린 자세를 배운다. 또한 "언행일치言行一致", **즉 말한 것은 반드시 실행에 옮긴다.** 이와 같이 진실성을 기반으로 하는 관계는 있는 그대로의 모습을 보여줄 수 있고 다른 사람인 척할 필요가 없다. 부하 직원이 가면을 쓰고 있거나 좋은 인상만을 남기려고만 한다면 더 이상 진실한 대화는 어렵고 진짜 문제를 해결할 수도 없다. 물론 리더가 부하 직원 앞에서 가면을 쓸 경우에도 결과는 마찬가지이다.

코칭에서 진실성의 위력은 투명한 관계를 맺을 때 발휘된다. 코칭에서 정직과 투명성 그리고 리더의 무방비적인 태도가 뒷받침된다면, 부하

직원 역시 마음을 열고 정직해지며 경계를 푼 상태로 코칭에 임하기 쉬워 진다.

코칭 시작 단계에 적용하면 좋은 방법은 리더 본인의 이야기를 먼저 부하 직원과 공유하는 것이다. 과거에 성공한 이야기뿐만 아니라 실패했던 이야기와 힘들었던 문제 그리고 극복과정에서 배운 교훈까지 이야기하는 것이다. 그렇게 함으로써 부하 직원은 리더가 마음을 열고 속 깊은 이야기를 들려준 데 감사하게 되며 자신이 마주한 문제에 대해서도 정직해질 수 있다. 또한 자신의 두려움과 실패, 어려움에 대해 조금 더 편안하게 이야기하게 된다.

우리가 자신을 도울 수 있는 유일한 방법은 스스로 만든 벽을 허물고 자신의 단점을 인정하며 정직하고 직접적이며 열린 대화를 나누는 것이다.

코칭 시 신뢰 구축을 위해 필요한 또 다른 요소는 부하 직원에게 코칭 시 나눈 대화는 외부로 유출되지 않는다는 사실을 확인시켜 주는 것이다. 즉 코칭 시 나눈 모든 대화 내용에 대해 철저히 보안을 유지해야 한다.

부하 직원이 정직하게 자신을 드러내는 일은 코칭 과정에서 매우 중요하다. 리더는 부하 직원의 행동 이면에 가려진 진짜 이야기와 의도 그리고 동기에 대해 파악함으로써 실행 목표를 세우는 데 필요한 정보를 얻을 수 있기 때문이다. 이와 같이 코칭에서 기밀성은 안전하고 열린 대화를 위한 필수 조건이다.

또 부하 직원과의 신뢰를 구축하는 것으로 아주 사소한 것이라도 한번 약속한 것은 반드시 지키는 것이다. 특히 약속한 시간보다 최소 10분 전에 도착하여 준비해야 하며, 혹시라도 늦을 경우에는 사전에 양해를 구해야 한다. 또한 코칭 후 자료를 보내주기로 한 경우도 많은데 철저하게 지켜야 한다. 자료가 부하 직원에게 실질적으로 도움이 된 경우에는 이후 리더에게 더 호의적으로 바뀌는 계기가 된다.

부하직원의 "자존감自尊感"을 높여 자긍심을 불러일으켜라!

부하 직원의 마음을 활짝 열게 하고 진솔한 대화를 유도하기란 쉬운 일은 아니다. 어떤 질문을 했느냐에 따라 서먹한 분위기가 조성될 수도 있다.

회사에서 하는 코칭의 특성 상 부하 직원 본인이 간절히 원해서 받는다기보다는 리더의 요구와 설득에 의해 받기 때문에 약간은 피동적인 상태인 경우가 대부분이다. 또한 겉으로는 리더에게 예의를 갖추고 있지만 코칭에 부정적인 상태로 마음의 문을 닫고 임하는 부하 직원도 있다. 그리고 친해지기 전까지는 쉽게 마음을 열지 않는 성향의 부하 직원들도 있다. 이런 부하 직원들을 어떻게 하면 자발적으로 또한 적극적으로 코칭에 임하게 할 수 있을까?

사람은 누구나 스스로 자랑스럽고 성취감과 보람을 느꼈을 때의 상황을 주제로 이야기할 때면 스스로 도취되어 자연스럽게 열정적으로 대화에 임하는 경향이 있다. 즉 부하 직원이 과거에 성취했던 사건과 그것을 성취할 수 있었던 원동력에 대한 적극적인 관심, 부하 직원 스스로 모습에서 좋아하는 점, 남들로부터 인정받는 점, 행복하게 만드는 것, 부하 직원의 강점과 열정 등에 관련된, 고객의 자존감을 높여줄 수 있는 대화를 주제로 질문하면 부하 직원도 자연스럽게 열성적으로 코칭 대화에 임하게 된다.

자존감을 높여주는 질문 유형

– 지금까지 살아오면서 가장 보람 있고, 스스로 가장 자랑스러웠을 때가 언제였습니까?

  3가지만 이야기해 보겠어요?

– 그렇게 성취할 수 있었던 성공 요인은 어떤 것이었습니까?

  → 성취한 3가지 사건에 대한 성공 요인에 대해 인정과 지지 및 칭찬을 한다.

– 본인이 생각하는 자신의 장점은 무엇입니까? 스스로 어떤 면을 가장 좋아합니까?

– 사람들은 당신의 어떤 점들을 가장 인정해줍니까?

– 그 동안 성취한 성공 요소와 스스로 장점 및 남들이 인정한 것들을 활용하고

  열정을 쫓는 일에 전력을 다 할 수 있는 상황이라고 상상해 보세요.

  당장 어떤 일을 할 것 같습니까?

  → 부하 직원의 내면에 자리 잡고 있는 욕구의 본질에 대해 사전에 파악할 수 있다.

  → 부하 직원의 열정과 간절함이 있는 목표가 도출되었을 때는 자연스럽게 달성했을

  때의 모습 상상하기, 목표 달성에 대한 의미 부여하기, 달성 모습을 뇌에 각인시키기,

  확언으로 만들어 실천하기 등 까지를 진행한다. 여기서 도출된 주제나 목표가 코칭 전

  반에 걸쳐 목표를 설정하는 데 영향을 미칠 수 있다.

코칭에 대한 기본적 이해를 공유하라!

부하 직원에게 코칭 경험 여부를 질문한 후 경험 여부와 관계없이 현재 부하 직원이 코칭에 대해 어떠한 생각을 하고 있는지에 대해 파악하는 것은 매우 중요하다.

왜냐하면 리더가 처음부터 바로 코칭은 이런 거라고 일방적으로 설명하여 주도권을 갖는 것보다는 부하 직원에게 주도권을 줌으로써 참여를 유도하는 것이 좋다.

이때, 부하 직원이 코칭에 대해 바른 생각을 하고 있을 때는 그 생각에 대해 지지해주고 칭찬해준다. 그리고 아직 코칭에 대해 잘못된 인식(코칭 경험이 없는 대부분의 부하 직원은 스포츠 코치에 대한 인식으로 코치가 모든 것을 지도하고 이끌어가는 것으로 생각)을 가진 고객에 대해선 코칭에 대한 본질을 이해하도록 한다.

첫 세션부터 코칭에 대해 장황하게 설명하는 것보다는 코칭의 검증된 효과, 코칭의 본질 즉 **"리더가 주도권을 갖는 게 아니고 부하 직원의 위대한 잠재력을 이끌어내도록 리더가 도와주는 것"**이라는 인식을 갖도록 짧지만 명쾌하고 강력하게 설명해주는 것이 바람직하다. 이때는 말로만 설명하기보다는 자료를 활용하는 것이 효과적이다.

"자료를 활용하라"

코칭 사례

"부하를
코칭 하지 않으면
임원이
될 자격이 없다!"

"리더의 미래는
코칭 능력과
다른 리더를
성장시키는 능력에
달려있습니다."

"나는 CEO가
아니라
코치이다!"

코칭 리더란?
"직원들의 창의성과
열정을 살려
생산성을 높이는 사람"

6조 적자 1년 후 3조 흑자

◆ 코칭과 다른 전문영역과의 비교

컨설팅	진단/대안		주도권 스스로 이끌어 냄
멘토링	경험/지도	코칭	
티칭	지식/전달		미래 잠재력
카운슬링	과거/치유		
일방적/주는 것		스스로/이끌어 냄	

◆ 코칭과 강의 비교

특정한 장소에 일시에 모아 놓고 일방적인
강의로 지식을 전달하는 방식의 한계

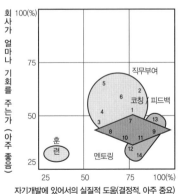

회사가 얼마나 기회를 주는가 (아주 좋음)

자기개발에 있어서의 실질적 도움(결정적, 아주 중요)

◆ 코칭의 철학	◆ 고객의 고백 (무함마드 유누스, 노벨평화상 수상자)
코칭이란? "인간을 가장 인간답게 다루는 기술"	"코치는 내가 가지고 있음에도 지금껏 한 번도 사용하지 않았던 나의 "능력 버튼"을 보도록 해줍니다. 물론 그는 나의 버튼이 무엇인지 모릅니다. 단지 코칭 질문들을 천천히, 효율적으로 던질 뿐입니다. 나는 그 질문을 따라가며 내 능력의 어두운 부분도 발견하게 됩니다.
코칭 철학 인간은 스스로(Wholistic) 답을(Resourceful) 창조(Creative)할 수 있다.	여러분께 확실히 말씀드릴 수 있는 것은 제가 코칭을 경험하면서 감정이 완전히 달라진다는 것을 체험했다는 점입니다. 그동안 내게 문제가 되는 것 중 한쪽만 빛을 비추었다면, 코치는 내가 다른 편에 서서 새로운 빛으로 볼 수 있도록 해주었습니다. 덕분에 나는 그 문제가 해결됨을 경험했습니다. 코치는 답이나 충고하는 사람이 아닙니다. 그들은 '무엇을 해야 한다'고 지시하지 않습니다.
훌륭한 코치란? 모든 사람은 가치 있는 존재이며 위대함에 대한 특별한 재능과 잠재력이 있다고 믿는다.	하지만 내가 습관적으로 해왔던 방법에서 나를 빼내 줍니다. 코치는 나의 능력을 끄집어내 줄 뿐만 아니라, 나의 능력을 스스로 발견할 수 있게 해줍니다. 즉, 코치는 '나만의 탁월성'을 발견하도록 해줍니다."

이와 같이 자료를 활용하여 코칭에 대한 기본적인 본질을 부하 직원과 함께 공유한다. 즉, 코칭은 부하 직원의 약점과 실수 등 부정적인 감정에 초점을 맞추는 것이 아니라 부하 직원의 장점과 위대한 잠재력의 긍정적인 감정에 초점을 맞춤으로써 부하 직원이 그동안 불가능하다고 생각한 것을 코칭을 통해 가능하도록 꿈꾸고 실현시키는 것이다. 부하 직원과 코칭 리더가 이런 위대함을 함께 나누는 것이 코칭이다.

또한 부하 직원이 갖고 있는 기존의 리더십을 다 버리고 코칭 리더십으로 다 바꾸어야 한다는 부담을 주어서는 안 된다. 즉 부하 직원이 기존에 갖고 있는 리더십의 좋은 장점들은 계속 활용하면서, 시대의 흐름에 따라 부각되는 "코칭 리더십"을 보강한다면 시대가 요구하는 바람직한 리더가 될 수 있다고 권유하는 것이 부담감을 줄여주고 유연하게 코칭 할 수 있는 방법이다.

또한 처음부터 부하 직원이 조직에서 코칭을 받는 근본적인 이유에 대해 공유하는 것도 필요하다. 즉 먼저 부하 직원 본인이 변화와 성장을 한 후 스스로 "탁월한 코치"가 되어 본인의 조직에서 코칭 리더십을 발휘하여 좋은 코칭 조직문화를 만들고 부하 직원들의 생산성과 창의력을 이끌어내는 리더가 되는 것이 궁극적인 목표임을 인식하게 한다. 이는 코칭이 진행되는 과정 중에도 부하 직원에게 항상 상기시킴으로써 목표의식을 잃지 않게 하는 출발이 된다.

사전 진단 및 인터뷰 결과를 선물하라!

코칭 전에 부하 직원을 대상으로 행동 유형(DISC)검사를 하여 사전 진단을 하고 부하 직원의 동료 및 부하 직원인 서포터즈Supporters(부하 직원에 대한 지지자로 코칭 前, 코칭 중간과 코칭 後에 부하 직원의 변화 경과 및 결과에 대해 인터뷰를 해주며, 고객의 변화에 지지를 보내준다)대상으로 부하 직원에 대한 장점 및 이번 코칭을 통해 개선했으면 하는 것들에 대해 인터뷰를 하였다.

첫 번째 세션에서 사전 진단 결과를 자세하게 피드백하기에는 시간이 부족하고 집중력이 떨어지기 때문에 첫 번째 세션에서는 스폰서와 서포터즈를 대상으로 했던 인터뷰 결과와 리더가 요구하는 사항 등을 간략하게 핵심 위주로 피드백 해준다.

객관적인 피드백을 강력하게 하라!

부하 직원은 그동안 본인에 관해 본인의 생각과 나름대로 판단을 하고 있었을 것이다. 그러나 본인을 둘러싸고 있는 이해관계자들의 본인에 대한 공통적인 생각과 판단들은 객관적인 결과이므로 어떻게 받아들이느냐 하는 것이 코칭 세션에서 코칭 목표와 방향을 설정하는 데 매우 중요한 과정이 된다.

코칭이 진행되는 동안 리더는 부하 직원과 진솔한 코칭 대화가 이루어질 수 있도록 기본적으로 따뜻하고 편안하며 활기찬 분위기를 만들어야 한다. 그런데 **코칭을 통해 부하 직원의 변화와 성장을 이루고자 할 때는 먼저 부하 직원의 자각**自覺 · Self-awareness(자신을 의식하고 스스로 깨달음)**에 직면하는 순간을 반드시 거치게 된다.** 이와 같이 리더는 부하 직원이 침묵하거나 눈동자가 흔들리거나 하는 행동을 관찰하여 부하 직원이 자각하는 순간을 발견할 수 있다.

바로 인터뷰 결과를 피드백 할 때 부하 직원이 많이 흔들리는 데 이때가 곧 자각의 순간이다. 그러므로 부하 직원의 장점을 피드백 할 때는 진정성을 가지고 최대한 풍요롭게 하며 더 나아가 리더가 발견한 부하 직원의 잠재된 역량까지도 함께 칭찬해주는 것이 좋다.

그러나 부하 직원이 개선해야 할 부분을 피드백 할 때는 부하 직원의 눈치를 보면서 슬쩍 넘어가는 분위기로 해서는 안 되며, **피드백을 선물로** 받아들이는 사전 공감대를 형성하는 것을 전제하여 짧은 시간이지만 명 쾌하면서도 강력하게 하는 것이 좋다. 왜냐하면 이때가 전체 코칭 시간을 통해 **부하 직원이 당면한 첫 번째 자각의 순간**이기 때문이다. 이때 리더는 부하 직원의 반응을 면밀히 관찰해야 한다.

부하 직원의 반응은 다양한 형태로 나타나나 크게 구분해 보면 다음과 같다.
① 역시, 예상했던 대로 나왔구나 하며 인정하는 유형
② 예상은 했지만 직접 들으니 기분이 좋지 않은 유형 (안 좋은 마음을 표현하는 유형과 밖으로 나타나지 않도록 노력하는 유형으로 나뉨)
③ 전혀 예상치 않은 피드백에 놀라는 유형 (반응은 긍정적일 수 있고 부정적일 수 있음)
④ 피드백 내용을 인정하지 않고 반박하거나 그럴 수밖에 없는 이유 를 리더에게 장황하게 설명하는 유형

부하 직원이 어떤 반응을 보이든 리더는 첫 세션부터 인터뷰 피드백을 가지고 코칭의 방향에 대해 결론을 내리거나 부하 직원에게 어떤 결론을 강요해서는 안 된다. 부하 직원 스스로 충분히 생각해보는 시간을 갖도록 즉, 부하 직원 스스로 깨달음의 시간을 갖게 하는 것이 좋다. 따라서 첫 세 션에서는 "피드백을 통해 어떤 점을 느꼈나요?", "피드백은 선물인데 어 떤 선물을 받았나요?" 등의 질문을 통해 부하 직원이 스스로 깨달은 것에 대해 리더와 함께 공유하는 정도로 진행한다. 그러나 이 부하 직원의 깨달 음은 2차 세션에서 코칭 목표를 잡을 때 중요한 요인으로 작용하게 된다.

◆ 사전 인터뷰 피드백 사례

"연구소장을 시키고 싶은 데요…."

모 그룹 연구소 임원의 스폰서와 서포터즈들의 사전 인터뷰 결과는 다음과 같다.

1. 장점

- 성품이 매우 부드러워 부하 직원들에게 인기가 많고 천성이 매우 선하여 주변 관계가 매우 원만함

- 업무 처리는 전문성과 통찰력이 매우 뛰어나고 문제해결력의 우수함을 인정받고 있음

2. 코칭을 통해 개선이 필요한 부문

- 스폰서 및 서포터즈, 좀 더 강력한 카리스마를 갖춘 리더십을 통한 조직 관리

- HRD와 직속 상사도 연구소장을 맡기는 데 있어 강력한 리더십을 요구하고 있는 상황임

이러한 내용을 피드백 하였고 이에 고객은 **"저는 회사를 그만두면 두었지 사람을 함부로 다루는 것은 절대 할 수 없습니다."**라고 코치가 당황해 할 정도로 매우 강하고 격렬한 반응을 보였다. 고객의 감정이 매우 격한 상태라 바로 그 자리에서 이 문제를 더 논의하는 것은 문제가 있다고 판단하여 "네, 그렇군요."라고 동의하면서 일단 감정을 누그러뜨렸다.

다음 차수에서 고객에게 자연스럽게 **"혹시 일과 사람에 관해 구분하는 것에 대해서는 어떻게 생각하시나요?"** 질문을 했다. 이 질문을 받은 고객에게는 또 한 번 **자각하는 순간이 되었다.** 즉 일할 때는 더 강력한 의사 결정과 추진력을 발휘하지만 사람을 대할 때는 본인의 평소 소신대로 배려와 따뜻함으로 나누어 리더십을 발휘하는 것이다. 고객은 **본인이 평생 갖고 있었던 소신을 지키면서도 조작에서 원하는 요구를 달성할 수 있는 좋은 방법임을 깨닫고는 급격히 변해갔다.**

가. **코칭목표**: "자기 주도적 리더 성향 강화"로 정하고 달성 모습으로 "경청과 배려는 지속적으로 하되, 필요시에는 과감한 결단과 조직을 좀 더 강력하게 이끌어가는 모습"으로 정함

나. **평가방법**: 부하 직원 10명에게 주도적 리더에 관한 평가를 10점 척도로 사전 평가한 후 중간 평가와 최종 평가를 함

다. **최종결과**: 사전 평가가 3.5, 중간 평가에서는 5.58, 최종 평가는 8.4로 나옴
서포터즈들의 중간/최종 인터뷰 결과도 매우 높게 나옴

→ **이후, 일과 사람을 분리함으로써 리더십의 커다란 변화를 통해**
업무 성과는 물론 창의적으로 조직을 잘 이끌어 연구소장으로 영전됨

위 사례에서 보듯이 사전 인터뷰 결과, 피드백에 관한 부하 직원의 반응은 향후 코칭의 목표와 방향을 설정하고 코칭의 성과를 올리는 데 중요한 단초가 되므로 매우 신중하게 다루어야 한다.

코칭을 통해 얻을 수 있는 기대효과에 대해 공유하라!

코칭은 횟수와 시간 등 기한이 정해져 있기 때문에 정해진 기한 동안 코칭을 통해 달성할 수 있는 기대효과에 대해 부하 직원과 사전에 공유하는 것은 코칭 목표에 대해 서로 한 방향을 향해 가는 것으로 매우 의미가 있다.

1) 주제별 목표 설정 및 실천

부하 직원과 코칭 기간에 달성할 주제별 목표인 일 목표, 리더십 목표, 개인적인 목표로 나누어 목표를 설정한다. 목표별로 달성되었을 때의 모습을 정하고 목표 달성을 위한 방법을 도출하여 이를 어떻게 실천할 것인지를 구체적으로 정한다.

아울러 달성했는지를 평가하는 방법에 대해 정량적인 수치가 가능한 것은 수치로, 수치로 평가하기 어려운 것은 정성적(통상 부하 직원의 주관적 지표)으로 평가한다.

이 주제별 목표는 철저하게 부하 직원이 주도하여 스스로 설정하는 목표여야 한다. 다만 리더의 역할은 부하 직원의 잠재된 욕구와 잠재력을 이끌어내어 목표를 설정하고 강력한 실천 의지를 가질 수 있도록 격려하고 지지해야 한다. 그리고 이렇게 주제별 목표를 설정하고 실천/평가 방법을 정한 후 부하 직원 본인과 리더가 목표 합의서에 사인한다. 이때 부하 직원은 리더와 스폰서에게 주제별 목표에 관해 설명한 후 본인의 각오를 피력함은 물론 리더와 서포터즈의 협조가 필요한 경우에는 협조를 구체적으로 요청한다. 이를 들은 리더는 부하 직원이 목표를 잘 달성하도록 격려와 지지를 보내고 요청한 협조사항에 대해서는 가능한 것일 경우 협조 약속을 한다.

리더는 매 코칭 세션 때마다 부하 직원과 함께 실천사항과 결과를 확인하고 피드백 함으로써 코칭 기간이 종료되는 시점에 달성할 수 있도록 상호 책임을 다한다.

2) 코칭 리더로서 갖추어야 할 역량 습득

앞에서도 밝혔듯이 조직 내에서 리더로서 코칭을 받는 이유는 본인이 먼저 코칭 리더로서 변화와 성장을 하는 것이고 이후는 코칭 리더가 되어 조직을 변화하고 성장시키는 역할을 하는 것이다.

따라서 코칭 리더로서 갖추어야 할 역량을 습득해야 하는데, 이는 부하 직원의 성향을 고려하는 **"배려 리더십"**, **"칭찬, 격려 및 지지하는 방법"**, **"경청, 관찰, 직관으로 소통하는 방법"**, **"코칭 대화법"** 그리고 **"피드백 하는 방법"** 등의 역량을 말한다.

코칭 리더십 역량을 습득하는 방법은 코칭 시간에 학습 및 실습을 통해서도 이루어지지만 무엇보다도 가장 강력한 방법은 코칭과 코칭 사이에 진행하는 실천 약속과제을 잘 지킴으로써 부하 직원이 직접 체험을 통해 깨달음을 얻고 느끼는 것이다. 본인이 직접 체험하며 깨닫고 느끼기 때문에 부하 직원들의 마음을 미리 헤아릴 수 있어 보다 강력한 효과를 낼 수 있다. 따라서 **"코칭은 체험을 통해 완성 된다."**는 말을 코칭 시간 때마다 강조하는 것이 좋다.

3) 개인의 삶을 성찰

기업에서 코칭을 받는 대상자는 기본적으로 **"핵심 리더"**이다. 그 자리까지 올라가는 데도 매우 치열한 과정을 거쳤고 또한 그 자리를 유지하기 위해서도 매년 실적에 대한 압박과 부담 때문에 많은 스트레스를 받고 있다.

이렇게 기업의 시스템은 성과 창출을 위해 치열하게 앞만 보고 달려가도록 촉진한다. 그러다 보니 기업에서 성공하면 할수록 본인의 특별한 노력으로 자기 성찰을 하지 않으면 삶에 대해 진지하게 돌아보거나 주변을 살피고 미래를 꿈꾸는 것에 소홀해질 수밖에 없다.

이렇게 앞만 보고 열심히 달려온 조직의 핵심 리더들에게 코칭은 잠시 인생의 쉼표를 제공하는 것이다. 옆도 돌아보고 뒤도 돌아보면서 "삶"에 관해서, "행복"에 관해서 생각하고 특히 내면의 자기 자신과 대화를 통해 **"자기 성찰"을 하는 세션은 실제 많은 핵심 리더들이 코칭의 가장 큰 효과로 꼽고 있다. 즉 올라갈 때 보지 못한 삶에서 중요한 그 꽃들을 코칭을 통해 보게 하는 것이다.**

이와 같이 코칭 리더는(부하 직원 코칭 "자아 성찰" 참조) 부하 직원의 자아 성찰을 통해 삶을 재조명하게 함으로써 행복하고 풍요로운 삶을 설계하도록 유도한다.

4) 이슈 코칭

부하 직원의 모든 관심과 신경이 가장 집중된 이슈가 발생했을 때는 다른 코칭 주제보다는 신속하게 "이슈 코칭"으로 전환하여 부하 직원의 당면 문제를 해결하는 것도 코칭 효과 중의 하나이다.

코칭 중 부하 직원의 상황을 살펴본 후 리더가 먼저 "지금 머릿속에 꽉 차 있는 것은 무엇입니까?"라고 하며 '이슈 코칭으로 전환하는 방법'과, 부하 직원이 먼저 코칭 주제를 '이슈 코칭'로 요청하여 진행하는 경우가 있다.

전체적인 진행 프로세스 이해를 통해
사전 코칭 일정을 세팅하라!

부하 직원과 코칭 전체를 진행하는 횟수와 소요 시간, 코칭과 다음 코칭과의 간격, 진행 방법 등에 관해 이해를 구하고 공유한 후 코칭 일정을 사전 합의하여 결정해야 한다. 예를 들어 회사 내부가 아닌 식사 약속과 쉐도우 코칭Shadow Coaching 일정 등은 미리 협의하여 잡아야 한다.

코칭을 하는 데 있어 코칭 리더가 겪는 애로 사항은 리더 본인과 부하 직원의 갑작스러운 사유에 의해 코칭 일정이 예정대로 잘 안 되는 것이다. 이로 인해 스케줄이 꼬이게 되어 리더나 부하 직원의 일정 관리에 많은 지장을 받게 된다. 또한 코칭 약속이 안 지켜지는 것이 빈번해 지면 코칭 일정이 뒤로 밀림으로써 코칭 전반의 일정 관리에도 많은 지장을 준다.

부하 직원과 함께 코칭이 가능한 시간을 확보하되 운영은 유연하게 하라

코칭을 약 6회~10회 정도 진행하는 중에 다음 코칭과의 간격은 통상 일주일 단위 또는 이주일 단위로 진행한다. 먼저 리더와 부하 직원이 일주일을 보내는 중에 외부로부터 가장 자유로운 요일과 시간대를 파악하여 상호 협의를 통해 코칭 일정을 정하고 부하 직원에게 코칭 일정에 대한 확실한 인식을 심어준다. 이는 리더와 부하 직원 모두 코칭 요일과 시간대를 미리 명확히 정함으로써 이후 일정 관리에 서로 도움을 준다.

이렇게 기본적인 코칭 일정을 정해 놓지만 실제로는 상황에 따라 유연하게 운영하는 것이 좋다. 코칭을 진행하는 동안 최소 1회에서 또는 수차례 갑작스러운 상황 변동으로 코칭 일정을 변경하게 된다. 리더의 사유 때문일 경우 부하 직원이지만 정중하게 양해를 구해야 한다.

또한 많지는 않지만 부하 직원의 사유에 의할 때가 있을 수 있다. 이때 코칭 리더는 어떻게 대응해야 할까? 상황에 따라 다양한 대응이 있겠지만 먼저 리더에게 양해를 구하고자 하는 부하 직원의 심정을 헤아려보는 것이 필요하다. 모든 사람이 다 마찬가지겠지만 서로 한 약속을 먼저 어기면서 부탁해야 하는 심정은 공통으로 매우 미안한 마음을 갖고 있으며, 특히 상사와의 약속인 경우는 더욱더 강도가 세다고 할 수 있다.

이때 리더의 태도가 부하 직원과 더욱더 **가까워지는 계기**가 될 수 있다. 즉 **부하 직원의 마음을 헤아려주는 마음과 진정성이 담긴 음성으로 "아 그래, 얼마나 노고가 많은가? 편안한 마음으로 다음 일정을 잡아보지."**라고 해주면 부하 직원도 미안함과 고마운 마음으로 다음 코칭부터 리더에게 더 친근하게 대하는 것을 느낄 수 있을 것이다.

코칭 후 감사 표시의 문자를 전달하라!

코칭이 끝나 부하 직원과 헤어진 후 1~2시간 이내에 문자나 카톡으로 "오늘 부하 직원과의 코칭에 의미가 있었음을 알리고 진심으로 감사를 표하는 것과 앞으로 최선을 다해 좋은 코칭 성과를 함께 이루어 보자."는 취지의 내용을 보낸다.

부하 직원의 입장에서 보면 오늘 처음 하는 코칭에 대한 두려움, 어색함과 기대감 등이 뒤섞여 복잡한 마음일 수 있다. 이럴 때 코칭 리더의 진심 어린 문자 하나가 안정감과 친밀감을 높일 수 있는 좋은 방법이 될 수 있다.

이 모든 것을 깨트릴 발상의 전환을 하라!

코칭의 첫 세션에서의 마지막은 "지금까지 언급했던 모든 것을 다 깨트릴 발상의 전환을 하라."이다. 여기서 언급된 내용은 그동안의 경험을 통해 첫 세션에서 하면 좋은 내용으로, 참조하라는 것이지 반드시 하라는 것은 아니다. 바둑에서도 "정석은 익히되 바로 잊어버려라."라는 격언이 있다.

왜냐하면 코칭에는 따로 정답이 있는 것이 아니기 때문이다. 즉 지금 앞에 있는 부하 직원의 상황에 맞춰 부하 직원의 변화와 성장을 이끌어내는 것이 코칭의 정답이기 때문이다. 따라서 코칭 리더는 코칭에서 좋은 성과를 내는 사례들에 대한 연구를 게을리하면 안 되고, 항상 평소에 다양한 코칭 방법에 대해 익히려 노력해야 한다.

이렇듯 평소의 노력으로 다양한 코칭 방법을 몸에 익힌 후 다양한 코칭 방법을 부하 직원의 상황에 맞추어 사용하는 것이 좋은 코칭의 성과를 위해서 무엇보다 중요하다.

Memo

제 2세션
주제별 목표 및 실천방안 설정하기

"부하 코칭하기"

코칭의 주제와 목표를 설정한다

　코칭의 주제와 목표 설정은 코치의 성과 창출을 위한 가장 중요한 영역이다. 코칭의 주제별 목표가 성공하기 위해서는 반드시 부하 직원이 주도권을 가져야 하고, 부하 직원이 중심이 되어야 하며 부하 직원 본인을 위한 것이어야 한다. 즉 부하 직원이 절실하고 간절하여 스스로 목표를 이루고자 하는 원동력의 에너지를 끌어낼 수 있어야 한다. 그러기 위해서는 목표가 명료해야 하며 설정한 시간 안에 이룰 수 있는 것을 목표로 잡아야 한다.

　코칭 리더는 부하 직원과 함께 주제별 목표를 설정하는 데 있어 부하 직원과의 신뢰와 존중에 기본을 두는 관계가 형성되어야 한다. 더욱더 신뢰와 친밀성을 갖기 위해서 적절하고 유연한 제안이나 충고는 필요하다. 그리하면 부하 직원은 본인에게 가장 중요하고 의미 있는 꿈과 도전에 대해 리더에게 안심하고 상담할 것이다.

코치에서의 기간/주제별 목표의 유형은 다음과 같다.

① 단기 목표(1~2주 이내) : 현재 프로젝트(이슈) 해결에 초점
② 중기 목표(3~4개월) : 코칭 기간 내에 성과를 창출하는 데 초점을
　　　　　　　　　　　두고 일 목표, 리더십 목표, 개인적 목표로
　　　　　　　　　　　나눈다.
③ 중장기 목표(1년~3년) : 부하 직원의 미래의 변화와 성장에 초점

1) 단기 목표 현재 프로젝트(이슈) 해결에 초점

　부하 직원이 단기간(2주 이내)에 해결해야 할 목표에 초점을 맞춘 것으로서 현재 부하 직원이 가장 절실한 문제일 수도 있다. 따라서 코치 리더는 코칭 중에 부하 직원이 가장 절실한 문제가 무엇인지에 대해 살펴볼 필요가 있다. 이슈 코칭을 위한 질문 유형은 다음과 같다.

※ 이슈 코칭을 위한 질문 유형

지금 머릿속에 꽉 차있는 생각은 무엇입니까?

두 번째로 꽉 차있는 생각은 무엇입니까?

오늘 코칭 주제는 어떤 것으로 해보시겠습니까?

지금 당장에 해결하여야 할 문제는 무엇입니까?

지금 어떤 문제 때문에 집중이 안되고 있습니까?

지금 어떤 문제를 해결하면 가장 속 시원하겠습니까?

지금 어떤 문제를 해결하면 미래 성장에 도움이 되겠습니까?

2) 성과를 위한 코칭 (현재의 일과 리더십 그리고 개인 문제 해결에 초점)

부하 직원이 코칭 기간 안(3~4개월)에 해결해야 할 목표에 초점을 맞춘 것으로서 다음 2가지 유형으로 나누어 목표를 설정한다.

(1) 일 목표 (2) 개인적 목표

주제별 목표 설정의 양식과 작성 방법은 다음과 같다.

코칭 주제별 목표 설정

코칭 목표 (일 · 리더십 관련)	
달성 시기/모습 (사전/사후 변화) 의미	
실천 방법	
평가 방법	
코칭 목표(개인적, 건강, 부부/자녀와의 소통 등)	
달성 시기/모습 (사전/사후 변화) 의미	
실천 방법	
평가 방법	

■ 작성 방법
1. 주제별 코칭 목표를 설정하여 명확하게 표현한다.
2. 목표를 이루었을 때의 모습과 기대되는 변화를 작성한다.
3. 목표 달성을 위한 구체적이고 실천 가능한 방법을 작성한다.
4. 목표를 달성했는지를 확인할 수 있는 평가 방법에 대해 작성한다.

(1) 일 · 리더십 목표 설정 사례

부하 직원의 현재 리더십에 대한 진단(스폰서와 서포터즈의 사전 인터뷰, 리더십 다면 평가자료 등)의 피드백과 코칭을 통한 자각 및 미래 리더로서 갖추어야 할 역량 등에 대한 의견을 나누고 난 후, 부하 직원이 주도권을 가지고 설정하도록 한다.

◆ 사례1 (담당 자신감 고취로 매출 목표 달성)

박 팀장은 새로운 아이템에 대한 매출 발생이 시급하고, 담당 직원의 역량 부족으로 고민 중이었으나, 담당 직원에 대한 선입견 배제와 진심을 담은 격려와 지지를 보내주고 구체적인 영업 노하우 전수를 통해 자신감을 고취시켜 매출 발생을 목표로 세움.

코칭 주제 (일 목표)	: PG 매출 목표 달성(3개월) – 정성 목표(팀원 자신감 고취) + 정량 (3억 매출)
목표달성의 의미	: 신 아이템 장착 및 확대 → 성공경험을 통한 팀원 자신감 고취
실천 방법	1. 주간 단위 보고 시 적절한 피드백 실시 2. 담당자 의지를 끌어 내는 노하우 제안 및 코칭 실시 3. 수시 격려 및 타이밍을 맞추어 동행 방문
평가방법	: 정량 수치 확인 및 팀원 자신감 관련 면담 실시

◆ 사례2 (직원 육성하는 리더 되기)

그 동안 이팀장은 직원을 빨리 육성하여야 한다는 강박감에 주로 질책과 별도의 시간을 내어 실무를 가르치기에 급급했다. 그러나 직원들이 육성되기 보다는 더욱더 시키는 일만 하는 등 소극적으로 돼가는 것 같아 직원들에게 불만이었다.

코칭 주제 (리더십 목표)	: 직원들의 성장과 발전에 긍정적 영향을 주는 리더 되기
기대되는 행동 변화	: 직원들 모두 사내 강사 되기, 스스로 주도적으로 일하기
실천 방법	1. 직원들의 생각은 어떤지 먼저 질문하기와 고마움 표현하기 2. 지적보다는 직원들의 생각을 발전시킬 수 있도록 지지하기 3. 매월 1명 씩 사내 강사 만들기
평가방법	: 사내 강사 3명 배출, 조직 문화에 대한 설문과 인터뷰 실시

---

(2) 개인적 목표 설정 사례

코칭을 통해 부하 직원에게 일과 삶에 대한 균형을 유지하게 함으로써 성공과 행복을 추구하게 하는 것은 매우 중요하다. 따라서 일이 아닌 개인적인 목표를 설정하게 하는 데 유형으로는 개인의 건강 관리, 가족(부부 및 자녀)과의 소통, 기타 다양한 목표가 설정될 수 있다. 개인의 목표는 너무 무거운 것 보다는 보다 가벼우면서도 실천이 가능한 것이 좋고 달성이 되었을 때는 스스로에게 선물을 주게 하는 방법도 효과가 크다.

◆ 사례1 (23년 동안 쌓였던 자녀와의 대화의 벽 허물기)

그동안 이 본부장은 자폐증을 가진 자녀와 23년간 대화의 벽을 쌓고 있었다. 대화를 해 보려고 노력은 해 보았지만 선입견 때문에 시도 자체를 하지 못했고 갈수록 서로 어색한 관계가 되어 가고 있었다.

코칭 주제 (개인 목표)	: 자녀와 소통 하기
기대되는 행동 변화	: 자녀의 생각을 알고 소통 함으로 행복한 가족 되기
실천 방법	1. 자녀에게 행동성향(DISC)를 파악하여 자녀 성향 이해하기
	2. 부모와 자녀의 성향을 서로 이해하여 배려해 주기
	3. 자녀와 단둘이 1박 2일 여행하기
평가 방법	: 주관적 지표 (자녀와의 소통 만족도 평가 2 → 6 달성)

◆ 사례2 (건강한 육체로 중년의 활력 찾기)

코칭 주제 (개인 목표)	: 운동으로 노화 예방 및 혼자만의 즐거움 찾기!
기대되는 행동 변화	: 최상의 컨디션 유지 및 타이트한 양복 입기
	퇴근 후 혼자만의 즐거움 찾기
실천 방법	1. 주 3회 이상 1시간 이상 걷기+ 근력 운동(30분)하기
	2. 주말 야외 걷기(자녀와 함께)
평가 방법	: 4개월 이내 현재 85kg를 75kg 만들기 + 집에 있는 양복 입기
선물/ 패널티	: 성공 시 아내와 해외여행 하기
	: 실패 시 아내에게 벌금 30만 원 주기

효과적인 코칭 목표 설정 방법

주제별로 원하는 목표를 분명히 밝히고 선택하고 나면 목표를 효과적으로 설정하는 과정이 필요하다. 이 과정은 목표 설정 과정을 한 단계 더 나아가게 한다. 아래의 SMARTEST 목표 설정 기준을 사용하면 목표 설정을 더욱 효과적으로 할 수 있다.

1) SMARTEST 목표 설정 기준

- Specific : 구체성(구체적인가?)
- Measurable : 측정 가능성(측정 가능한가?)
- Attainable : 달성 가능성(달성 가능한가?)
- Relevant : 관련성(중요한 이유는? 파급효과는? 영향은?)
- Time-Bound : 완수 시간(언제부터, 언제까지)
- Engaging : 헌신
- Satisfying : 만족감
- Team-Based : 협력 지원

2) SMARTEST 목표 설정을 위한 코칭 질문

구체성(Specific)

① 당신이 성취하고 싶은 것을 좀 더 명확하게 설명해줄 수 있습니까?
② 당신의 목표를 구체적이고 단순한 한 문장으로 진술할 수 있습니까?
③ 당신은 정확히 무엇을 성취하고 싶으신가요?
④ 더 구체적으로 말해주세요. 당신이 원하는 최종 결과는 무엇입니까?

측정 가능성(Measurable)

① 당신이 이 목표에 이르렀을 때 당신과 다른 사람들이 어떻게 알 수 있습니까?

② 그 결과를 어떻게 수량화하고 측정할 수 있습니까?

③ 당신은 자신의 목표를 향해 가는 과정에서 당신이 이루는 성과를 어떻게 측정할 수 있습니까?

④ 이 목표를 측정 가능한 방식으로 진술할 수 있습니까?

달성 가능성(Attainable)

① 이 목표를 성취하는 일에서 당신이 통제할 수 있는 부분은 얼마나 됩니까?

② 이 목표를 이루기 위해서 당신은 누구에게 도움을 받을 수 있나요?

③ 다른 사람들이 도와주지 않을 때도 여전히 그 목표를 성취할 수 있는 다른 방법과 백업플랜은 어떤 것들인가요?

④ 이 목표는 당신이 성취할 수 있는 범위 안에 있습니까? 이 목표를 정말 이룰 수 있습니까?

관련성(Relevant)

① 이 목표는 당신에게 왜 중요한가요? 당신과 어떤 관련이 있습니까?

② 이 목표는 당신의 다른 목표들의 달성과 어떤 관련이 있습니까?

③ 이 목표는 당신의 삶 또는 당신의 비전과 어떤 관련이 있습니까?

④ 이 목표는 당신의 삶의 목적에 어떻게 부합하나요?

완수시간(Time-Bound)

① 당신은 며칠 몇 시까지 이 목표를 이루는 것을 전념할 것입니까?

② 당신은 이 프로젝트를 언제 시작할 것입니까?

③ 당신은 언제까지 그것을 끝낼 것입니까?

④ 당신은 얼마동안 그것을 계속할 것입니까? 얼마나 자주하실 겁니까?

헌신(Engaging)

① 당신은 이 목표가 정말로 자신의 것이라고 느끼십니까?

② 1에서 10까지 점수를 매긴다면 당신은 이 목표에 얼마나 동기 부여
되어 있습니까?

③ 이것은 정말로 당신의 가슴에서 열망하는 것입니까?

④ 당신의 꿈이 당신을 목표에 헌신하게 만드나요?

만족감(Satisfying)

① 이 목표를 달성하는 것은 당신에게 어떤 만족감과 기쁨을 줍니까?

② 이 목표를 달성하는 것은 당신 가슴의 열망을 어떻게 충족시켜줍니까?

③ 목표를 성취하고 나면 어떤 장기적인 혜택과 만족감을 얻게 될까요?

④ 이 목표를 달성하고 난 뒤에 당신의 삶은 어떻게 달라질까요?

협력지원(Team-Based)

① 당신이 꿈을 이루는 일에 도움을 줄 수 있는 사람은 누구입니까?

② 당신의 꿈을 이루는데 다른 사람들이 어떤 지원을 해줄까요?

③ 당신의 팀은 당신이 목표를 성취하는데 어느 정도까지 도움을 줄
수 있습니까?

- 무엇에 대해 이야기 하고 싶은가요?

- 지금 머릿속에 꽉 차 있는 생각은 무엇인가요?

- 지금 가장 중요하고 시급한 과제와 이슈는 무엇 인가요?

- 해결하고 싶은 주제가 있다면 무엇입니까?

- 그 주제의 가장 긍정적인 모습은 어떤 것인가요?

- 이 결과는 당신에게 어떤 의미가 있나요?

- 그것이 당신에게 중요한 이유는 무엇인가요?

- 언제까지 어떤 모습이면 만족하시겠습니까?

- 그것을 이룬다면 자신의 삶에 어떤 영향을 미칠까요?

- 그것이 일에는 어떤 영향을 미칠까요?

- 목표를 달성했다는 것을 어떻게 측정할 수 있을까요?

실행 방법과 평가 방법 정하기

1) 실행 방법 정하기

지금까지 부하 직원은 주제별로 코칭 목표를 설정하였고 가장 긍정적인 달성 모습에 대해서 "상상하기"와 "확언하기"를 통해 목표 달성에 대한 동기 부여를 하였다. 아울러 목표 달성이 본인에게 어떤 의미가 있는지에 대해서도 살펴봄으로써 본인 스스로에게 의미까지를 부여하였다.

이제 목표를 어떻게 달성할 것인지에 대한 구체적인 실천 방법이 필요하다. 먼저, **"목표를 달성하는 데 애로사항이나 극복해야 할 과제는 어떤 것이 있나요?"**라는 질문을 한다. 이 질문을 하는 이유는 첫 번째, 고객이 원래 생각하고 있는 목표 달성을 방해하는 장애요인이 진짜 이유인지? 또는 본인을 합리화하는 핑계거리인지를 스스로 인정하게끔 하는 것이다. 즉 진짜 이유를 찾는 것이다.

"그 장애요인이 진짜 장애요인인가요? 노력하면 어느 정도 가능한 것인가요?"

두 번째 이유는 목표 달성을 위해서 필요한 모든 자원에 대해 스스로 파악하게 해 보는 것이다. 즉 본인만의 노력이 아닌 모든 자원을 활용하는 실천 방법을 끌어내는 것이다.

"이 목표를 달성하는 데 도움이 되는 사람(조직)은 누구누구가 있습니까?"

"이 목표를 달성하는 데 꼭 필요한 것들을 모두 이야기해 보세요?"

이제 목표 달성을 위해서 코칭에서 가장 중요한 질문을 던지는 차례이다.

"그럼에도 불구하고 이러한 모든 자원을 활용하여 목표 달성을 하는 방법 3가지는 무엇일까요?"

이렇게 부하 직원이 주도권을 가지고 목표를 설정함은 물론 달성 방법도 스스로 도출하게 하는 것이 코칭의 성과에 매우 중요한 과정이다. 달성 방법을 크게 3가지 정도를 도출한 후 다음 세션까지 달성 방법 20가지를 추가로 더 작성하게 가져오게 한다. 달성 방법 20가지를 도출하는 과정에서 실질적인 달성 방법에 대해 스스로 많은 아이디어를 창출하게 된다. 그래서 다음 세션에서 달성 방법과 구체적인 실천 항목에 대해 최종 결정을 한다.

코칭 주제별 실천 계획 (샘플)

1. 코칭 주제

1) 조직 목표 : 팀웍 강화
2) 리더십 목표 : 팀원 업무 역량강화
3) 개인 목표 : 건강 관리

2. 코칭 주제별 달성도 측정 및 진척 사항 체크

주제	구체적 행동 변화	현재 (점수)	목표 (점수)	실천 여부 체크							비고
				1	2	3	4	5	6	7	
1	■ 매주 월요일 팀원 전체 티타임 실시 - 특정 주제 없이 개인 별로 한 주간 있었던 일 나누기 ■ 월 1회 개인 면담을 통해 애로 사항 파악 및 해결	보통 (5)	최고 (9)								
2	■ 업무별 세부 매뉴얼 작성 ■ 개인별 취약한 업무 스킬 파악 지도/지원	보통 (5)	최고 (9)								
3	■ 주 3회 걸어서 출근하기 (봄/가을) ■ 월 2회 산행하기	보통 (3)	최고 (10)								

2) 평가 방법 정하기

목표 달성을 평가하는 방법으로는 복표가 정량적인지 또는 정성적이냐에 따라 평가 방법도 달라진다. 수치로 나타나는 목표는 당연히 수치로 평가하면 된다. 그러나 수치로 나타낼 수 없는 정성적인 목표는 사전에 평가 방법에 대해 미리 정하여 평가를 실시한 결과를 가지고 평가하여야 한다.

대표적으로 "고객의 주관적 지표" 또는 해당 대상들에게 하는 "인터뷰"나 "설문지" 방법들이 많이 사용된다.

Memo

제 3세션
코칭 리더십 역량 "인정/지지/칭찬" 학습하기

"부하 코칭하기"

코칭 리더십 역량 학습 "인정과 칭찬"

코칭 리더십은 핵심 리더들을 대상으로 하는 프로그램이다. 따라서 코칭 리더는 직속 부하 중에서 중간 리더까지를 대상으로 하여야 한다. 따라서, 부하 직원도 리더로서 "코칭 리더십 역량"을 학습하여 현장에서 직원들에게 활용할 수 있도록 코칭 리더는 그룹 코칭으로 전수(앞 코칭 리더가 갖추어야 할 역량 참조)하여야 한다. 그룹 코칭을 하는 장점으로는 상호실습과 토론이 가능하다는 것이다.

가족과 직원을 선택하여 "소중한 사람에게 10가지 칭찬하기"를 실천하게 하여 그 반응과 본인의 느낌에 대해 코칭 리더와 상호 피드백을 한다.

"소중한 사람에게 10가지 칭찬하기"

나 OO는 지금까지 O년 동안 OO와 같이 일하면서 많은 장점을 발견했는데, 그중에서도 특별히 뛰어난 장점들을 아래와 같이 정리하여 칭찬합니다.

1.

2.

3.

4.

5.

6.

7.

8.

9.

10.

가장 소중한 사람에게 칭찬 내용을 작성하여 문자나 카톡(사진)으로 보내기

"칭찬 봉투" 전달하기/전화로 통화하기(고맙다고 하기)

코칭 리더십 역량 학습 "배려"

코칭 리더는 셀프 코칭에서 학습한 "배려 리더십"의 내용에 대해 그룹 코칭으로 학습을 진행하고 직원들을 대상으로 DISC를 실시한다. 다음 양식에 의거하여 검사 대상자의 직급과 직책 및 이름을 쓴다. 각 검사 대상자 별로 DISC 검사 전 평소의 행동을 보고 예상되는 유형을 적어 본다. 그리고 실제 검사 후의 결과를 작성한다. 각 대상 별로 나온 DISC 결과에 따라 각 성향을 배려하는 방법에 대해 작성을 한다. 아울러 직원의 DISC 성향 검사를 한후 느낌과 리더십 방향에 대해 새롭게 설정하게 한다.

실천 약속 3 (DISC 검사 & 배려리더십 전략수립)

직책/급	이름	DISC 결과		리더십/코칭방향
		예상 유형	실제 결과	

느낌 점과 향후 리더십 방향 설정하기

제 4세션
코칭 리더십 역량 "경청" 학습하기

"부하 코칭하기"

코칭 리더십 역량 학습 "경청"

    코칭 리더는 셀프 코칭에서 학습한 "경청"의 내용에 대해 그룹 코칭으로 학습을 진행하고 다음 페이지 양식에 따라 실습을 한다. 아울러, 한 주간 "경청" 실천을 하게하고 그 결과에 대해 상호 피드백을 나눈다.

경청 실습 (2인 1조) → 느낌 상호 피드백

실습 1	◆ 남의 말을 잘 들어주지 않아 낭패를 겪은 경험 ◆ 다른 사람이 자신의 말을 잘 들어주지 않아 좌절을 겪었거나 오해가 생긴 경험

실습 2	◆ A가 B를 보며 최근에 겪었던 슬프거나 스트레스받았던 일에 대해 이야기한다. ◆ B는 A의 이야기에 집중하지 않고 딴짓을 한다. ◆ 2분이 지나면 역할을 바꾼다.

실습 3	◆ 민감한 주제선정 ◆ A와 B 두 사람이 주제와 찬반역할을 정하고 각자 반대되는 의견을 동시에 일방적으로 이야기한다. ◆ 3분 동안 상대방의 말을 무시하고 자기주장만을 계속한다.

관찰을 통해 발견한 사항 → 느낌 상호 피드백

신체적 언어	■ 시각(외모) – 복장, 헤어스타일 – 액세서리	
	■ 시각/청각 – 얼굴표정, 시선 – 몸짓, 손짓 – 말의 속도, 양 – 말투, 목소리 크기	
감정	■ 감정	
내면 의도	■ 의도	
기타 관찰 특이사항		

제 5세션
Life Story 경청 및 쉐도우 코칭하기

"부하 코칭하기"

부하 직원과의 식사 + Life Story 경청

1. 식사

부하 직원과 매번 사무실에서 만나다 보면 아무래도 속마음까지를 나누는 데 조금은 한계가 있을 수 있다. 한국 사람들은 특히 더 함께 식사를 나누는 사이가 되면 한결 가까워진다.

사전에 식사 일정을 정하고 식사 메뉴는 서로 상의하여 정하되 될 수 있으면 코칭 대화를 나누기에 좋은 분리 된 룸이나 공간을 택하는 것이 좋다.

식사시간은 부하 직원과 상의하여 점심식사일 수도 있고 저녁식사가 될 수도 있다.

점심시간은 식사 포함하여 1시간에서 1시간 30분 이내로 진행되기 때문에 시간에 대한 부담이 적고, 식사도 가볍게 할 수 있기 때문에 코칭 초기에는 점심식사가 바람직하다고 생각한다.

그러나 코칭 중반이나 종반에 서로 친밀도가 높을 때는 저녁 시간에 시간제한을 덜 받으면서 충분한 시간을 가지고 술도 반주 정도로 가볍게 같이 나누면서 코칭을 하는 것도 바람직하다 하겠다.

2. 부하 직원의 Life Story 경청

식사 중에도 자연스럽게 부하 직원이 그동안 살아왔던 이야기를 나눌 수는 있다. 그러나 식사 중에는 사회적인 이슈나 가벼운 이야기를 화제로 하여 가볍게 나누는 것이 바람직하다.

따라서 식사 후의 차를 한잔 마시면서 30~40분 정도 부하 직원이나 리더 모두에게 집중할 수 있는 분위기에서 대화를 나누는 것이 좋다. 부하 직원의 Life Story 경청을 위한 질문은 "지금까지 살아온 것에 대해 말해 주겠나?"라고 바로 질문을 하여도 되지만 부하 직원의 성향에 따라 또는 자신의 이야기하기를 망설이는 부하 직원에게는 조금씩 주제를 나누어 "어렸을 때는 어땠나요?", "아버님 하면 어떤 것이 떠오르나요?", "와이프는 어떻게 만났나요?", "살아오면서 가장 행복했던 때는 언제였나요?" 등의 질문을 함으로써 부하 직원과의 대화를 이끌어 내야 한다.

경우에 따라서는 리더가 먼저 자신의 이야기를 들려줌으로써 부하 직원이 자신의 이야기를 자연스럽게 할 수 있도록 유도하는 것도 좋은 방법이다. 또한 부하 직원이 이야기하는 중에 리더 자신의 삶과 유사한 경우에는 충분한 공감도 표시하며, 리더 자신의 이야기도 부하 직원에게 들려주어 좀 더 적극적인 반응을 나타내 주는 것도 좀 더 활발한 대화를 하는 데 도움이 된다.

부하 직원의 Life Story를 경청하면서 리더는 집중적인 관찰을 통해 부하 직원에게 나타나는 미묘한 신체적 반응과 감정적 반응을 캐치할 필요가 있다. 부하 직원이 그동안 살아오면서 의식 또는 무의식을 지배하고 있는 요소들을 파악한다. 이는 추후 코칭을 할 때 부하 직원의 의식을 파악하거나 변화시키는 데 중요한 단서가 될 수도 있다.

부하 직원에게 자신의 살아온 이야기를 솔직하게 해 주어 진심으로 감사하다는 인사를 하고 다음 일정을 서로 확인한 후 헤어진다. 이렇게 일대일로 식사를 함께 하고 부하 직원이 자신이 살아왔던 이야기를 코치와 나눈 이후의 코칭 세션은 그전 세션보다 분명히 좀 더 친밀하고 신뢰도가 함께하는 코칭 세션 분위기가 되는 데 기여한다.

Life Story 경청을 위한 질문 사례

1. 어릴 때부터 지금까지 살아오신 것에 대해 이야기해 주시겠어요?
2. 지금까지 살아오신 것을 되돌아 볼 때 인생의 중요한 계기가 되었던 때는 언제 어느 때였습니까?
3. 지금까지 살아오면서 가장 행복 했던 때는 언제였나요?
4. '어머님' 하면 무엇이 떠오르나요? 어머니하고 추억은 어떤 것이 생각나나요?
5. '아버님' 하면 무엇이 떠오르나요? 아버님하고 추억은 어떤 것이 생각나나요?
6. 가장 친한 친구는 누군가요?
7. 사모님은 어떻게 만나셨습니까?
8. 어렸을 때는 어떠셨나요?
9. 중 · 고등학교 때는 어떻게 보내셨나요?
10. 살아오면서 인생에 가장 큰 영향을 준 책(영화 · 말씀)은 어떤 것이 있나요?
11. 지금 직장의 입사 시기는? 입사동기는?
12. 지금까지의 직장생활에 대해 이야기해 주시겠어요?

쉐도우 코칭

쉐도우 코칭이란 일정 시간동안 부하 직원의 일상적인 행동을 촬영과 관찰을 통하여 이를 부하 직원과 함께 피드백을 하는 코칭을 말한다. 일상적인 행동이란 다음과 같다.

① 회의하는 모습
② 보고 받는 모습
③ 지시하는 모습
④ 직원들과 대화하는 모습
⑤ 직원과 면담하는 모습
⑥ 기타

쉐도우 코칭 기대 효과

보통 사람들은 무의식적으로 하는 좋지 않은 행동들이 있다. 그것들에 대해 그냥 말로만 하는 지적은 상대방이 잘 인정도 하기 어렵고 오히려 반발심을 일으킬 수도 있다. 뿐만 아니라 실감이 나지 않아 교정하기가 쉽지 않다. 그러나 이러한 행동을 촬영하여 자기의 모습을 자기 스스로가 직접 보면서 자기의 행동이 안 좋다는 것을 인정할 수가 있어 교정하는 효과가 크게 나타난다.

쉐도우 코칭 진행 방법

쉐도우 코칭의 진행은 먼저, 부하 직원에게 쉐도우 코칭을 하는 취지를 설명하여 일상적인 행동을 관찰하는 시간과 장소를 서로 협의하여 정한다. 그리고 정해진 시간과 장소에 가서 미리 부하 직원과 함께하는 직원들에게 쉐도우 코칭의 취지를 설명한 뒤 리더의 촬영이나 관찰에 대해 전혀 의식하지 말고 평소와 하던 대로 해 달라는 부탁을 한다.

부하 직원의 일상 행동에 대해 촬영과 관찰을 시작한다. 이때 촬영은 모든 시간을 다 촬영하는 것이 원칙이지만 그러한 장비가 없거나 너무 시간이 많이 소요될 때는 중요하다고 판단되는 장면에 대해서만 부분 촬영할 수도 있다. 또한 부하 직원의 행동 하나하나를 관찰을 하고 중요한 장면들에 대해서는 메모를 하여 피드백 준비를 한다.

피드백

리더는 촬영된 영상을 미리 보고 피드백을 할 장면을 선정하고, 관찰을 통한 피드백 할 내용 등에 대해 정리하여 피드백을 준비한다. 쉐도우 코칭 후의 다음 세션에서 부하 직원과 함께 피드백을 한다. 먼저 부하 직원에게 쉐도우 코칭을 할 때의 느낌에 대해 먼저 나누어 본다. 그리고 촬영된 영상을 고객과 함께 보면서 먼저 부하 직원 스스로의 피드백을 들어본다.

부하 직원 스스로 판단할 때 본인의 좋은 행동과 바람직하지 않은 행동에 대해 부하 직원의 이야기를 들어 본다. 그리고 나서 코치가 관찰한 내용에 대해 피드백을 전달한다. 그리고 앞으로 계속 발전적으로 지양해야 할 행동과 개선 및 교정해야 할 행동에 대해 부하 직원과 함께 협의하여 결정을 한다.

실행계획 수립 및 상호 책임 합의

피드백을 통해 나온 내용 중 부하 직원이 계속 더 발전적으로 지향해야 할 행동과 개선 및 교정을 하여야 할 행동에 대해 부하 직원 스스로 실천 계획을 수립하게 한다. 그리고 코칭 리더는 이 실천 계획에 대한 상호 책임에 대해 합의한다. 코칭 세션이 끝날 때까지 상호 책임에 대하여 매 세션별로 점검을 하고 피드백을 한다. 부하 직원 스스로 개선에 노력을 보이고 개선의 효과가 나타날 때마다 부하 직원에게 칭찬과 격려를 해 준다. 그러나 개선의 노력이나 효과가 미미할 때는 부하 직원 스스로 정하고 약속한 실천 계획에 대해 리마인드를 해 주며 실천할 수 있도록 관심과 격려를 해 줄 필요가 있다.

쉐도우 코칭 피드백 사례

■ **장점**

1) 회의 시작 前 격의 없는 Ice Break로 상호 Relation 실시

　　→ 친형 같은 태도와 친화력으로 자연스럽게 Relation 유도

2) 효율적인 "회의 문화" 정립에 솔선수범

　　→ 사전 이슈 공유 – 사전 시간 설정 등

3) 직원들에게 솔직하고 날카로운 질문과 공감을 유도한 강력한 지시를 통해 회의에
　 대한 집중 및 효율성 강화

　　→ 모르는 것에 대해선 솔직하게 질문함으로써 친밀/신뢰

　　→ 업무에 대한 날카로운 질문과 지적 (오타, 용어 통일 등)

　　→ 일방적 지시가 아닌 질문(해 보면 어떨까? 등)을 통해 공유를 유도하면서 일단,
　　　공유된 건에 대해선 강력한 지시

■ **보완점**

1) 경청과 관찰을 하고는 있으나 좀 더 스킬 풀 하였으면 바람

　　→ 좌석 배치에 따라 눈 마주치기 어려운 위치에 있는 부하에게도 의도적인 눈 맞춤
　　　과 리액션 필요

2) 친밀도는 좋으나 반말 일변도보다는 가끔 존댓말 병행 요망

■ **실행 계획**

－ 장점 활용 강화 및 보완점 보완 다짐 –〉 경청과 관찰 스킬 배양

－ 존댓말과 반말 사용에 대한 직원들의 의사 타진 예정

－ 서포터즈 선정 및 칭찬하기 실천

제 6세션
코칭 리더십 역량 "코칭 대화" 학습하기

"부하 코칭하기"

코칭 리더십 역량 학습 "코칭 대화"

코칭 리더는 셀프 코칭에서 학습한 "코칭 대화"의 내용에 대해 그룹 코칭으로 학습을 진행하고 T-Grow(Goal – Reality – Option – Will)대화 모델로 상호 실습하게 한다. 아울러 현장에서 직원들과 코칭 대화를 한 후 상호 피드백을 한다.

T- GROW 질문 모델

■ **주제/목표 설정 (Goal)**

"무엇에 대해 이야기 하고 싶은가요?"

"지금 가장 중요하고 시급한 과제와 이슈는 무엇인가요?"

"그 주제의 가장 긍정적인 모습은 어떤 것인가요?"

"이 결과는 당신에게 어떤 의미가 있나요?"

■ **현실 파악 (Reality)**

"문제 해결을 하는 데 방해요소는 무엇인가요?"

"무엇 때문에 이 문제가 일어나고 있다고 생각하십니까?"

"이를 해결하기 위해 지금까지는 어떤 노력을 해 오셨나요?"

■ **대안 창출 (Option)**

"다른 대안이 있다면 어떤 방법이 있을까요?"

"그중 어떤 방법이 있을까요?"

"그럼에도 불구하고 대안을 3가지만 찾아본다면 무엇이 있을까요?"

■ **실행 의지와 상호 책임(Will)**

"무엇부터 하겠습니까?"

"언제부터 어떻게 해 보시겠습니까?"

"제가 언제 어떤 방법으로 점검해 드리면 좋을 것 같습니까?"

코칭 대화 후 느낀 점 상호 피드백

1. 코칭 대화에서 어떤 점을 느끼셨습니까?

2. 좀 더 개발하면 좋겠다고 생각되는 것은 어떤 것입니까?

3. 코치 역할을 했을 때 자신의 잘된 점은 무엇입니까?

4. 좀 더 개발하고 싶은 것은 어떤 점입니까?

제 7세션
자아 성찰 & 소중한 꿈 이루기

"부하 코칭하기"

자아 성찰

　코칭을 통한 기대효과 중 고객의 자아 성찰을 통해 삶을 재조명하게 함으로써 행복하고 풍요로운 삶을 설계하도록 유도한다. 이렇게 앞만 보고 열심히 달려온 부하 직원들에게 코칭을 통해 잠시 인생의 쉼표를 제공하면서 옆도 돌아보고 뒤도 돌아보면서 "삶"에 대해서, "행복"에 대해서 특히, 자기 자신의 내면과의 대화를 통해 "자기 성찰"을 하게 하는 세션은 **실제 많은 리더가 코칭의 가장 큰 효과로 꼽고 있다. 즉 올라갈 때 보지 못한 삶에서 중요한 그 꽃들을 코칭을 통해 보게 하는 것이다.**

　또한 다음과 같은 질문과 앞의 "코칭 리더 셀프 코칭" 자료를 활용하여 부하 직원의 내면을 성찰하게끔 코칭을 한다.

- "지금까지 어떠한 존재로 살기 위해 노력해왔는가?"
- "나의 인생을 한 문장으로 적어 보기"
- "인생의 좌우명"은? 그 이유는?"
- "나의 묘비명은 _____ 라고 쓰여 있기를 원합니까? 그 이유는?"
- "당신은 누구 십니까?"(10회 이상 질문 반복)
- "유서 써보기"
- "자기 자신과의 파워 인터뷰"
- "본인에게 편지 쓰기"(1년 후 개봉)
- "삶의 의도 메트릭스"
- "나의 소중한 꿈 찾기"

원더풀 라이프를 원한다면!

부하 직원의 남은 일생을 원하는 것을 이룰 수 있도록 코칭을 해 주어야 한다. 현재 부하 직원의 인생에서 가지고 싶은 것Having, 하고 싶은 것 Doing, 되고 싶은 것Being,을 기록하도록 하라. 눈물이 날 정도로 경이롭고 행복으로 가득 찬 원더풀 라이프를 달성하길 원한다면 먼저 부하 직원이 간절히 원하는 것을 아래의 방법과 양식을 참조하여 적도록 하라.

1. 가능한 인생의 많은 목표를 생각하라

목표 하나를 한 장의 카드에 작성하며, 고치지 말고, 생각을 멈추지 말고, 빨리 작성한다. 가지고 싶거나, 하고 싶거나, 미래 되고 싶은 것을 구체적으로 작성하라. 되도록 카드의 중간에 목표를 적어 두자. 그래야 이후 여백에 내용을 추가할 수 있다.

2. 장기적으로 생각하라!

정한 첫 번째 목표는 몇 주나 몇 달 또는 1년, 5년 안에 달성할 수 있는 단기적인 것일 수도 있다. 목표를 정하면서 장기적 미래에 대해서도 생각해 보자. 10년, 20년, 30년, 50년, 심지어 100년 내 달성 할 목표를 적어라. 자신의 수명을 넘어서 다른 사람에게 넘겨 줄 수 있는 세대를 초월한 목표를 정해라.

3. 목표를 어떻게 달성할지 걱정하지 마라!

구체적 실행 계획은 나중에 정한다. 또한 목표가 우스꽝스럽거나 비현실적이라고 해서 그 목표를 버리지 마라. 수정하거나 목표를 줄이거나, 버리는 것은 나중에 일이다.

4. 다른 사람과 함께 해라!

다른 사람들에게도 목표를 정해보라고 하고 서로 공유하고 격려한다.

5. 말하라!

또 다른 방식으로 다른 사람에게 당신의 목표를 말한다. 사람들에게 중간에 끼어들어 질문을 하거나 비판하지 않도록 부탁하자. 다른 사람에게 당신이 말하는 목표를 적어 달라고 부탁한다.

6. 비전을 보존하라!

안전하고 접근 가능한 장소에 목표를 보관하라. 카드 박스를 이용해도 될 것이다.

당신이 원하는 것을 적어라!

눈물이 나고 심장이 뛸 정도로 흥분되는 목표를 적는다. 달성할 수 없을지도 모른다는 회의는 접어두자. 당장은 달성하지 못할 것이 확실하더라도 우선은 적어둔다. 당신에게 천국을 느낄 수 있는 것들을 작성하라. 다음 예를 참고하자.

- 훌륭한 경청자가 되고 싶다.
- 세계 7대 장관은 모두 여행하고 싶다.
- 악기 하나쯤 연주하고 싶다.
- 아름다운 계곡이 있는 목장을 소유하고 싶다.
- 나를 더욱 사랑하고 싶다.
- 몸짱이 되고 싶다.
- 유머감각을 키우고 싶다.
- 최신 리코딩 슈튜디오를 만들어 무료로 수천 명에게 개방하고 싶다.
- 가난한 아이들을 위해 축구 장학기금을 설립할 것이다.
- 환경이나 인류애적인 사업을 하는 사람에게 자금을 제공할 것이다.
- 아프리카를 1년 여행하고 싶다.
- 더 큰 성적만족을 느끼고 싶다.
- 정식 작가가 되고 싶다.
- 나의 노하우를 담은 책을 펴내고 싶다.
- 앞으로 3년만 일하고 싶다.
- 하루 만보기를 착용하여 만 보를 걷고 싶다.
- 책임 있는 아버지 역할을 위한 기관을 설립할 것이다.

1. 가지고 싶은 것(Human Having) : 물질적 부의 증가
2. 하고 싶은 것(Human Doing) : 기술의 향상과 활동범위의 확장
3. 되고 싶은 것(Human Being) : 존재의 발전

부하 직원에게 위와 같은 자료를 참조하여 나머지 일생 동안 이루고 싶은 꿈을 100가지를 작성해 오라고 실천 약속을 한다. 물론 1주~2주 동안 100가지를 다 작성 하기가 어려울 수도 있다. 따라서 이번 기회에 본인의 "드림 노트Dream Note"를 장만케 하고 생각이 날 때마다 기록하게 유도한다. 100가지 옵션에 도전하여 계속 내면에 있는 꿈을 끌어낼 수 있도록 격려한다. 때에 따라서는 "기적 질문" 등을 통해서 부하 직원의 꿈을 끌어내는 데 도움을 주는 것도 바람직한 코칭 방법이라 하겠다.

꿈 100가지 작성과 달성 방법 30가지 작성하기 양식과 사례

부하 직원에게 먼저 이루고 싶은 꿈 100가지를 작성하게 한 후 그중에서 가장 간절하고 시급하게 달성하고 싶은 꿈 한 가지를 선정하게 한다. 1차로 선정된 꿈에 대해 그 꿈이 가장 긍정적으로 달성 된 모습을 그려내어 "상상하기"와 "확언하기"를 실시한다. 그리고 그 꿈이 달성된 것이 부하 직원에게 어떤 의미를 갖는지에 대해서도 공유를 한다. 그러고 나서 그 꿈을 달성하는 방법에 대해 30가지를 작성하게 한다. 통계에 의하면 "어떠한 목표든지 달성하는 방법을 30가지를 도출해 내면 반드시 이루어 진다"라고 한다. 부하 직원도 방법 30가지를 작성하는 과정에서 평소에 생각하지 못했던 다양하고 참신한 방법들을 스스로 도출하면서 꿈을 이루는 데 대하여 자신감을 느끼게 됨으로써 더욱 열정적으로 노력하게 된다.

이루고 싶은 꿈 (하고 싶은·되고 싶은·갖고 싶은) 100가지를 쓰세요 (작성사례)

1. 드럼 배우기	21. 하루를 감사하면서 되돌아보기	41. 일주일에 최소 한두 번 일기장에
2. 서예 작품 전시	22. 팔공산 인근에 한옥 주택 마련하기	일기 쓰기
3. 가족과 함께 설악산 or 지리산 등반	23. 에베레스트 베이스캠프 트래킹	42. 개인 서재? 갖기
4. 설악산에 일주일 동안 처박혀 있기	24. 부모님 제주도 여행	43. 가족과 함께 캠핑하기
5. 큰아들과 낚시하기	25. 50세에 친구들과 2박 3일 여행가기	44. 피아노 연주하며 노래 부르기
6. 미러리스 카메라 갖기	26. 가족들과 야구 구경	(딱 한 곡)
7. 하루에 한 번씩 아이들 안아주기	27. 蘭 키우기	45. 바나바와 같은 복음의 동역자 되기
8. 하루에 한 번씩 가족을 위해 기도하기	28. 얼굴에 살 찌우기	46. 漢詩 짓기 (한문 배우기)
9. 분기에 한 번씩 아내와 영화 보기	29. 배에 王자 세기기 (몸짱)	47. 전각/표구 배우기
10. 계절별로 가족 여행하기	30. 성악 배우기	48. 한국 100대 명산 등반하기
11. 매달 가족 모습 찍기 (스냅, 사진)	31. 몸무게 60Kg 만들기	49. 마케팅 공부하기
12. 2년 뒤 가족과 함께 일주일 제주 여행	32. 두 달에 한 권 책읽기	50. 두 아들과 아내의 꿈 찾아주기
13. 전국 일주	33. MBA 사이버 강의 듣기	51. 해외 단기선교 다녀오기
14. 한 달 유럽 여행	34. 10Km 단축 마라톤 완주	52. 브레이크 댄스 배우기
15. 양육 교사	35. 성지순례	53. 친구들과 밤새도록 포커치고 사우나
16. 55세에 경제적 자유 (50억 갖기)	36. 한글 서예 배우기	54. 오랫동안 못 본 친구들 만나보기
17. 바리스타 되기	37. 먹고 자고, 먹고 자고 2주 동안 해보기	55. 서울 고궁 돌아보기
18. Bump Capa-Up(50K)&Solder	38. 최소 1년에 성경통독 1회	56. 서울 여행
19. 한 달에 한 번 봉사활동	39. 옛날 첫사랑 만나보기	57. 청소년 코칭 배우기
20. 부모님 전도	40. 마술 5가지 배우기	58. 팀원들과 1박 2일 등산하기

세 가지를 선택한 다음 최종적으로 한 가지 꿈을 선택하고 그 이유와 의미를 적어 보세요

1. 두 아들과 아내의 꿈 찾아주기(★) 2. 양육 교사 3. 계절별로 가족 여행

최종적으로 선택한 꿈(꿈 찾아주기)을 달성시킬 수 있는 방법(옵션) 30가지를 쓰세요

1. 하루 10분간 가족과 대화하기	9. 가족과 하루를 감사로 돌아보기	17. 자신감을 심어주기
2. 잘한 것은 칭찬하기	10. 같이 기도하기	18. 존재 자체로써 존중하기
3. 하루에 한 번씩 안아주기 (정서적 안정)	11. 내가 먼저 변하기	19. 가족 공동의 꿈 갖기
4. 1년에 세 번씩 체험 학습	12. 어린이/청소년 코칭 배우기	20. 건강 지키기
5. 아내와 아이들 좋아하는 것 찾아보기	13. 꿈이 있는 아빠/남편 되기	21. 게임/TV 많이 하지 않기
6. 꿈 리스트 작성	14. 가족끼리 화내거나 짜증을 내지 않기	22. 책을 통한 간접 체험하기
7. DISC 검사하기	15. 눈을 마주치고 얼굴을 보고 대화하기	23. 돈 벌어놓기
8. 가족끼리 부정적인 말하지 않기	16. 꿈 리스트 실행을 통한 성취감 얻기	

조직원들을 꿈을 꾸게 하라!

참여형 팀 비전 설정

전 팀원들이 참여하여 팀의 미션과 비전을 정하고 달성 모습을 공유한다. 그리고 비전 달성을 위한 핵심 전략을 수립한 후 핵심전략을 구체화할 실천 계획을 수립한다. 이후 리더는 팀 비전을 달성될 수 있도록 직원들에게 코칭을 한다.

우리 팀의 Mission & Vision [시점/모습(정량/정성), 팀/구성원]

우리 팀의 Vision 달성을 위한 핵심 (코칭 활용) 전략

핵심 전략을 구체화할 실천계획
(Who/What/How/When)

직원들 Dream Note 설정 및 실천계획 선언

팀원들에게 다음 페이지 사례와 같이 각 개인별 드림 노트와 비전을 이루는 "자기 발전 실천 계획"을 매년 작성하고 팀의 잘 보이는 장소에 부착한다. 이는 비전을 글로 쓰고 선언하는 효과를 발휘할 수 있다. 또한 팀원 서로가 각자의 꿈을 공유함으로 서로 이해하고 배려할 수 있는 분위기가 조성된다. 분기별로 실천 정도를 상호 피드백을 함으로써 실천을 계속 지지하고 독려하는 것도 바람직하다.

목적 – 목표 – 계획 체계

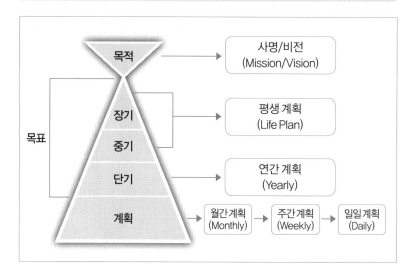

드림 노트 작성 사례

◆서른하나 몸짱이 되다!

나도 이제
몸짱이다.
롤 모델은 이병헌!
축 처졌던
내 배가 이제는
남부럽지 않은
초콜릿 복근이
되었다.

◆서른다섯 별을 달다

나도 이제 과장이다.
이 과장!! 부하 직원에게 부끄럽지 않는
나 자신이 되도록 해야겠다.

◆서른아홉 또 다시 달린다

전기자동차 사업부
로 가게 되었다.
이번에 개발된
전기모터 EX–32Z는
성능이 기존 모터에
비해 월등히 높은
평가를 받고 있다.

◆마흔일곱에 CEO!

전기자동차 사업부
대표이사로 선출 되었다.
매우 기쁘고 앞으로
더 앞으로 나아가야겠다.

실천 계획 양식 및 부착 사례

나의 발전을 위한 실천 계획

긍정 에너지 프로 따뜻한 리더/남편/ 아빠	나의 발전을 위하여	◆ 머리는 차갑게, 가슴은 뜨겁게 행동하고 ◆ 긍정적인 에너지가 넘치는 사람 되기 1. 나의 장점/단점/성향 파악하기 2. 직장/가정/학교 균형 맞추기 3. 상황에 지배당하지 않고 상황을 지배하는 습관 4. 감정 표현에 솔직해지기
	직장의 발전을 위하여	◆ 프로페셔널한 업무 처리 ◆ 인간미 넘치는 동료 1. 무거운 분위기보다는 의욕적인 분위기 유도하기 2. 실수 횟수 줄이고 미래를 예측하는 연습 3. Income 창출 아이디어 1개 이상 제안
	내 가족을 위하여	◆ 한번 말하고 두 번 들어 주기 ◆ 진심으로 이해해주고 대화하기 1. 아들과 매일 10분 눈 마주 보여 대화하기 2. 아내에게 매일 1가지씩 칭찬해주기 3. 화내기 전에 1번 더 생각하고 말하기
	소중한 나의 꿈을 위하여	◆ 현실의 틀을 깨고 매일같이 진화하기 ◆ 5년 이내 연봉 1억 1. 새 차 구매 2. 대학교 졸업(2013년) 3. 평생 열정을 쏟을 수 있는 취미활동 시작하기 4. 남에게 보이기 위한 삶보단 나를 위한 삶을 사는 연습

코칭 리더십

실행이 없는 비전은 꿈에 불과하며,

비전이 없는 실행은 시간만 보내게 한다.

실행이 있는 비전은 세상을 바꿀 수 있다.

"Vision without action is merely a dream.

Action without vision just passed the time.

Vision with action can change the world."

- 조엘 A. 바커(Joel A. Barker) -

Secret

1. 원하는 걸 결정하라.

2. 이루어질 수 있다고 믿어라.

3. 당신이 그걸 얻을 자격이 있고 얻을 수 있다고 믿어라.

4. 날마다 몇 분간 눈을 감고 원하는 것을 이미 얻었을 때,
   소망이 이루어졌을 때의 감정을 상상하라. ("끌어당김의 법칙")

5. 이루어진 고마운 일들에 집중하면서 그 감정을 즐겨라.

6. 그러고 나서 잊어버리고 우주에 맡겨라.

7. 우주가 알아서 당신에게 가져다주리라고 믿어라.

제 8세션
코칭 종합 정리 &
셀프 코칭 주제 및 목표 설정

"부하 코칭하기"

코칭 마지막 세션

오늘이 공식적으로 마지막 세션이다. 일단 오늘의 마지막 세션이 오기까지 약 3개월 동안 부하 직원이나 리더 모두에게 그동안 함께 했던 많은 코칭 대화와 깨달음들이 머리에 스쳐 지나갈 것이다. 마지막 세션은 그동안의 세션과는 달리 처음 시작할 때부터 **"그동안 바쁜데도 불구하고 코칭에 열심히 임해 주어 진심으로 고맙다."** 라는 인사를 먼저 건네고 시작하는 것이 "이게 진짜 마지막이구나." 라는 느낌을 갖게 해 주며 그동안의 코칭과는 구분되는 분위기를 자연스럽게 형성할 수 있다.

마지막 세션에서는 다음 3가지를 중점적으로 다루게 된다.

① 그동안 부하 직원과 리더가 함께 추진했던
   "주제별 목표의 달성 여부 최종 확인!"

② 리더와 함께하는 마지막 세션이 끝나고, 이후 스스로 코치가 되어 조직
   이나 본인에게 코칭(셀프 코칭)할 주제 및 계획 발표

③ 코칭 과정 총정리 및 마무리 인사

1. 코칭 주제별 목표 달성 최종 확인

코칭 주제별 목표 즉 일, 리더십 목표, 개인적 목표에 대한 달성 여부를 최종 확인한다. 애초 목표 달성 여부가 정량화로 되어 있는 목표는 정략적으로 확인이 가능하기 때문에 수치로 평가하면 된다. 그러나 정성적인 목표에 대해서는 사전에 설정한 부하 직원의 주관적 지표를 기준으로 평가하거나 해당 서포터즈 직원들의 설문 및 인터뷰 결과를 가지고 평가할 수 있다. 물론 이 평가 방법에 대해서는 목표를 설정할 때 사전에 리더와 협의하여 결정을 하고 그 내용(예를 들어 설문지 구성이나 질문 항목 및 인터뷰할 때 질문 항목 등)에 대해서는 사전에 준비를 마쳐야 한다.

설문지 작성 및 인터뷰 대상은 해당 직원에 대해 실시하되, 코칭 전에 인터뷰를 하였던 스폰서와 서포터즈 인원에 대해서는 반드시 인터뷰하여 사전 사후에 대해 비교 평가를 한다.

애초 정했던 목표를 달성 했을 경우에는 축하와 함께 그 동안의 노고에 대해 치하를 해 준다. 사전에 목표 달성 시 부하 직원이 스스로에게 선물을 주기로 한 것이 있었으면 시행 하도록 격려를 해 주고, 리더도 작지만 의미 있는 축하의 선물을 주는 것도 좋다.

또한, 목표에 미달했을 경우에는 부하 직원 스스로 미달한 이유에 대해 분석을 하게 하여 무엇이 문제인지에 대해 스스로 깨닫게 한다. 아울러 미달 된 목표에 대해서는 공식적인 코칭이 끝난 이후에라도 고객이 그 목표를 계속 달성할 의지가 있는 경우에는 향후 셀프 코칭 주제로 연계하여 계속적으로 추구하도록 권유 한다.

2. 추후 셀프 코칭 주제 선정 및 실천 계획 발표

코칭 리더와의 공식적인 코칭은 끝났지만 코칭 이후에라도 진정한 코치 리더로서의 스스로 코칭 주제를 선정하여 목표를 정하고 실천해 가는 셀프 코칭을 할 수 있도록 권면하는 것으로서 다음과 같이 비중을 두고 정하는 것이 좋으며 리더가 계속 지지하고 상호 책임을 진다는 인식을 공유하는 것에서 출발한다. 아울러, 셀프 코칭 주제와 목표에 대해 내부적으로도 계속 상호책임을 질 수 있는 시스템을 갖추어 주는 것도 코칭 조직문화를 접목하는 차원에서 필요한 조치이다.

① 단기적 이슈(30%)
② 중·장기적 이슈(70%)

셀프 코칭 주제로는 부하 직원이 주도권을 가지고 결정하게 하는 것이 원칙이다. 그러나 주제별 코칭 목표를 최종 점검한 결과를 가지고 부하 직원이 계속 추구할 의지가 있고 조금만 노력하면 목표가 달성될 가능성이 있는 주제는 계속 연장하는 것도 바람직하다.

또한 주제별 목표를 설정할 때 애초부터 장기적 목표를 가지고 1단계 추진 목표로 설정하여 추진 한 경우에는 당연히 2단계 목표로 주제를 바꾸어 계속 추진하게 한다.

또한 개인적인 목표로서 은퇴 이후의 생활에 대한 목표를 설정하게 하고 그 목표 달성을 위해 지금부터 무엇을 준비하는지에 대해서도 자연스럽게 셀프 코칭 주제로 하는 것도 바람직하다. 실례로 모 임원은 은퇴 이후의 생활에 대해 막연한 생각만 있었지 구체적인 계획은 없었는데 셀프 코칭 주제를 선정하면서 오랫동안 인도네시아에서 근무한 경험을 살려 국내에 있는 인도네시아 외국인 근로자들을 위해 부부가 함께 봉사활동을 하고 싶다는 목표를 세웠고, 이를 위해 외국인 근로자 봉사 단체에 가입을 하여 부부가 1달에 한 번씩 봉사단체에 가서 봉사하는 것을 실천 계획을 설정하기도 하였다.

이 외에도 은퇴 이후에 하고 싶은 일을 위해 사전에 준비할 것들을 정하여 실천한다든가, 책을 쓰기 위해 자료를 모집한다든가 또는 북한 탈 주민을 위한 단체 운영 등의 제 2의 인생에 대한 목표를 구체화하고 준비를 해 나가는 실천 계획 등을 셀프 코칭 주제로 선정하는 경우가 있다. 이처럼 많은 리더들이 현업에 바쁘다 보니 은퇴 이후의 인생 2모작에 대한 생각은 갖고는 있지만 구체화하는 것에 대해서는 시간적, 정신적 여유가 없었는데 코칭을 통해 셀프 코칭의 주제로서 구체적으로 다루게 되는 계기가 되어 많이 의미 있어 하는 리더가 많다.

셀프 코칭 주제 및 목표 설정

주제	목표	실천 계획(핵심)	비고

3. 코칭 전체 리뷰 & 평가

그동안의 코칭 전 과정에 대해 리뷰를 해 보고 종합적으로 평가해 보는 시간이 필요하다. 처음 코칭 전에 가졌던 생각과 끝난 시점에서의 생각과의 비교, 유익했던 점이나 앞으로 계속 적용하고 싶은 것 등 주요 질문은 다음과 같다.

이번 코칭을 통해 느낀 점이나 깨달은 점은 무엇입니까?

특별히 유익했던 것은? 앞으로 실전에서 적용해 볼 것은 무엇입니까?

이번 코칭을 통해 영감(자각)을 받았던 3가지는 무엇입니까?

자신이 코치 리더라고 주장할 수 있는 변화된 사례 3가지는 무엇입니까?

코칭을 통해 새롭게 인식된 리더십 가치는? 향후 추구하고자 하는 새로운 리더십 스타일은 어떤 것입니까?

4. 회사에서의 성공 모습 촬영 및 핵심 실천계획 도출

이제 마지막 질문으로 회사에서 가장 성공적인 모습(언제, 어디서 무슨 일을 하고 있으며 사람들은 어떤 리더라고 하나요?)을 상상하게 한 후 상상 속에서 포즈를 취하게 하고 사진을 찍어 뇌에 그 모습을 각인시킨다. 그리고 그 모습을 달성하기 위해 지금부터 무엇을 하여야 하는지에 대해 도출하게 함으로써 궁극적으로 준비하여야 할 것을 스스로 깨닫고 준비하게 한다.

회사에서의 성공 모습 촬영 및 핵심 실천 계획 도출

회사에서 가장 성공한 모습 그려보고 쓴다.
(언제, 어디서, 무슨 일을 하고 있으며 사람들이 당신을 어떤 리더라고 말을 하나요?)

눈을 감고 최고로 성공한 그 모습을 생생하게 느껴보라.

"찰칵"

성공하기 위해 지금부터 갖추어야 할 꼭 필요한 3가지는?
1.
2.
3.

공식적인 마무리 인사 / 허그

이제는 진짜 마무리 할 순서이다. 다시 한번 코칭을 통해 소중한 만남에 감사하고 성실히 코칭에 임해 주어 감사하다는 말을 전달한다. 책이나 가벼운 선물을 주고 받는 것 도 좋은 방법이다. 헤어질 때 백마디 말 보다 진정성이 담긴 서로의 허그도 좋은 방법이라고 생각 한다. 아울러 아래와 같이 부하 직원이 언제 어느 때고 항상 부하 직원을 지지하는 리더가 있다는 인식을 강하게 심어 주는 것도 의미가 있는 마무리가 아닌가 싶다.

수고 하셨습니다.
여러 가지 어려운 여건하에서도
열정적으로 코칭에 임해 주신 OOO님께
가슴으로 감사 드립니다.
멋진 리더로 활약하실 OOO님의 모습을
미리 축하 드립니다.

그리고
OOO님이 언제 어떤 모습일지라도
끝까지 격려 지지하고 있는
한 코치가 있다는 사실도
꼭 기억 해주시길 바랍니다.
사랑합니다!

제 9세션
팔로우 업 코칭 & 지원 시스템 구축

"부하 코칭하기"

지속적인 사후 관리

1. 지속적인 지원체계(Support System) 구축

　부하 직원의 목표달성을 위해 애쓰고 지속해서 격려해주는 일 외에도 리더가 해야 할 중요한 일이 있다. 그것은 바로 부하 직원의 성공 가능성을 극대화해 줄 지원 체계를 만드는 것이다. 지원체계는 도중에 의욕을 잃는 것을 막고 계속 전진하도록 도와준다 부하 직원은 지원 체계의 도움으로 새로운 행동 습관을 잘 유지하고 더 많은 것을 성취할수 있게 된다.

사람들은 큰 목표를 이루기 위해 행동을 하면서, 원하는 것을 이루는 데는 많은 노력과 희생이 필요하다는 사실을 깨닫는다. 이럴 때 사람들은 의욕을 잃을 수 있으며, 특히 장애물이나 어려움에 직면하게 되면 더욱 그렇게 되기 쉽다. 이처럼 코칭을 통해 새로운 일을 시작하는 것은 그동안 익숙했던 행동을 유지하기보다 훨씬 어렵다. 새로운 습관이 완전히 자리 잡으려면 최소 30일에서 90일은 공을 들여야 한다. 변화하는 일은 혼자서는 하기 힘들다. 하지만 다른 사람들의 도움을 받는다면 훨씬 더 많은 것을 이룰 수 있다. 가장 성공적인 삶을 사는 사람들은 일을 혼자 하려 하기보다는 다른 사람에게 도움을 구하고 도움을 받아들이는 법을 아는 사람들이다.

그동안 코칭 세션에서는 점검해주고 지지해 주는 역할을 리더가 맡았지만 이제 리더가 옆에 없고 스스로 헤쳐나가야 하는 상황이 오면 오래된 나쁜 습관으로 바로 돌아가 버릴 위험이 크다. 따라서 코칭 세션이 끝나더라도 지속해서 리더와 같은 역할을 해 줄 지원체계Support System를 구축하는 것이 반드시 필요하다.

지원체계를 사용하는 기간이나 빈도는 부하 직원이 이루고 싶은 목표와 해결방안의 특성에 따라 달라질 수 있다. 먼저 부하 직원 스스로 자신에게 적합한 지원체계를 고안하도록 하는 것이 훨씬 바람직하다. 물론 코칭 리더로서 부하 직원의 동의를 얻어 몇 가지 아이디어를 제공할 수도 있다.

부하 직원들이 자신의 상황과 필요에 따라서 사용할 수 있는 지원체계는 다음과 같다.

이 시대 탁월한 리더의 **코칭 리더십 실천 노트**

1. 후속 이메일, 문자나 카톡 등 SNS 활용

2. 리더와 짧은 전화통화

3. 직장에서 지속해서 보는 사람 중에 "스폰서나 서포터즈" 선정하여 지원을 받음

4. 직장에서 일정 기간 "책임 파트너"를 지명하여 집중적으로 도움을 받음

5. 가족 중에서도 일정 기간 동안 "책임 파트너"를 지명하여 집중적으로 도움을 받음

6. 플래너, 전자수첩, 알람 기능이 있는 스케줄 프로그램 사용하기

7. 중요한 과제를 완수했을 때 가족, 친구, 동료들과 축하하기

2. Follow up 코칭

코칭 종료 후 일정 기간이 지난 시점에서 진행하는 코칭이다. 기간은 통상 1개월~2개월 정도의 기간으로 코칭 세션 후 너무 짧거나 길지 않는 기간이 적정하다.

즉 장기적인 코칭 효과는 궁극적으로 회사에서 정책적으로 리더의 코칭 리더십을 리더십 평가 KPIKey Performance Index를 도입하여 조직 내에서 코치 역할을 수행하도록 하여 지속적으로 관리하여 코칭 조직문화組織文化를 정착하게 하는 것이다.

그 반면 Follow up 코칭은 코칭 세션이 끝난 후 그동안 리더와의 함께 하였던 세션에서 벗어나 부하 직원 홀로 자신을 셀프 코칭하는 기간을 1달~2달 정도를 해 보고 다시 리더와 만나, 마지막 세션에서 정했던 셀프 코칭 주제별 목표 달성 여부를 점검하고 피드백하는 것이다.

부하 직원 스스로 셀프 코칭할 때의 애로 사항을 청취하여 장애요인이

있는 경우에는 코칭을 통해 해결점에 대해 찾아본다. 또한 필요하면 코칭의 지속적인 도움이나 회사 내부의 "지원 시스템"을 보다 적극적으로 가동하게끔 하는 조치를 취한다.

또한 셀프 코칭의 성과가 탁월하면 리더는 "칭찬"을 통해 축하해 줌으로써 더욱더 자신감을 가지고 훌륭한 코치 리더로서 성장하도록 "지지"를 보내 준다.

따라서 Follow up 코칭의 기대 효과는 8회 세션이 끝나고 일정 기간 부하 직원 스스로 셀프 코칭Self Coaching을 할 수 있도록 함으로써 궁극적으로 조직 내에서 탁월한 코칭 리더가 되게 하는 브릿지Bridge 역할을 하는 것이다.

Memo

VI

코칭 리더십 실천 노트 양식 모음
(셀프 코칭 & 부하 코칭 실천 노트)

성장과 변화를 위해서

코칭 리더로 거듭나기 위해 새로 시작하기 前, 지금 현재 자신의 생각을 점검해 보세요.

꿈을 이루기 위해 지금까지 생각해 보지 않았던 새로운 방법이나 시도는 무엇이 있을까요?

나의 수정(修正) 리스트 (수정해야 할 생각, 말, 행동, 습관과 태도 등)

Daily Practice list		
목표 (달성 모습/의미)	달성 전략 (핵심 실천 사항)	매일 실천 사항 (반복적/구체적 실천 사항)

나의 리더십 스타일 평가 및 리더십 목표 설정

현재, 나의 리더십 중 계속 강화해야 할 장점은?
앞으로 "탁월한 리더" 가 되기 위해 개선하거나 보완해야 할 리더십 스타일은?
나의 리더십 철학은?

리더십 목표 & 실천 방안

코칭 리더십에 대한 이해와 활용 목표

"코칭 리더십"은 어떤 리더십이라 생각하나요?

"코칭 리더십"이 부각되는 배경이 무엇일까요?

앞으로 리더로서 "코칭 리더십"을 어떻게 활용하겠습니까?

"행복한 성공"을 위한 질문

나에게 "성공"이란?

나에게 "행복"이란?

나에게 "행복한 성공"이란?

리더로서 달성 할 목표 · 확언 & 핵심 달성 전략

리더로서 반드시 이루고 싶은 3대 목표는?
가장 간절한 목표 1 선택 —〉 선택 이유는? / 달성 모습(心想化)은?
목표 달성은 나에게 어떤 의미가 있는가?
확언(목표 달성 모습을 현재 완성된 상태로 진술)하기
목표 달성을 위해 지금부터 무엇을 해야 하는가? (달성 방법 20가지 작성 —〉 핵심 전략 3가지 작성)

스트레스 자가 진단 테스트 (국가건강정보포털)

전혀그렇지않다 0점 · 가끔그렇다 1점 · 자주그렇다 2점
꽤자주그렇다 3점 · 항상그렇다 4점

문항	점수
1. 충분히 잠을 자는데도 피곤하다.	
2. 조금만 불편해도 기분이 가라앉고 짜증이 나며 참을 수가 없다.	
3. 내가 하는 업무가 하찮고 쓸데없는 것 같아서 우울하다.	
4. 나는 필요한 만큼 유능하지 못한 것 같다.	
5. 나는 신체적 · 정신적으로 모두 지쳐 있다.	
6. 나는 성생활에 관심이 적어졌다.	
7. 다른 사람들의 문제나 욕구에 대해서 무감각해졌다.	
8. 잘 잊어버린다.	
9. 쉽게 지루해진다.	
10. 왜 일하냐고 자문하면 "월급을 받기 위해서" 라는 답이 나온다.	
11. 내가 하는 일에 거의 열정을 느낄 수 없다.	
12. 맡은 책임을 모두 수행하는 데 분노가 느껴진다.	
13. 내 시간과 에너지를 계속 쏟아야 하는 것을 피하고 싶다.	
14. 내 의사 결정 능력이 평상시 보다 저하된 것 같다.	
15. 내가 하는 업무의 질이 필요한 만큼에 이르지 못한다.	
16. 나는 지금 질병에 걸리기 쉬운 상태이다.	
17. 친구나 가족들과 의사소통할 때 뒤틀어져 있다.	
18. 집중하는 데 어려움이 있다.	
19. 식사량이 달라졌고 커피, 찬음료나 술을 더 마시고 담배를 더 피운다.	
20. 나는 매사에 불만족하고 무엇인가 잘못된 것처럼 느껴진다.	

스트레스 자가진단 점수 결과

0 ~ 25점 : 적응을 잘하고 있으며 특별한 조치가 필요 없음.
26~40점 : 스트레스가 잠재해 있으며 예방적 행위가 필요함.
41~55점 : 스트레스 위험이 있으며 적극적인 노력 필요함.
56~80점 : 포괄적인 스트레스 관리와 전문적인 조치가 필요함.

건강관리를 위한 셀프 코칭

구분		실천 사항		점검 방법(How) 상/벌 계획
		무엇을(What)	어떻게(How)	
몸 건 강	식 습 관 관 리			
	운 동 하 기			
마 음 건 강	스 트 레 스 관 리			

■ 건강 관련 내용을 참조하여 스스로 건강 관리를 위한 실천(What/How) 계획 작성
■ 식습관 관리 : 물 마시기, 소식(小食/ 30번 씹기), 균형 있는 식사 하기 등
■ 운동하기와 스트레스 관리를 자기에게 맞게 실천(What/How) 계획 작성
■ 점검 방법 : 스스로 점검할 수 있는 방법 선택, 실천 결과에 따른 자신에게 상/벌 계획 작성

이 시대 탁월한 리더의 **코칭 리더십 실천 노트**

나의 존재가치 정하기

● 난 어떤 존재가 되기 위해 전념해 왔는가?

● 나의 인생의 목적을 한 문장으로 적어 본다.
 – 난 무엇을 위해 노력하고 있는가?
 – 내 인생의 목표는 무엇인가?
 – 내가 인생에서 원하는 것들의 결과는 무엇인가?

인생의 좌우명은? 그 이유는?
나의 묘비명에는 _____ 라고 쓰여 있기를 원합니까? 그 이유는?

● 난 _____ 한 사람이 될 것이다.

"사명선언문" 작성을 위한 사전 정보 파악

1 Step   당신의 인생에서 꼭 이루고 싶은 것은?

2 Step   당신이 평소 닮고 싶은 인물, 즉 역할 모델(위인, 유명인, 주변인 등)을
적어보고 그 이유를 써보세요

인물	닮고 싶은 인물의 존경 이유 및 특징

3 Step   당신이 인생에서 중요하다고 생각하는 대상, 단어, 문구, 문자,
좌우명이나 인생의 모토로 삼고 있는 글귀는?

4 Step   Whom/Where? 당신이 기여/제공하기를 원하는 대상/영역은?

_____

What?   당신이 기여/제공하기를 원하는 것은?

_____

How?   어떻게 기여하고자 하는가?

_____

위의 3가지를 골격으로 하여 1 · 2 · 3 Step의 중요 단어를 선택하여
30자 내외로 "자기 사명선언문"을 작성해 보세요

사명선언문 (Mission Statement)

나의 미션(사명)   ～해서(～로서) 기여(제공)하겠습니다
위 사명을 수행하기 위한 나의 역할 정하기 (부부/부모/자녀/가족구성원 · 직장동료 · 친구 · 이웃 · 사회인 · 신앙인 · 동호회 · 단체/기타)

1. 부부	
2. 부모님	
3. 자녀	
4. 가족구성원	
5. 직장인	
6. 이웃 · 친구 · 사회	
7. 신앙인	
8. 동호회 · 단체	
9. 기타	

"나의 장례식 장면" 상상하기 & "유서" 작성해보기

자신의 "장례식 장면" 상상해 보기	
당신은 어떤 아버지 · 아들 · 남편(어머니 · 딸 · 부인)이었다고 평해주기를 바라는가?	
당신은 어떤 친구 · 직장 동료였다고 평해주기를 바라는가?	
당신은 자신이 지금까지 해온 공헌이나 업적 중에서 무엇을 기억해 주기를 바라는가?	
당신은 그들의 삶에 어떤 영향과 도움을 주고 싶었는가?	

"유서" 작성해보기

"유서"을 써 보고 느낀 점 또는 앞으로의 삶에 대한 각오는?

본인에게 편지 쓰기(1년 후 개봉)

● 지금 이 순간 기억하고 싶은 가장 중요한 것은?

● 현재까지 경험한 가장 의미 있는 노력은?

● 지금까지 경험한 가장 중요한 성취는?

● 난 (   ) 한 사람이 될 것이다.

● 난 (   ) 한 사람이 될 것이다.

● 내 자신에게 가장 주고 싶은 선물은?

편지를 다 작성하면, 봉투에 날짜를 적고 자신만의 타임캡슐에 집어넣는다.
그리고 1년 후에 꺼내어 다시 읽도록 한다.

"소중한 꿈" 작성 & "달성 옵션" 만들기

평생 간절히 이루고 싶은 꿈은? 의미는?	그 꿈을 달성했을 때(시점)의 모습은?

이루고 싶은 꿈(하고 싶은, 되고 싶은, 갖고 싶은) 50가지를 쓰세요

상기 꿈 중 가장 간절한 한 가지 꿈을 선택하고 선택한 이유와 그 의미를 적어 보세요

최종적으로 선택한 꿈을 달성시킬 수 있는 방법(옵션) 30가지를 쓰세요

2. 부하 코칭 실천 노트

코칭 Vision & Action Plan

부하 육성을 위한 코칭을 통해 이루고자 하는 비전 & 목표

대상	코칭 목표/ 기대 효과	코칭 방법	일정/횟수

코칭 목표 설정 및 실천 계획

이름		직급/하는 일	
입사 년도/경력			
행동 유형 (DISC)		심리 유형 (MBTI)	
가족사항		특이사항	

장점(탁월성, 핵심, 역량 등) → 칭찬해 주고 싶은 것(5가지 이상)

개선 및 보완해야 할 사항

그가 나에게 거는 기대	내가 그에게 거는 기대

코칭 목표 & 기대 효과

코칭 주제		코칭 방법	

직원 정보 파악을 위한 질문 참조 양식

구분	내용
출생/입사일 현재까지 살아온 것을 간략하게 소개	
자신의 장점/단점은?	
가족 관계는?	
취미생활은? 자신만의 스트레스 해소법은?	
좋아하는/ 잘 하는 음식은?	
가장 잘 부르는 노래는? 이유는?	
가장 감명 깊게 본 영화/책 또는 말씀(내용소개)	
살아오면서 가장 인상 깊었던 사람은? 이유는?[고객/스승/선배/동료/직원] 인생 모델로 삼고 있는 사람은? 이유는?	
살아오면서(근무 중) 가장 보람있었을 때는 언제이며, 이유는?	
어떤 자녀/배우자를 원하는가?	
코칭에 기대하는 것은? 코칭을 어떻게 활용하겠나?	
평생 반드시 이루고 싶은 목표는? 달성 후 모습은?	
인생을 살아가는 데 좌우명은? 이유는?	

코칭 실시 전 사전 설문

충분한 시간과 여유를 가지고 다음의 질문에 답해 주십시오.

옳은 답이나 틀린 답은 없습니다.

아래의 몇 가지 질문은 당신이 지금 어떤 상태인지 알기 위한 것입니다.

당신이 코칭에서 원하는 것이 무엇이며, 직장에서 원하는 것은 무엇인지, 그리고 인생에서 일반적으로 원하는 것은 무엇인지 알기 위한 질문들도 있습니다.

당신의 성실한 답변은 우리의 코칭 관계에 탄탄한 바탕을 마련해 줄 것입니다.

1. 코칭에서 어떤 부분을 다루기를 원합니까?
2. 어떤 코치를 원합니까?
3. 코칭 관계에서 확실히 얻고자 하는 것은 무엇입니까?
4. 한 걸음 더 나아가기 위해서 당신이 당장 취해야 할 행동을 두 가지 든다면 무엇입니까?
5. 당신에게 진전이 없을 때 코치가 어떤 방식으로 이에 대해 말해주길 원합니까?
6. 성공적인 코칭을 위해서 당신이나 당신의 인생에 있어서 반드시 필요한 변화는 무엇입니까?

코칭 실시 전 사전 설문(직장생활)

1. 직업에서 원하는 것은 무엇입니까?
2. 어떤 일(프로젝트)에 관계되어 있습니까?
3. 직장에서의 목표는 무엇입니까?
4. 어떤 지식이나 기술이 있습니까? 어떻게 계속 발전시키고 있습니까?
5. 직장에서의 목표가 개인 생활의 목표를 어떻게 뒷받침 하고 있습니까?
6. 직장 생활의 목표 달성을 위해 어떤 지원을 원하십니까?
7. 직장생활의 발전을 위해서 필요한 변화는 무엇입니까?

코칭 실시 전 사전 설문(개인생활)

1. 취미가 무엇입니까, 스트레스 해소는 어떻게 하십니까?
2. 신념을 지니고 강하게 믿고 있는 것은 무엇입니까?
3. 일 때문에 스트레스를 받을 때는 무엇을 합니까?
4. 당신에게 특별한 의미가 있는 활동은 무엇입니까?
5. 가족과 개인 생활에 관해 써 보십시오.
6. 인생에서 아주 결정적이었던 사건을 써보십시오.
7. 인생을 위한 어떤 비전을 가지고 있습니까?

코칭 보고서(표지)

성명		사 진
부서		
직급/직위		

구분	성명	메일	연락처	비고
Coach				
Sponsor				
Supporter				

차수	날짜 · 시간	장소	비고 (참여도 10점/ 목표달성 %)
1회			
2회			
3회			
4회			
5회			
6회			
7회			
8회			

피드백 미팅			

코칭 세션 사전 준비

라포 형성 · 이슈 관찰

	내용	비고
실천 약속 확인 피드백		
금일 진행 주제		
주제별 코칭 목표 점검		

다음 세션 실천 약속	양식/준비물

코칭 주제별 목표설정을 위한 이슈 도출

	이슈	배경/필요성	해결 시 기대효과
개인 이슈			

	이슈	배경/필요성	해결 시 기대효과
일 이슈 / 리 더 십 이 슈			

코칭 주제별 목표 협약서

코칭 목표 (일 · 리더십 관련)	
달성 시기/모습 (사전/사후 변화) 의미	
실천 방법	
평가 방법	
코칭 목표(개인적 · 건강 · 부부/자녀와의 소통 등)	
달성 시기/모습 (사전/사후 변화) 의미	
실천 방법	
평가 방법	

위의 목표를 달성하기로 합의합니다.

년   월   일

이름 :   (Sign)   이름 :   (Sign)
_____   _____
LEADER   FOLLOWER

■ 작성 방법
1. 주제별 코칭 목표를 설정하여 명확하게 표현한다.
2. 목표를 이루었을 때의 모습과 기대되는 변화를 작성한다.
3. 목표 달성을 위한 구체적이고 실천 가능한 방법을 작성한다.
4. 목표를 달성했는지를 확인할 수 있는 평가 방법에 대해 작성한다.

코칭 주제별 목표 달성을 위한 실천 계획

1. 코칭 주제

일 목표	
리더십 목표	
개인적 목표	

2. 코칭 주제별 달성도 측정 및 진척 사항 체크

주제	구체적 행동 변화	현재 (점수)	목표 (점수)	실천 여부 체크							비고
				1	2	3	4	5	6	7	
1											
2											
3											

코칭 일지

( )회

이름		코칭 일시/장소/ 소요 시간	
실천약속 점검/피드백			
코칭 - 목표 - 주제 - 내용 - 특이 사항			
코칭 성과 - 성찰			
다음 실천 약속			
다음 일시/장소			

직원 DISC 성향 검사 결과 및 리더십 방향 설정

직책/급	이름	DISC 결과		리더십/코칭방향
		예상 유형	실제 결과	

느낌 점과 향후 리더십 방향 설정하기

경청 ▶ 관찰 ▶ 미러링
"사람은 자기와 비슷한 사람을 무의식적으로 좋아한다"

관찰을 통해 발견한 사항		
신체적 언어	■ 시각(외모) 　－복장 · 헤어스타일 　－액세서리	
	■ 시각/청각 　－얼굴 표정 · 시선 　－몸짓 · 손짓 　－말의 속도 · 양 　－말투 · 목소리 크기	
감정적 언어	■ 감정 ■ 의도	
기타 특이사항	■ 잠재 탁월성 ■ 기타	

코칭 대화 실습(T-GROW질문 모델)

■ **주제/목표 설정(Goal)**

　"무엇에 대해 이야기 하고 싶은가요?"

　"지금 가장 중요하고 시급한 과제와 이슈는 무엇인가요?"

　"그 주제의 가장 긍정적인 모습은 어떤 것인가요?"

　"이 결과는 당신에게 어떤 의미가 있나요?"

■ **현실 파악(Reality)**

　"문제 해결을 하는 데 방해요소는 무엇인가요?"

　"무엇 때문에 이 문제가 일어나고 있다고 생각하나요?"

　"이를 해결하기 위해 지금까지는 어떤 노력을 해 오셨나요?"

■ **대안 창출(Option)**

　"다른 대안이 있다면 어떤 방법이 있을까요?"

　"그 중 어떤 방법이 있을까요?"

　"그럼에도 불구하고 대안을 3가지만 찾아본다면 무엇이 있을까요?"

■ **실행 의지와 상호 책임(Will)**

　"무엇부터 하겠습니까?"

　"언제부터 어떻게 해보겠습니까?"

　"언제쯤 중간 점검을 해보겠습니까?"

　"제가 언제 어떤 방법으로 점검해 드리면 좋을 것 같습니까?"

코칭 대화 후 느낀 점 상호 피드백

1. 코칭 대화에서 어떤 점을 느꼈습니까?
2. 좀 더 개발하면 좋겠다고 생각되는 것은 어떤 것입니까?
3. 코치 역할을 했을 때 자신의 잘된 점은 무엇입니까?
4. 좀 더 개발하고 싶은 것은 어떤 점입니까?

"소중한 꿈"과 꿈 달성을 위한 옵션 만들기

평생 간절히 이루고 싶은 꿈은? 의미는?	그 꿈을 달성했을 때(시점)의 모습은?

이루고 싶은 꿈(하고 싶은, 되고 싶은, 갖고 싶은) 50가지를 쓰세요
상기 꿈 중 가장 간절한 한 가지 꿈을 선택하고 선택한 이유와 그 의미를 적어보세요
최종적으로 선택한 꿈을 달성시킬 수 있는 방법(옵션) 30가지를 쓰세요

코칭 전체 리뷰 & 평가

이번 코칭을 통해 느낀 점이나 깨달은 점은 무엇입니까?

특별히 유익했던 것은? 앞으로 실전에서 적용해 볼 것은 무엇입니까?

이번 코칭을 통해 영감(자각)을 받았던 3가지는 무엇입니까?

자신이 코칭 리더라고 주장할 수 있는 변화된 사례 3가지는 무엇입니까?

코칭을 통해 새롭게 인식된 리더십 가치는?
향후 추구하고자 하는 새로운 리더십 스타일은 어떤 것입니까?

성공 모습 촬영 & 핵심 실천 계획

회사에서 가장 성공한 모습을 그려보고 쓴다
(언제, 어디서, 무슨 일을 하고 있으며 사람들이 당신을 어떤 리더라고 말하나요?)

눈을 감고 최고로 성공한 그 모습을 생생하게 느껴보라

"찰칵"

성공하기 위해 갖추어야 할 꼭 필요한 3가지는?

1.

2.

3.

코칭 보고서 (최종)

변화 Key-Theme	
코칭 前 현상	
코칭 전개 Best Practice	
코칭 後 변화 (코칭 성과)	
코칭 평가/소감 (코칭 대상)	

코칭 소감/제안 (코칭 리더)	

참고 문헌

1. 정재완, 『실전 비즈니스코칭 매뉴얼』, 매일경제신문사, 2014

2. 잭 캔필드, 『불가능을 가능하게 만드는 코칭 파워』, 정재완 역, 매일경제
   신문사, 2013

3. 시요우민, 류원뤼, 무원우, 『조직과 의사결정』, 손지현 역, 시그마북스,
   2011

4. 이동연, 『3분 안에 Yes를 이끌어 내는 대화의 기술』, 평단문화사, 2011

5. 이종선, 『싸우지 않고 이기는 힘 따뜻한 카리스마』, 갤리온, 2011

6. 고현숙, 『유쾌하게 자극하라』, 올림, 2007

7. 오정환, 『성공, 질문으로 승부하라』, 호이테북스, 2009

8. 강규형, 『성공을 바인딩하라!』, 지식의 날개, 2008

9. 최효진 외 2명, 『삶을 움직이는 힘 코칭핵심 70』, 새로운 사람들, 2006

10. 레니 바론, 엘리자베스 와겔리, 『나와 만나는 에니어그램』, 에니어그램 코칭
    인스티튜트 역, 마음살림, 2012

11. 정재완, 『실전 세일즈 프로모션 매뉴얼』, 매일경제신문사, 2010

12. PMG지식엔진연구소, 『시사상식바이블』, 박문각, 2008

13. 서울대학교병원, '스트레칭' 편, 서울대학교 의학정보,
    http://www.snuh.org

14. 최대혁, '파워워킹' 편, 유산소운동 바로 알기,
   http://health.naver.com

15. 아시아월드짐, '근력운동의 원리와 효과' 편, 운동가이드,
   http://health.naver.com

16. 김영희 외 2인, 『DISC 누구도 피할 수 없는 우리 행동의 4가지 특성』,
   학이시습, 2012

17. 홍광수 DISC연구소, 'DISC 검사 양식', http://www.disc.or.kr

18. 英 Daily Mail

19. 美 Health Dotcom

20. 美 Huffington Post

21. Jack Canfield and Dr. Peter Chee, 『Coaching for Breakthrough
   Success』, McGraw Hill Professional, 2013

22. Allan Pease & Babara Pease, 『The Definitive Book of Body
   Language』, Bantam Dell Pub Group, 2007

23. Bass B.M, 1990

24. Vroom V.H, 1976

25. Mary Beth O' Neill, 『Executive Coaching with Backbone and
   Heart』, Jossey-Bass

Memo

Memo

이 시대 탁월한 리더의
코칭 리더십 실천 노트

초 판 1쇄 2015년 3월 20일
　　　3쇄 2015년 6월 30일

- -

지은이 정재완
펴낸이 전호림 **기획·제작** 이엔시커뮤니케이션 **펴낸곳** 매경출판(주)
등 록 2003년 4월 24일(NO. 2-3759)
주 소 우)100-728 서울특별시 중구 퇴계로 190 (필동1가) 매경미디어센터 9층
홈페이지 www.mkbook.co.kr
전 화 02)2000-2647(사업팀) 02)2000-2636(마케팅팀)
팩 스 02)2000-2609 **이메일** sptown@hotmail.com
인쇄·제본 (주)M-print 031)8071-0961

- -

ISBN 979-11-5542-231-1(03320)
값 18,000원